清史稿

趙爾巽等撰

第二册

卷一至卷八（紀）

中華書局

清史稿卷一

本紀一

太祖本紀

太祖承天廣運聖德神功肇紀立極仁孝睿武端毅欽安弘文定業高皇帝，姓愛新覺羅氏，諱努爾哈齊。其先蓋金遺部。始祖布庫里雍順，母曰佛庫倫，相傳感朱果而孕。稍長，定三姓之亂，衆奉爲貝勒，居長白山東俄漠惠之野俄朵里城，號其部族曰滿洲。滿洲自此始。元於其地置軍民萬戶府，明初置建州衞。

越數世，布庫里雍順之族不善撫其衆，衆叛，族被戕，幼子范察走免。又數世，至都督孟特穆，是爲肇祖原皇帝，有智略，謀恢復，殲其仇，且責地焉。於是肇祖移居蘇克蘇滸河赫圖阿喇。有子二：長充善，次褚宴。充善子三：長妥羅，次妥義謨，次錫寶齊篇古。錫寶齊篇古子一：都督福滿，是爲興祖直皇帝。興祖有子六：長德世庫，次劉闡，次索長阿，次覺昌安，是爲景祖翼皇帝，次包朗阿，次寶實。景祖承祖業，居赫圖阿喇。諸兄弟各築城，近者五里，遠者二十里，環衞而居，通稱寧古塔貝勒，是爲六祖。景祖有子五：長禮敦，次額爾衮，次界堪，次塔克世，是爲顯祖宣皇帝，次塔察篇古。時有碩色納、加虎二族爲暴於諸部，景祖率禮敦及諸貝勒攻破之，盡收五嶺東蘇克蘇滸河西二百里諸部，由此遂盛。

顯祖有子五，太祖其長也。母喜塔喇氏，是爲宣皇后。孕十三月而生。是歲己未，明嘉靖三十八年也。

太祖儀表雄偉，志意闊大，沈幾內蘊，發聲若鐘，睹記不忘，延攬大度。鄰部古勒城主阿太爲明總兵李成梁所攻，阿太，王杲之子，禮敦之女夫也。景祖挈子若孫往視。有尼堪外蘭者，誘阿太開城，明兵入殲之，二祖皆及於難。太祖及弟舒爾哈齊沒於兵間，成梁妻奇其貌，陰縱之歸。途遇額亦都，以其徒九人從。

太祖既歸，有甲十三。五城族人龍敦等忌之，以畏明爲辭，屢謀侵害，遣人中夜狙擊，侍衞帕海死焉。額亦都、安費揚古備禦甚謹，嘗夜獲一人，太祖曰：「縱之，毋植怨也。」使人愬於明曰：「我先人何罪而殲於兵？」明人歸其喪。又曰：「尼堪外蘭，吾仇也，願得而執之。」明人不許。會薩爾虎城主諾米納、嘉木瑚城主噶哈善哈思虎、沾河城主常書率其屬來歸，太祖與之盟，並妻以女，於是有用兵之志焉。是歲癸未，明萬曆十一年也，太祖年二十五。

癸未夏五月，太祖起兵討尼堪外蘭，諾米納兵不至，尼堪外蘭遁之甲版。太祖兵克圖倫城，尼堪外蘭遁之河口臺。兵逐之，近明邊，明兵出，尼堪外蘭遁之鵝爾渾。兵出無功，由於諾米納之背約，且泄師期也。殺諾米納及其弟奈喀達。五城族人康嘉、李岱等糾哈達兵來劫瑚濟寨，太祖使安費揚古、巴遜率十二人追之，盡奪所掠而返。

甲申春正月，攻兆佳城，報瑚濟寨之役也。途遇大雪，衆請還。太祖曰：「城主李岱，我同姓兄弟，乃爲哈達導，豈可恕耶！」進之，卒下其城。先是龍敦唆諾米納背約，又使人殺噶哈善哈思虎，太祖收其骨歸葬。六月，討薩木占，爲噶哈善哈思虎復仇也。又攻其黨訥申於馬兒墩寨，攻四日殲之。九月，伐董鄂部，大雪，師還，城中師出，以十二騎敗之。王甲部乞師攻翁克洛城，中道赴之，焚其外郭。太祖乘屋而射，敵兵鄂爾果尼射太祖，貫胄中首，拔箭反射，殪其一人。羅科射太祖，穿甲中項，拔箭鏃卷，血肉迸落，拄弓徐下，飲水數斗，創甚，馳歸。既愈，復往攻，克之。求得鄂爾果尼、羅科。太祖曰：「壯士也。」授之佐領，戶三百。

乙酉春二月，太祖略界凡，將還，界凡、薩爾滸、東佳、把爾達四城合兵四百人來追，至太蘭岡，城主訥申、巴穆尼策馬併進，垂及，太祖返騎迎敵，訥申刃斷太祖鞭，太祖揮刀斫其背墜馬，迴射巴穆尼，皆殪之。敵不敢逼，徐行而去。夏四月，征哲陳部，大水，令諸軍還，以八十騎前進。至渾河，遙見敵軍八百憑河而陣。包朗阿之孫扎親桑古里懼，解甲與人。太祖斥之曰：「爾平日雄族黨間，今乃畏葸如是耶！」去之。獨與弟穆爾哈齊、近侍顏布祿、武陵噶直前衝擊，殺二十餘人，敵爭遁，追至吉林岡而還。太祖曰：「今日之戰，以四人敗八百，乃天祐也。」秋九月，攻安土瓜爾佳城，克之，斬其城主諸一莫渾。

丙戌夏五月，征渾河部播一混寨，下之。秋七月，征服哲陳部托漠河城。聞尼堪外蘭在鵝爾渾，疾進兵，攻下其城，求之弗獲。登城遙望，一人毡笠青棉甲，以爲尼堪外蘭也，單騎逐之，爲土人所圍，被創力戰，射殺八人，斬一人，乃出。既知尼堪外蘭入明邊，使人向邊吏求之，使齋薩就斬之。以罪人斯得，始與明通貢焉。明歲犒銀幣有差。

丁亥春正月，城虎闌哈達南岡，始建宮室，布教令於部中，禁暴亂，戢盜竊，立法制。六月，攻哲陳部，克山寨，殺寨主阿爾太。命額亦都帥師取把爾達城。太祖攻洞城，城主扎海降。

戊子夏四月，哈達貝勒扈爾干以女來歸，蘇完部索爾果率其子費英東等、雅爾古寨扈拉虎率子扈爾漢、董鄂部何和禮俱率所部來歸，皆厚撫之。秋九月，取完顏部王甲城。葉赫貝勒納林布祿以女弟那拉氏來歸，宴饗成禮，是爲孝慈高皇后。

己丑春正月，取兆佳城，斬其城主寧古親。冬十月，明以太祖爲建州衞都督僉事。

辛卯春正月，遣師略長白山諸路，盡收其衆。葉赫求地，弗與。葉赫以兵劫我東界洞寨。

壬辰冬十月二十五日，第八子皇太極生，高皇后出也，是爲太宗。

癸巳夏六月，葉赫、哈達、輝發、烏拉四部合兵侵戶布察，遣兵擊敗之。秋九月，葉赫以不得志於我也，乃糾約扈倫三部烏拉、哈達、輝發，蒙古三部科爾沁、錫伯、卦爾察，長白二部訥殷、朱舍里，凡九部之兵三萬來犯。太祖使武里堪偵敵，至渾河，將以夜渡河，踰嶺馳以告。太祖曰：「葉赫兵果至耶？其語諸將以旦日戰。」及旦，引兵出，諭於衆曰：「解爾蔽手，去爾護項，毋自拘縶，不便於奮擊。」又申令曰：「烏合之衆，其志不一，敗其前軍，軍必反走，我師乘之，靡弗勝矣。」衆皆奮。太祖令額亦都以百人挑戰。葉赫貝勒布齋策馬拒戰，馬觸木而踣，我兵吳談斬之。科爾沁貝勒明安馬陷淖中，易驏馬而遁。敵大潰，我軍逐北，俘獲無算，擒烏拉貝勒之弟布占泰以歸。冬十月，遣兵征朱舍里路，執其路長舒楞格，遣額亦都等攻訥殷路，斬其路長搜穩塞克什，以二路之助敵也。

甲午春正月，蒙古科爾沁貝勒明安、喀爾喀貝勒老薩遣使來通好，自是蒙古通使不絕。

乙未夏六月，征輝發，取多壁城，斬其城主。

丙申春二月，明使至，從朝鮮官二人，待之如禮。秋七月，遣布占泰歸烏拉，會其貝勒爲部人所殺，遂立布占泰爲貝勒。

丁酉春正月，葉赫四部請修好，許之，與盟。九月，使弟舒爾哈齊貢於明。

戊戌春正月，命弟巴雅拉、長子褚英率師伐安褚拉庫，以其貳於葉赫也。冬十月，太祖入貢於明。十一月，布占泰來會，以弟之女妻之。

己亥春正月，東海渥集部虎爾哈路路長王格、張格來歸，獻貂狐皮，歲貢以爲常。二月，始製國書。三月，開礦，采金銀，置鐵冶。哈達與葉赫搆兵，送質乞援，遣費英東、噶蓋戍之。哈達又私於葉赫，戍將以告。秋九月，太祖伐哈達，攻城克之，以其貝勒孟格布祿歸。孟格布祿有逆謀，噶蓋未以告，並誅之。

辛丑春正月，明以滅哈達來責，乃遣孟格布祿之子吳爾古岱歸主哈達。哈達爲葉赫及蒙古所侵，使訴於明，明不應；又使哈達以饑告於明，亦不應。太祖乃以吳爾古岱歸，收其部衆，哈達亡。十二月，太祖復入貢於明。是歲定兵制，令民間養蠶。

癸卯春正月，遷於赫圖阿喇，肇祖以來舊所居也。九月，妃那拉氏卒，卽孝慈高皇后也。始妃有病，求見其母，其兄葉赫貝勒不許來，遂卒。

甲辰春正月，太祖伐葉赫，克二城，取其寨七。明授我龍虎將軍。

乙巳，築外城。蒙古喀爾喀巴約忒部恩格德爾來歸。

丙午冬十二月，恩格德爾會蒙古五部使來朝貢，尊太祖爲神武皇帝。是歲，限民田。

丁未春正月，瓦爾喀斐悠城長穆特黑來，以烏拉侵暴，求內附。命舒爾哈齊、褚英、代善及費英東、揚古利率兵徙其戶五百。烏拉發兵一萬遮擊，擊敗之，斬首三千，獲馬五千匹。師還，優賚褚英等。夏五月，命弟巴雅拉、額亦都、費英東、扈爾漢征渥集部，取二千人還。秋九月，太祖以輝發屢負約，親征，克之，遂滅輝發。

戊申春三月，命褚英、阿敏等伐烏拉，克宜罕阿林城。布占泰懼，復通好，執葉赫五十人以來，並請婚。許之。是歲，與明將盟，各守境，立石於界。

己酉春二月，遺明書，謂：「鄰朝鮮而居瓦爾喀者乃吾屬也，其諭令予我。」明使朝鮮歸千餘戶。冬十月，命扈爾漢征渥集呼野路，盡取之。

庚戌冬十一月，命額亦都率師招渥集部那木都魯諸路路長來歸。還擊雅攬路，爲其不附，又劫我屬人也，取之。

辛亥春二月，賜國中無妻者二千人給配，與金有差。秋七月，命子阿巴泰及費英東、安費揚古取渥集部烏爾古宸、木倫二路。八月，弟舒爾哈齊卒。冬十月，命額亦都、何和里、扈爾漢率師征渥集部虎爾哈，俘二千人，並招旁近各路，得五百戶。

壬子秋九月，太祖親征烏拉，爲其屢背盟約，又以鳴鏑射帝女也。布占泰禦於河。駐師河東，克六城，焚積聚。布占泰親出乞和。太祖切責之，許其納質行成，而戍以師。師還。

癸丑春正月，布占泰復貳於葉赫，率師往征。布占泰以兵三萬來迎。太祖躬先陷陣，諸將奮擊，大敗之，遂入其城。布占泰至城，不得入，代善追擊之，單騎奔葉赫，遂滅烏拉。使人索布占泰，葉赫不與。秋九月，起兵攻葉赫，使告明，降兀蘇城，焚其十九城寨。葉赫告急於明，明遣使爲解。師還，經撫順，明游擊李永芳來迎。與之書曰：「與明無嫌也。」

甲寅夏四月，帝八子皇太極娶於蒙古，科爾沁部莽古思之女也，行親迎禮。明使來，稱都督。上語之曰：「吾識爾，爾遼陽無賴蕭子玉也。吾非不能殺爾，恐貽大國羞。語爾巡撫，勿復相詐。」冬十一月，遣兵征渥集部雅攬、西臨二路，得千人。

乙卯夏四月，明總兵張承胤使人來求地，拒之。令各佐領屯田積穀。秋閏八月，帝長子褚英卒。先是太祖將授政於褚英，褚英暴伉，衆心不附，遂止。褚英怨望，焚表告天，爲人所告，自縊死。冬十月，遣將征渥集部東格里庫路，得萬人。是歲，釐定兵制，初以黃、紅、白、黑四旗統兵，至是增四鑲旗，易黑爲藍。置理政聽訟大臣五，以扎爾固齊十人副之。

於是歸徠日衆，疆域益廣，諸貝勒大臣乃再三勸進焉。

天命元年丙辰春正月壬申朔，上卽位，建元天命，定國號曰金。諸貝勒大臣上尊號曰覆育列國英明皇帝。命次子代善爲大貝勒，弟子阿敏爲二貝勒，五子莽古爾泰爲三貝勒，八子皇太極爲四貝勒。命額亦都、費英東、何和里、扈爾漢、安費揚古爲五大臣，同聽國政。諭以秉志公誠，勵精圖治。扈爾漢巡邊，執殺盜葠者五十餘人。明巡撫李維翰止我使者綱古里、方吉訥。乃取獄俘十人戮於境上，綱古里等得歸。

秋七月，禁五大臣私家聽訟。命扈爾漢、安費揚古伐東海薩哈連部，取三十六寨。八月，渡黑龍江，江冰已合，取十一寨，徇使犬路、諾洛路、石拉忻路，並取其人以歸。

二年丁巳春正月，蒙古科爾沁貝勒明安來朝，待之有加禮。是歲，遣兵取東海散居諸部負險諸島，各取其人以歸。

三年戊午二月，詔將士簡軍實，頒兵法。壬寅，上伐明，以七大恨告天，祭堂子而行。分兵左四旗趨東州、馬根單二城，下之。上帥右四旗兵趨撫順。明撫順游擊李永芳降，以爲總兵官，轄輯降人，毀其城。明總兵張承胤等來追，回軍擊斬承胤等，班師。

五月，復伐明，克撫安等五堡，毀城，以其粟歸。

七月，入雅鶻關，明將鄒儲賢等戰死。

冬十月，東海虎爾哈部部長納哈哈來歸，賜賚有差。使犬各部路長四十人來歸，賜宴賞賚，並授以官。

四年己未春正月，伐葉赫，取二十餘寨。聞有明師，乃還。明經略楊鎬遣使來議罷兵，覆書拒之。楊鎬督師二十萬來伐，並徵葉赫、朝鮮之兵，分四路進。杜松軍由東路渡渾河出撫順、薩爾滸，劉綎軍由南路入董鄂。偵者以告。上曰：「明兵由南來者，誘我南也。其北必有重兵，宜先破之。」命諸貝勒先行。

三月甲申朔，淸旦，師行。大貝勒代善議師行所向。四貝勒皇太極言：「宜趨界凡，我有築城萬五千人，役夫多而兵少，慮爲所乘。」額亦都曰：「四貝勒之言是也。」遂趨界凡。向午，至太蘭岡，望見明兵，分千人援界凡。界凡之騎兵已乘明師半渡谷口，擊其尾，迴守吉林崖。杜松留師壁薩爾滸，而自攻吉林崖。我軍至，役夫亦下擊，薄明軍。是時，上至太蘭察兵勢，命大軍攻薩爾滸，垂暮隳其壘，入夜夾攻松軍。松不支，及其副王宣、趙夢麟等皆死。追北至勺琴山，西路軍破。是日，馬林軍由東北清河、三岔至尚間崖。乙酉，代善聞報，以三百騎赴之。馬林斂軍入壕，外列火器，護以騎兵，别將潘宗顏屯飛芬山相犄角。上率四貝勒逐杜松後隊，殲其軍，聞馬林軍馳至。上趨登山下擊，代善陷陣，阿敏、莽古爾泰麾兵繼進，上下交擊，馬林遁，副將麻岩戰死，全軍奔潰。移攻飛芬，上率騎突入，斬宗顏，西北路軍破，葉赫兵遁。是時劉綎南路之軍由寬甸間道敗我戍將五百人，乘勢深入。上命扈爾漢將千兵往援，戍將托保以餘兵會之。丙戌，復命阿敏將二千人繼往。上至界凡，刲八牛祭纛。丁亥，命大貝勒代善、四貝勒皇太極南禦，遇綎精騎萬餘前進。四貝勒以突騎三十奪阿布達里岡，代善冒杜松衣幟入其軍，軍亂，四貝勒馳下會戰，斬綎，又敗其後軍。乘勝至富察，綎監軍道康應乾以火器迎戰，大風起，烟燄返射，復大破之，應乾遁，朝鮮兵降。凡四日而破三路明兵。其北路李如柏之軍，爲楊鎬急檄引還，至虎欄，遇我游騎二十人，登山鳴螺，呼噪逐之，如柏軍奔迸，踐斃又千餘人。甲辰，釋朝鮮降將姜弘立歸，以書諭其國主。

四月，遂築界凡。遣兵徇鐵嶺，略千人。

五月，朝鮮使來報謝。

六月，先是遣穆哈連收撫虎爾哈部遺民，至是得千戶，上出城撫之，賜以田廬牛馬。上率兵攻開原，克之，斬馬林等，殲其軍，還駐界凡。秋七月，明千總王一屏等五人來降，暨前降守備阿布圖，各予之官。上攻鐵嶺，克之。是夕，蒙古喀爾喀部來援葉赫，敗之，追至遼河，擒其貝勒介賽。八月己巳，征葉赫。葉赫有二城，貝勒金台什守東城，其弟布揚古、布爾杭古守西城。分軍圍之，隳其郛，穴城，城摧，我軍入城。命四貝勒領金台什之子德爾格勒諭降再四，金台什終不從，乃執而縊之。布爾杭古降。布揚古不遜，殺之。葉赫亡。師還駐界凡。冬十月，蒙古察哈爾林丹汗使來，書辭多嫚，執其使。喀爾喀五部來使約伐明，上使大臣希福等五人涖盟。旋有五部下屬人來歸，上卻之。

是歲，明以熊廷弼爲經略。

五年庚申春正月，上報書林丹汗，斥其嫚。執我使臣。上亦殺其使。

二月，賜介賽子克什克圖、色特希爾裘馬，令其更代爲質。

三月，論功，更定武爵。丙戌，左翼都統總兵官、一等大臣費英東卒，上臨哭之。

夏六月，諭樹二木於門，欲訴者懸其辭於木，民情盡達。

秋八月，上伐明，略瀋陽，明兵不戰而退，乃還。

九月甲申，皇弟穆爾哈齊卒，車駕臨奠，因過費英東墓賜奠。

冬十月，自界凡遷於薩爾滸。

是歲，明神宗崩，光宗立，復崩，熹宗立，罷經略熊廷弼，以袁應泰代之。

六年辛酉春二月，上伐明，略奉集堡，至武靖營。

三月壬子，上大舉攻明瀋陽，以舟載攻具，自渾河下。瀋陽守禦甚備，環濠植籤，我軍拔籤猛進，明軍殊死戰，陣斬總兵賀世賢以下。乙卯，入瀋陽。復敗其援軍總兵陳策等於渾河，敗總兵李秉誠於白塔鋪，援軍盡走。庚申，乘勝趨遼陽。袁應泰引水注濠，環城列砲，督軍出戰，不支而退，守城樓。壬戌，我右翼軍毀閘，左翼軍毀橋，右翼傅西城升陴，左翼聞之，畢登。明軍猶列炬巷戰，達旦皆潰，袁應泰自焚死，御史張銓被執，不屈死。癸亥，入遼陽。遼人具乘輿鼓樂迎上，夾道呼萬歲。命皇子德格類徇遼以南，所至迎降，兵宿城上，不入民舍。

六月，左翼總兵官、一等大臣額亦都卒，上臨奠，哭之慟。

秋七月壬寅，宴有功將士，酌酒賜衣。鎮江城人殺守將佟養眞，降於明將毛文龍。

十一月乙卯，命阿敏擊毛文龍，敗之。喀爾喀部台吉古爾布什來降。明復以熊廷弼爲經略。

七年壬戌春正月甲寅，上伐明，攻廣寧。丙辰，克西平堡。明軍三萬來禦，擊敗之，斬其總兵劉渠、祁秉忠，巡撫王化貞遁，游擊孫得功以城降。庚申，上入廣寧，降其城堡四十，進兵山海關，熊廷弼盡焚沿塗郵堡而走。乃移軍北攻義州，克之，還駐廣寧。蒙古厄魯特部十七貝勒來附，上宴勞之，授職有差。喀爾喀五部同來歸。

二月癸未，上還遼陽。遼陽城圮，遷於太子河濱。

秋七月乙未朔，一等大臣安費揚古卒。

八年癸亥春正月壬辰朔，蒙古扎魯特部巴克來朝，遣與質子俱還。

夏四月癸酉，遣皇子阿巴泰、德格類、皇孫岳託率師討扎魯特貝勒昂安，以其殺我使人也。昂安攜孥遁。達穆布逐之，中槍卒。我軍憤，進殺昂安父子，並以別部桑土妻子歸。

六月，戒諸女已嫁毋淩其夫，違者必以罪。

冬十月丁丑，一等大臣扈爾漢卒，上臨哭之。

九年甲子春正月，喀爾喀貝勒恩克格爾來朝，求內遷，許之，以兵遷其民。

二月庚子，皇弟貝勒巴雅拉卒。上遣庫爾纏等與科爾沁台吉奥巴盟，勿與察哈爾通。

四月，營山陵於東京城東北陽魯山，奉景祖、顯祖遷葬焉，是曰永陵。

五月，毛文龍寇輝發，戍將楞格禮、蘇爾東安追擊殲之。

秋八月壬辰，總兵官、一等大臣何和里卒，上聞之慟，曰：「天何不遺一人送朕老耶！」毛文龍之衆屯田於鴨綠島，使楞格禮襲其衆，殲之。

十年乙丑春正月癸亥，命皇子莽古爾泰率師至旅順，擊明戍兵，隳其城。

二月，科爾沁貝勒寨桑以女來歸四貝勒皇太極爲妃，大宴成禮。

三月庚午，遷都瀋陽，凡五遷乃定都焉，是曰盛京。遣喀爾達等征瓦爾喀，歸，降其衆三百。

夏四月己卯，宗室王善、副將達朱戶、車爾格征瓦爾喀，凱旋，宴勞備至。

六月癸卯，毛文龍兵襲耀州，戍將揚古利擊敗之。

秋八月，遣土穆布城耀州，明師來攻，擊走之，獲馬七百。命博爾晉征虎爾哈，降其戶五百，雅護征卦爾察部，獲其衆二千。毛文龍襲海州張屯寨，戍將戒沙擊走之。上著酒戒頒於國中。

十月己卯，皇子阿拜、塔拜、巴布泰征虎爾哈，以千五百人歸。

十一月庚戌，科爾沁奧巴告有察哈爾之師，遣四貝勒皇太極及阿巴泰以精騎五千赴之，林丹汗遁。

是年，明使高第爲經略，驅錦西人民入山海關。寧前道袁崇煥誓守不去。

十一年丙寅春正月戊午，上起兵伐明寧遠。至右屯，守將遁，收其積穀。至錦州，戍將俱先遁。丁卯，至寧遠。寧前道袁崇煥偕總兵滿桂、副將祖大壽嬰城固守。天寒土凍，鑿城不隳，城上放西洋炮，頗傷士卒，乃罷攻。遣武訥格將蒙古兵攻覺華島，奪舟二千，盡焚其軍儲，班師。

二月壬午，上還瀋陽，語諸貝勒曰：「朕用兵以來，未有抗顏行者。袁崇煥何人，乃能爾耶！」

夏四月丙子，征喀爾喀五部，爲其背盟也，殺其貝勒囊奴克，進略西拉木輪，獲其牲畜。

五月，毛文龍兵襲鞍山驛及薩爾滸，戍將巴布泰、巴篤禮敗之，擒其將李良美。丁巳，科爾沁貝勒奧巴來朝，謝援師也。上優禮之，封爲土謝圖汗。

六月，上書訓辭與諸貝勒。

秋七月，上不豫，幸清河湯泉。

八月丙午，上大漸，乘舟回。庚戌，至愛雞堡，上崩，入宮發喪。在位十一年，年六十有八。天聰三年葬福陵。初謚武皇帝，廟號太祖，改謚高皇帝，累謚承天廣運聖德神功肇紀立極仁孝睿武端毅欽安弘文定業高皇帝。

論曰：太祖天錫智勇，神武絕倫。蒙難艱貞，明夷用晦。迨歸附日衆，阻貳潛消。自摧九部之師，境宇日拓。用兵三十餘年，建國踐祚。薩爾滸一役，翦商業定。遷都瀋陽，規模遠矣。比於岐、豐，無多讓焉。

清史稿卷二

本紀二

太宗本紀一

太宗應天興國弘德彰武寬溫仁聖睿孝敬敏昭定隆道顯功文皇帝，諱皇太極，太祖第八子，母孝慈高皇后。上儀表奇偉，聰睿絕倫，顏如渥丹，嚴寒不栗。長益神勇，善騎射，性耽典籍，諮覽弗倦，仁孝寬惠，廓然有大度。

天命元年，太祖以上為和碩貝勒，與大貝勒代善、二貝勒阿敏、三貝勒莽古爾泰為四大貝勒。上居四，稱四貝勒。

太祖崩，儲嗣未定。代善與其子岳託、薩哈廉以上才德冠世，與諸貝勒議請嗣位。上辭再三，久之乃許。

天命十一年丙寅九月庚午朔，即位於瀋陽。詔以明年為天聰元年。初，太祖命上名，天意焉。及卽位，咸以爲有尼制之，後知漢稱儲君曰「皇太子」，蒙古嗣位者曰「黃台吉」，音並闇合。

辛未，誓告天地，以行正道，循禮義，敦友愛，盡公忠，勗諸大貝勒等。甲戌，諭漢官民有私計遁逃及令奸細往來者，雖首告勿論，後惟已逃被獲者論死。丙子，諭曰：「工築之興，有妨農務，前以城郭邊牆，事關守禦，有勞民力，良非得已。茲後止葺頹壞，不復興築，俾民專勤南畝。滿洲、漢人，毋或異視，訟獄差徭，務使均一。貝勒屬下人，毋許邊外行獵。市稅爲國費所出，聽其通商貿易，私往外國及漏稅者罪之。」丁丑，令漢人與滿洲分屯別居。先是漢人十三壯丁爲一莊，給滿官爲奴。至是，每備禦止留八人，餘悉編爲民戶，處以別屯，擇漢官廉正者理之。設八固山額眞，分領八旗。以納穆泰爲正黃旗固山額眞，額駙達爾漢爲鑲黃旗固山額眞，額駙和碩圖爲正紅旗固山額眞，博爾晉爲鑲紅旗固山額眞，額駙顧三泰爲鑲藍旗固山額眞，托博輝爲正藍旗固山額眞，徹爾格爲鑲白旗固山額眞，喀克篤禮爲正白旗固山額眞。又設十六大臣，贊理庶政，聽八旗訟獄。又設十六大臣，參理訟獄，行軍駐防則遣之。乙未，蒙古科爾沁土謝圖汗奧巴遣使來弔。

冬十月己酉，以蒙古喀爾喀札魯特部敗盟殺掠，私通於明，命大貝勒代善等率精兵萬人討之，先貽書聲其罪，上送至蒲河山而還。癸丑，別遣楞額禮、阿山率輕兵六百入喀爾喀巴林地，以張軍勢。丙辰，科爾沁土謝圖汗奧巴及代達爾漢等十四貝勒各遣使來弔。達朱戶征卦爾察部，獲其人口牲畜以歸。明寧遠巡撫袁崇煥遣李喇嘛及都司傅有爵等來弔，並賀卽位。甲子，大貝勒代善等大破札魯特，斬其貝勒鄂爾齊圖，獲貝勒巴克及其二子並拉什希布等十四貝勒而還。

十一月辛未，上發瀋陽迎大貝勒代善，師次鐵嶺樊河界。癸酉，行飲至禮，論功，頒賚將士。戊寅，上還瀋陽。察哈爾阿喇克綽忒部貝勒圖爾濟率百戶來歸。乙酉，遣方吉納、溫塔石偕李喇嘛往報袁崇煥，且遺書曰：「頃停息干戈，遣使弔賀，來者以禮，故遣官陳謝。昔皇考往寧遠時，曾致璽書言和，未獲回答。如其修好，答書以實，勿事文飾。」崇煥不以聞，而令我使齎還。卓禮克圖貝勒之子衞徵巴拜攜其家屬來歸。科爾沁貝勒青巴圖魯桑阿爾齋、台吉滿珠什哩各齎鞍馬牛羊來弔。

十二月庚子，禁與蒙古諸藩售賣兵仗。壬戌，黑龍江人來朝貢。

天聰元年春正月丙子，命二貝勒阿敏，貝勒濟爾哈朗、阿濟格、杜度、岳託、碩托率兵征朝鮮。上曰：「朝鮮累世得罪，今明毛文龍近彼海島，納我叛民，宜兩圖之。」復遣方吉納、溫塔石遺書明袁崇煥，言興師由七大恨，並約其議和，及每歲餽報之數。

二月己亥，以書招諭蒙古奈曼部袞出斯巴圖魯。

三月壬申，阿敏等克朝鮮義州，别遣兵搗鐵山，明守將毛文龍遁走。又克安州，進至平壤城，渡大同江。朝鮮國王李倧遣使迎師。阿敏等數其七罪，仍遣使趣和。倧懼，率妻子遁江華島，其長子李溰遁全州。阿敏復遣副將劉興祚入島面諭倧。倧遣其族弟原昌君李覺獻馬百匹、虎豹皮百、綿苧各四百、布一萬五千。庚子，與朝鮮盟，定議罷兵。壬申，明袁崇煥遣杜明忠偕方吉納等以書來，並李喇嘛書，欲釋恨修好，惟請減金幣之數，而以我稱兵朝鮮爲疑。辛巳，阿敏等遣使奏捷。乙酉，命留滿洲兵一千、蒙古兵二千防義州，滿洲兵三百、蒙古兵一千防鎮江城。並諭李倧曰：「我留兵義州者，防毛文龍耳。」阿敏等旋師，以李覺歸。

夏四月甲辰，遺袁崇煥書曰：「釋恨修好，固所願也。朝鮮自尊輕我，納我叛亡，我遲之數年，彼不知悔，是以興討。天誘其衷，我軍克捷。今已和矣，而爾詭言修好，仍遣哨卒偵視，修葺城堡。我國將帥，實以此致疑。夫講信修睦，必藉物以成禮，我豈貪而利此，使爾國力不支？可減其半。歲時餽答，當如前議，則兩國之福也。」書成，聞崇煥方築塔山、大凌河、錦州等城，遂罷遣使，而以書付杜明忠還。更責崇煥曰：「兩國修好，當分定疆域。今又修葺城垣，潛圖侵逼。倘戰爭不息，天以燕、雲畀我，爾主不幸奔竄，身敗名裂，爲何如也。

自古文臣不更事者徒爲大言，每喪師殃民，社稷傾覆。前者遼左任用非人，而河東西土地盡失，今尚謂不足戒而謀動干戈耶？」癸丑，阿敏等自朝鮮凱旋，上迎於武靖營，賜阿敏御衣一襲，餘各賜馬一匹。乙卯，論征朝鮮將士功，擢賞有差。戊辰，上還瀋陽。乙丑，以書諭察哈爾台吉濟農及奈曼袞出斯巴圖魯來和。

五月戊辰，遣朝鮮國王弟李覺歸國，設宴餞之，並賜鞍馬裘帶等物。辛未，上聞明人於錦州、大凌河、小凌河築城屯田，而崇煥無報書，親率師往攻之。乙亥，至廣寧，乘夜進兵。丙子，明大凌河、小凌河兵棄城遁，遂圍錦州。明臺堡兵二千餘人來降，悉縱之歸。丁丑，明鎮守遼東太監紀用、總兵趙率敎遣人詣師請命。上開誠諭之，并許紀用親來定議。用不答，遂攻錦州。垂克，明援兵至，退五里而營，遣人調瀋陽兵益師。庚寅，固山額眞博爾晉等以兵至。癸巳，攻寧遠城，殲其步卒千餘人。旣，明總兵滿桂出城而陣，上欲擊之，三大貝勒均諫止。上怒，趣諸將戴兜鍪，率阿濟格疾馳而進，敗其前隊，追至寧遠城下，盡殪之。諸貝勒不及冑而從，濟爾哈朗、薩哈廉、瓦克達俱被創。錦州守兵亦出城合戰，我軍復迎擊之。游擊覺羅拜山、備禦巴希陣歿，上臨其喪，哭而酹之。我軍還駐雙樹鋪。乙未，復至錦州。

六月己亥，攻錦州，値天溽暑，士卒死傷甚衆。庚子，班師。丁未，上還瀋陽。是歲，大饑，斗米值銀八兩，銀賤物貴，盜賊繁興。上惻然曰：「民饑爲盜，可盡殺乎！」令鞭而釋之，仍發帑賑民。

秋七月己巳，蒙古敖漢瑣諾木杜稜、塞臣卓禮克圖、奈曼袞出斯巴圖魯舉國來附。朝鮮國王李倧遣使報謝，並獻方物，命阿什達爾漢等往報之，尋以義州歸朝鮮。是月，明袁崇煥罷歸。

八月辛亥，察哈爾阿喇克綽忒部貝勒巴爾巴圖魯、諾門達賚、吹爾扎木蘇率衆來歸。是月，明熹宗崩，其弟信王嗣位，是爲莊烈帝。

九月甲子朔，諭國家大祀大宴用牛外，其屠宰馬騾牛驢者悉禁之。

冬十一月庚午，察哈爾大貝勒昂坤杜稜來降。辛巳，薩哈爾察部來朝貢。

十二月甲午朔，察哈爾阿喇克綽忒貝勒圖爾濟伊爾登來降。

二年春正月戊子，格伊克里部長四人率其屬來朝。

二月癸巳朔，以額亦都子圖爾格、費英東子察哈尼俱爲總兵官。朝鮮國王李倧遣其總兵官李蘭等來獻方物，並米二千石，更以一千石在中江平糶。庚子，以往喀喇沁使臣屢爲察哈爾多羅特部所殺，上率師親征。丁未，進擊多羅特部，敗之，多爾濟哈談巴圖魯被創遁，獲其妻子，殺台吉古魯，俘萬一千二百人還。丁巳，以戰勝，用八牛祭天。

三月戊辰，上還瀋陽，貝勒阿敏等率羣臣郊迎，行抱見禮。以弟多爾袞、多鐸從征有功，賜多爾袞號墨爾根戴青，多鐸號額爾克楚虎爾。庚寅，以賜名之禮宴之。戊子，給國人無妻者金，使娶。以貝勒多爾袞爲固山貝勒。

夏四月丙辰，巴林貝勒塞特爾，台吉塞冷、阿玉石、滿朱習禮率衆來歸。明復以袁崇煥督師薊、遼。崇煥素弗善毛文龍。時文龍據皮島，招集遼民，有逃亡則殺以冒功，遂得擢總兵，便宜行事。後更致書與我通好。上遣科廓等賫書往報。既，文龍執科廓等送燕京。崇煥以文龍私通罪紿殺之。

五月辛未，明人棄錦州。貝勒阿巴泰等率兵三千略其地，隳錦州、杏山、高橋三城，毁十三站以東墩台二十一。先是顧特塔布囊以其衆自察哈爾逃匿蒙古地，遇歸附者輒殺之。辛巳，命貝勒濟爾哈朗、豪格率兵討顧特塔布囊。乙酉，顧特伏誅，俘其人口牲畜以萬計。長白山迤東濱海虎爾哈部頭目里佛塔等來朝。

八月辛卯，與喀喇沁部議和定盟。乙未，賜奈曼貝勒袞出斯號達爾漢，札魯特喀巴海號衞徵。乙卯，朝鮮來貢。

九月庚申，徵外藩兵共征蒙古察哈爾。癸亥，上率大軍西發。丙寅，次遼陽。敖漢、奈曼、喀爾喀、札魯特、喀喇沁諸貝勒、台吉各以兵來會。己巳，駐師綽洛郭爾。甲戌，宴來會諸貝勒。科爾沁諸貝勒不至。土謝圖汗額駙奧巴、哈談巴圖魯、滿朱習禮如約，請先侵掠而後合軍。上怒，遣使趣之。時奧巴違命，徑歸。滿朱習禮及台吉巴敦以所俘來獻，上賜滿朱習禮號達爾漢巴圖魯，巴敦號達爾漢卓禮克圖，厚賚之。丙子，進兵擊席爾哈、席伯圖、英、湯圖諸處，克之，獲人畜無算。

冬十月辛卯，還師。丙申，諭敖漢、奈曼、巴林、札魯特諸貝勒，毋得要殺降人，違者科罪。壬寅，上還瀋陽。以劉興祚詐稱縊死，逃歸明，繫其母及妻子於獄。

十二月丁亥朔，遣土謝圖汗額駙奧巴書，數其罪。巴牙喇部長伊爾彪等來朝貢。蒙古郭界爾圖、札魯特貝勒塞本及其弟馬尼各率部來歸。

三年春正月庚申，土謝圖汗奧巴來請罪，宥而遣之。辛未，敕科爾沁、敖漢、奈曼、喀爾喀、喀喇沁諸部悉遵國制。丁丑，諭諸貝勒代理三大貝勒直月機務。二月戊子，諭三大貝勒、諸貝勒、大臣冊得科斂民間財物，犯者治罪。己亥，合葬太祖高皇帝、孝慈高皇后於瀋陽之石嘴頭山，妃富察氏祔。喀爾喀札魯特貝勒戴青、桑土、桑古爾、桑噶爾寨等率衆來附。甲辰，上南巡，閱邊境城堡，圮薄者修築之。戊申，次海州，有老人年一百三歲，妻一百五歲，子七十三歲，召見賜牛種。辛亥，上還瀋陽。

三月戊午，申蒙古諸部軍令。

夏四月丙戌朔，設文館，命巴克什達海及剛林等繙譯漢字書籍，庫爾纏及吳巴什等記注本朝政事。

五月丁未，奈曼、札魯特諸貝勒越界駐牧，自請議罰。上宥之。

六月乙丑，議伐明，令科爾沁、喀爾喀、札魯特、敖漢、奈曼諸部會兵，並令預採木造船以備轉餉。丁卯，喀喇沁布爾噶都戴青、台吉卓爾畢，土默特台吉阿玉石等遣使朝貢。辛巳，土默特台吉卓爾畢泰等來朝貢。

秋七月辛卯，喀爾喀台吉拜渾岱、喇巴泰、滿朱習禮自科爾沁來朝。甲午，孟阿圖率兵征瓦爾喀。乙未，庫爾喀部來朝貢。

八月庚午，頒八旗臨陣賞罰令。乙亥，諭曰：「自古及今，文武並用，以文治世，以武克敵。今欲振興文教，試錄生員。諸貝勒府及滿、漢、蒙古所有生員，俱令赴試。中式者以他丁償之。」

九月壬午朔，初試生員，拔二百人，賞緞布有差，免其差徭。癸未，貝勒濟爾哈朗等略明錦州、寧遠諸路還，俘獲以三千計。丙戌，阿魯部杜思噶爾濟農始遣使來通好。癸卯，喀喇沁布爾噶都來朝貢。

冬十月癸丑，上親征明，徵蒙古諸部兵以次來會。庚申，次納里特河，察哈爾五千人來歸。壬戌，次遼河。丙寅，科爾沁奧巴以二十三貝勒來會。上集諸貝勒大臣議征明與征察哈爾孰利，皆言察哈爾遠，於是征明。辛未，次喀喇沁之青城。大貝勒代善、三貝勒莽古爾泰止諸貝勒帳外，入見密議班師。既退，岳託等入白諸將在外候進取。上不懌，因曰：「兩兄謂我兵深入，勞師襲遠，若糧匱馬疲，敵人環攻，無爲歸計。若等見及此，而初不言，朕既遠涉，乃以此爲辭。我謀且墮，何候爲！」岳託堅請進師。八固山額眞詣代善、莽古爾泰議，夜半議定。諭曰：「朕承天命，興師伐明，拒者戮，降者勿擾。俘獲之人，父母妻子勿使離散。勿淫人婦女，勿褫人衣服，勿毀廬舍器皿，勿伐果木，勿酗酒。違者罪無赦。固山額眞等不禁，罪如之。」乙亥，次老河，命濟爾哈朗、岳託率右翼兵攻大安口，阿巴泰、阿濟格率左翼兵攻龍井關。上與大貝勒代善、三貝勒莽古爾泰率大兵繼之。丁丑，左翼兵克龍井關，明副將易愛、參將王遵臣來援，皆敗死。漢兒莊、潘家口守將俱降。戊寅，上督兵克洪山口。辛巳，上至遵化。莽古爾泰率左翼兵自漢兒莊來會。遺書明巡撫王元雅勸降。

十一月壬午朔，右翼諸貝勒率師來會。先是濟爾哈朗等克大安口，五戰皆捷，降馬蘭營、馬蘭口、大安營三城，明羅文峪守將李思禮降。山海關總兵趙率教以兵四千來援，阿濟格迎擊斬之。甲申，諸貝勒攻遵化，正白旗小校薩木哈圖先登，大兵繼之，遂克其城。明巡撫王元雅自經死。上親酌金巵賜薩木哈圖，擢備禦，世襲罔替，賜號巴圖魯，有過赦免，家固貧，恤之。蒙古兵擾害羅文峪民。令曰：「凡貝勒大臣有掠歸降城堡財物者斬，擅殺降民者抵罪，强取民物，計所取倍償之。」己丑，敍克城功，將士賞賚有差。壬辰，參將英俄爾岱、文館范文程留守遵化，大軍進逼燕京。有蒙古兵殺人而褫其衣，上命射殺之。甲午，徇薊州。乙未，徇三河。丙申，左翼貝勒赴通州視渡口。明大同、宣府二鎭援兵至順義，貝勒阿巴泰、岳託擊敗之。順義降。上至通州，諭明士民曰：「我國夙以忠順守邊，葉赫與我同一國耳，明主庇葉赫而陵我，大恨有七。我知終不相容，故告天興師。天直我國，賜我河東地。我太祖皇帝猶願和好，與民休息。爾國不從，天又賜我河西地。及朕卽位，復徇爾國之請，遂欲去帝稱汗，趣製國印，而爾國不從。今我興師而來，順者撫，逆者誅。是爾君好逞干戈，猶爾之君殺爾也。天運循環，無往不復，有天子而爲匹夫，亦有匹夫而爲天子者。天旣佑我，乃使我去帝號。天其鑒之！」辛丑，大軍逼燕京。上營於城北土城關之東，兩翼營於東北。明大同總兵滿桂、宣府總兵侯世祿屯德勝門，寧遠巡撫袁崇煥、錦州總兵祖大壽屯沙窩門。上率右翼大貝勒代善，貝勒濟爾哈朗、岳託、杜度、薩哈廉等，領白甲護軍、蒙古兵進擊桂、世祿，遣左翼大貝勒莽古爾泰、阿巴泰、阿濟格、多爾袞、多鐸、豪格等，領白甲護軍、蒙古兵迎擊崇煥、大壽，俱敗之。癸卯，遣明歸順王太監賫書與明議和。乙巳，屯南海子。戊申，袁崇煥、祖大壽營於城東南隅，樹柵爲衞，我軍偪之而營。上率輕騎往視。諸貝勒請攻城，諭曰：「路隘且險，若傷我士卒，雖得百城不足多也。」因止弗攻。初，獲明太監二人，令副將高鴻中，參將鮑承先、寧完我等受密計。至是，鴻中、承先坐近二太監耳語云：「今日撤兵，乃上計也。頃上單騎向敵，敵二人見上語良久乃去。意袁都堂有約，此事就矣。」時楊太監佯臥竊聽。翌日縱之歸，以所聞語明帝，遂下崇煥於獄。大壽懼，率所部奔錦州，毀山海關而出。諸貝勒大臣請攻城，上曰：「攻則可克，但恐傷我良將勁卒，余不忍也。」遂止。

十二月辛亥朔，大軍經海子而南，且獵且行，趣良鄉，克其城。壬子，總兵吳訥格克固安。辛酉，遣貝勒阿巴泰、薩哈廉以太牢祀金太祖、世宗陵。丙寅，復趨燕京，敗明兵於盧溝橋，殲其衆。明總兵滿桂、孫祖壽、黑雲龍、麻登雲以兵四萬柵永定門之南。丁卯黎明，師毀柵入，斬桂、祖壽及副將以下三十餘人，擒黑雲龍、麻登雲，獲馬六千，分賜將士。戊辰，遣達海賫書與明議和。壬申，貝勒阿巴泰、濟爾哈朗略通州，焚其舟，攻張家灣，克之。遣達海賫議和書二分置安定、德勝門外。乙亥，復遣人賫書赴安定門。俱不報。丙子，駐師通州。丁丑，岳託、薩哈廉、豪格率兵四千圍永平。遂克香河、馬蘭峪諸城，復叛去。己卯，大軍趣永平。

四年春正月辛巳朔，大軍至榛子鎮、沙河驛，俱降。壬午，至永平。先是，劉興祚自我國逃歸，匿崇煥所。至是，率所攜滿洲兵十五人、蒙古兵五百欲往守沙河。聞大兵至，改趣永平之太平寨，襲殺喀喇沁兵於途。上怒其負恩，遣貝勒阿巴泰等禽斬之，裂其屍以徇。癸丑，上授諸將方略，乘夜攻城。城中火藥自發，敵軍大亂，黎明克之。貝勒濟爾哈朗等入城安撫。丙戌，上率諸將入城，官民夾道呼萬歲。貝勒濟爾哈朗、薩哈廉守永平。以降官白養粹爲永平巡撫，孟喬芳、楊文魁爲副將，縱鄉民還其家。是日，上率大軍趣山海關。敖漢、奈曼、巴林、札魯特諸部兵攻昌黎，不克。臺頭營、鞍山堡、遷安、灤州以次降。建昌參將馬光遠來歸。丁酉，明兵攻遵化，貝勒杜度擊敗之。明兵入三屯營，先所下漢兒莊、喜峰口、潘家口、洪家口復叛。庚子，達海等復漢兒莊，貝勒阿巴泰守之。辛丑，喀喇沁布爾噶都爲明兵所圍，遣軍往救，未至，布爾噶都自擊敗之。其帥明兵部尚書劉之綸領兵至，樹柵。我軍礮毀其柵。之綸屯山中。大貝勒代善圍之，勸之綸降，不從。破其營，之綸被箭死。壬寅，移師馬蘭峪，毀其近城屯堡。丙午，喀喇沁蘇布地上書明帝，論和好之利，且勸以愛養邊民、優恤屬國之道。不報。樂亭復叛。

二月辛亥朔，諭貝勒諸臣，凡將士驍勇立功者，勿與攻城之役。甲寅，宴明降將麻登雲等於御幄，謂之曰：「明主視爾等將士之命如草芥，驅之死地。朕屢遣使議和，竟無一言相報，何也？」登雲對曰：「明帝幼沖，大臣各圖自保，議和之事，儻不見聽，罪且不測，故懼不敢奏。」上曰：「若然，是天贊我也，豈可棄之而歸。但駐兵屯守，妨農時爲可憫耳。且彼山海關、錦州防守尙堅，今但取其無備城邑可也。」己未，遺書明帝，仍申和好，並致書明諸臣，勸其急定和議，至是凡七致書矣。甲子，明楡林副將王世選來降。上班師，貝勒阿巴泰、濟爾哈朗、薩哈廉及文臣索尼、寧完我等守永平，鮑承先守遷安，固山額眞圖爾格、那木泰等守灤州，察喀喇、范文程等守遵化。駐灤三日，論功行賞。壬申，諭曰：「天以明土地人民予我，其民卽吾民，宜飭軍士勿加侵害，違者治罪。」上至永平，降官郎中陳此心謀遁，事覺論斬，上赦之，聽其所往。

三月壬午，上還瀋陽。庚寅，遣二貝勒阿敏、貝勒碩託率兵五千往守永平四城，貝勒阿巴泰等還。庚子，阿魯四子部遣使來盟。

夏四月壬子，明兵攻灤州，不克。己卯，貝勒阿巴泰、濟爾哈朗等自永平還。上問是役俘獲較前孰多，對曰：「此行所獲人口甚多。」上曰：「財帛不足喜，惟多得人爲可喜耳。」

五月己丑，諭諸臣厚撫俘衆。壬辰，阿敏、碩託等棄永平四城歸。時明監軍道張春、錦州總兵祖大壽等合兵攻灤州。那穆泰、圖爾格、湯古代等出戰，屢敗明兵，然兵少，阿敏、碩託畏不往援，明兵用礮攻灤州，那穆泰等不能支，棄城奔永平。會天雨，我軍潰圍出，無馬被創者死四百餘人。阿敏、碩託聞之恐，遂殺降官白養粹等，盡屠城中士民，收其金幣，乘夜出冷口。察哈喇等亦棄遵化歸。上方命貝勒杜度趨永平協守，且敕阿敏善撫官民，無侵暴，將整兵親往。庚子，聞阿敏棄城，且大肆屠戮，乃止。

六月甲寅，收繫棄城諸將，數其罪。乙卯，御殿宣阿敏十六罪。衆議當誅。上不忍致法，幽之。碩託、湯古代、那穆泰、巴布泰、圖爾格等各奪爵，革職有差。諸將中有力戰殺敵者釋之。先是阿敏既屠永平官民，以其妻子分給士卒。上曰：「彼既屠我歸順良民，又奴其妻子耶！」命編爲民户，以房舍衣食給之。

秋九月戊戌，申諭諸大臣滿、漢官各勤職業。

冬十月辛酉，諭編審各旗壯丁，隱匿者罰之。

十一月甲午，那堪泰部虎爾噶率家屬來歸，阿魯四子部諸貝勒來歸。壬寅，阿魯伊蘇忒部聞上善養民，留所部於西拉木輪河，而偕我使臣察漢喇嘛來朝。

十二月戊辰，科爾沁貝勒圖美衞徵來朝。

五年春正月庚辰，諭已故功臣無後者，家產給其妻自贍。壬午，鑄紅衣大礮成，鐫曰「天祐助威大將軍」。軍中造礮自此始。乙未，以額駙佟養性總理漢人軍民事，漢官聽其節制。己亥，幸文館，入庫爾纏直房，問所修何書。對曰：「記註所行政事。」上曰：「如此，朕不宜觀。」又覽達海所譯武銓，見投醪飲河事，曰：「古良將體恤士卒，三軍之士樂爲致死。若額駙顧三台對敵時，見戰士歿者，以繩曳之歸，安能得人死力乎！」庚子，朝鮮貢物不及額，卻之，以書責其罪。

二月庚申，敕邊臣謹斥堠。甲戌，孟阿圖征瓦爾喀，奏捷。

三月乙亥朔，鑲藍旗固山額眞、額駙顧三台罷，以太祖弟之子篇古代之。書諭大貝勒代善、三貝勒莽古爾泰及貝勒諸大臣，求直言過失。丁亥，閱漢兵。甲午，誅劉興祚、興治家屬，赦其母。丁酉，朝鮮復遣使來貢。辛丑，遣滿達爾漢、董訥密遺朝鮮王書，索戰船助攻明。不許。

六月癸亥，定功臣襲職例。黑龍江伊札訥、薩克提、伽期訥、俄力喀、康柱等五頭目來朝。

秋七月甲戌，黑龍江虎爾哈部四頭目來朝貢。庚辰，始設六部，以墨勒根戴青貝勒多爾袞，貝勒德格類、薩哈廉、岳託、濟爾哈朗、阿巴泰等管六部事。每部滿、漢、蒙古分設承政官，其下設參政各八員，啓心郎各一員，改巴克什爲筆帖式，其尙稱巴克什者仍其舊。更定訐告諸貝勒者准其離主例，其以細事訐訴者禁之。諭貝勒審事寃抑不公者坐罪。除職官有罪概行削職律，嗣後有罪者，分別輕重降罰有差。並禁官民同族嫁娶，犯者男婦以姦論。又諭貝勒諸大臣省過改行，求極諫。甲申，鬧雷虎爾哈部四頭目來朝貢。癸巳，定小事賞罰例，令牛彔額眞審理，大者送部。明總兵祖大壽等築大凌河。檄諸蒙古各率所部來會征之。己亥，大軍西發，命貝勒杜度、薩哈廉、豪格留守。庚子，渡遼河，申誡諸將恤士卒。

八月壬寅朔，次舊遼河而營，蒙古諸部率兵來會。癸卯，集蒙古諸貝勒，申前令，無擅殺掠。於是分兵兩路，貝勒德格類、岳託、阿濟格以兵二萬由義州入屯錦州、大凌河之間，上自白土場入廣寧。丁未，會於大凌河，乘夜攻城。令曰：「攻城恐傷士卒，當掘壕築壘困之。彼若出，與之戰，外援至，迎擊之。」乃分八旗兵合圍，令蒙古兵承其隙。辛亥，明馬步兵五百人出城，達爾哈擊敗之。壬子，射書城中，招蒙古人出降。癸丑，明兵出城誘戰。圖賴先入，達爾哈繼之，四面環攻，貝勒多爾袞亦率兵入。城內礮矢俱發，圖賴被創，副將孟坦、屯布祿、備禦多貝、侍衞戈里戰歿。上以圖賴等輕進，切責之。以紅衣礮攻明臺，兵降者相繼。乙卯，遺祖大壽書曰：「往者我欲和，爾國君臣以宋爲鑑，不我應。爾國非宋，我亦非金，何不達若此。朕今厭兵革，更以書往，惟將軍裁之。」大壽不答。丁巳，明松山兵二千來援，阿山、勞薩、土魯什擊敗之。甲子，貝勒阿濟格、碩托遮擊明援兵。丁卯，明錦州兵六千來攻阿濟格營。會大霧，覿面不相識。忽有青氣衝敵營，闢若門，我軍乘霧進，大戰，敗之，擒游擊一，盡獲其甲仗馬匹。辛未，上詣貝勒阿濟格營，酌金卮勞諸將。明兵突出，師夾擊，又大敗之。

九月丁亥，上以兵趨錦州，見塵起，上命諸軍勿行，自率擺牙喇兵二百，與貝勒多鐸緣山潛進。明錦州兵七千突出進上前。上甫擐甲，從者不及二百人，渡河衝敵軍。敵不能當，潰走。諸軍繼至，又大敗之，斬一副將而還。己丑，復以書招祖大壽。庚寅，上設伏山內，誘大壽出，將擒之，大壽驚遁，自是閉城不出。時城中穀止百石，馬死盡，煮馬肉爲食，以鞍代爨。乙未，明太僕寺卿監軍道張春，總兵吳襄、鍾緯等，以馬步兵四萬來援，壁小凌河。戊戌，明援兵趨大凌河，距城十五里。上率兩翼騎兵衝擊之，不動。右翼兵猝入張春營，敵遂敗，吳襄及副將桑阿爾寨先奔。張春等復集潰兵立營，會大風，敵乘風縱火，將及我軍，天忽雨，反風，復戰，遂大破之，生擒張春及副將三十三人。春不屈，乞死，上赦不殺。是役也，祖大壽仍以我爲誘敵，故城中無應者。是夕黑雲龍遁去。

冬十月丁未，以書招祖大壽、何可剛、張存仁。己酉，再遺大壽書。壬子，以紅衣礮攻于子章臺。臺最固，三日臺毀，守臺將王景降，於是遠近百餘臺俱下。甲寅，遣降將姜新招祖大壽。大壽亦遣游擊韓棟來會。癸亥，議三貝勒莽古爾泰上前持刃罪，降貝勒，奪所屬五牛彔。乙丑，祖大壽約我副將石廷柱議降。丙寅，大壽遣其子可法爲質。戊辰，大凌河舉城降，獨副將何可剛不從。大壽掖可剛至軍前殺之，夜至御營，上優遇之，大壽遂獻取錦州策。己巳，遣兵隨大壽夜襲錦州，會大霧，失伍，還。

十一月庚午朔，縱大壽還錦州。戊寅，毀大凌河城。己卯，班師。乙酉，上還瀋陽。丙戌，察哈爾侵阿魯西拉木輪地，貝勒薩哈廉、豪格移師征之，會察哈爾已去，乃還。

閏十一月庚子朔，諭曰：「我兵之棄永平四城，皆貝勒等不學無術所致。頃大凌河之役，城中人相食，明人猶死守，及援盡城降，而錦州、松、杏猶不下，豈非其人讀書明理盡忠其主乎？自今凡子弟年十五歲以下、八歲以上，皆令讀書。」遣庫爾纏等責朝鮮違約罪。庚戌，禁國中不得私立廟寺，喇嘛僧違律者還俗，巫覡星士並禁止之。

十二月壬辰，參將寧完我請設言官，定服制。上嘉納之。丙申，用禮部參政李伯龍言，更定元旦朝賀行禮班次。

六年春正月癸亥，閱漢兵。

二月壬申，定儀仗制。丁丑，謁太祖陵，行時享禮。戊子，諭海州等處城守官三年一赴瀋陽考察。丁酉，諭戶部貝勒德格類以大凌河漢人分隸副將以下，給配撫養。給還貝勒莽古爾泰所罰人口。

三月戊戌，賚大凌河諸降將有差。命達海分析國書音義。庚戌，定訐告諸貝勒者輕重虛實坐罪例，禁子弟告父兄、妻告夫者，定貝勒大臣賜祭葬例。丁巳，征察哈爾，徵蒙古兵，頒軍令。

夏四月戊辰朔，上率大軍西發，阿巴泰、杜度、揚古利、伊爾登、佟養性留守。己巳，次遼河。丙子，次西拉木輪河。己卯，次札滾烏達，諸蒙古部兵以次來會。乙酉，次哈納崖。察哈爾汗林丹聞我師至，大懼，驅歸化城富民牲畜渡河西奔，盡委輜重而去。庚寅，次都勒河，聞察哈爾林丹遠遁，上趨歸化城。丙申，大軍自阿濟格和爾戈還趨察哈爾。

五月癸卯，諭諸部貝勒大臣勿輕進，勿退縮，勿殺降，勿分散人妻子，勿奪人衣服財物。甲辰，次布龍圖布喇克。丁未，勞薩奏報察哈爾遁去已久，逐北三日無所見。上自布龍圖旋師。戊申，定議征明。丙辰，次朱兒格土。時糧盡，忽逢黃羊徧野，遂合圍殺數萬，脯而食之。無水，以一羊易杯水而飲。上命各牛彔持水迎給之。庚申，次木魯哈喇克沁，貝勒阿濟格率左翼略宣府、大同，貝勒濟爾哈朗率右翼略歸化城，上與大貝勒代善、貝勒莽古爾泰統大軍繼進。甲子，上至歸化城，兩翼兵來會。是日，大軍馳七百里，西至黃河木納漢山，東至宣府，自歸化城南至明邊境，所在察哈爾部民悉俘之。

六月丁卯朔，蒙古部民竄沙河堡，上以書諭明守臣索之。明歸我男婦三百二十、牲畜千四百有奇。辛未，寧完我、范文程、馬國柱合疏言：「伐明之策，宜先以書議和，俟彼不從，執以爲辭，乘釁深入，可以得志。」上嘉納之。甲戌，大軍發歸化城，趨明邊。丁丑，明沙河堡守臣使賫牲幣來獻。己卯，庫爾纏等自得勝堡，愛巴禮等由張家口，分詣大同、宣府議和。書曰：「我之興兵，非必欲取明天下也。遼東守臣貪黷昏罔，勸葉赫陵我，遂嬰七恨。屢愬爾主，而遼東壅不上聞。我兵至此，欲爾主察之也。及攻撫順，又因十三省商賈各遺以書，慮其不克徑達，則各以書進其省官吏，冀有一聞。乃縱之使去，寂焉不復。語云：『下情上達，天下罔不治；下情上壅，天下罔不亂。』今所在征討，爭戰不息，民死鋒鏑，雖下情不達之故，抑豈天意乎？我今開誠相告，國雖褊小，惟欲兩國和好，互爲貿易，各安畊獵，以享太平。若言不由衷，天其鑒我。前者屢致書問，憤疾之詞，固所不免。此兵家之常，不足道也。幸速裁斷，實國之福。我駐兵十日以待。」庚辰，駐大同邊外。庫爾纏偕明得勝堡千總賫牲幣來獻。上不納。復遺書明守臣曰：「我仰體天意，願申和好。爾果愛民，宜速定議。若延時不報，縱欲相待，如軍中糧盡何。至書中稱謂，姑勿論，我遜爾國，我居察哈爾之上可耳。」癸未，趨宣府，守臣以明主所給察哈爾緞布皮幣一萬二千五百歸我。庚寅，駐張家口外，列營四十里。癸巳，明巡撫沈棨、總兵董繼舒遣人賫牛羊食物來獻。上宴之，遂定和議，大市於張家口。科爾沁部兵三人潛入明邊，盜牛驢，斬其首者，鞭二人，貫耳以徇。甲午，明巡撫沈棨遣使來請盟。命大臣阿什達爾哈等蒞之，刑白馬烏牛，誓告天地。禮成，遣啓心郎祁充格送明使歸。明以金幣來獻。晉封皇子豪格爲和碩貝勒。是月，遼東大水。

秋七月丁酉朔，復以書約明張家口守臣信誓敦好，善保始終，且謂和議遼東地方在內，爾須遣官往告。上率大軍還。庚子，至上都河，明以和議成，來餽禮物，酌納之。辛丑，蒙古諸貝勒辭歸。庚戌，次擺斯哈兒。游擊巴克什達海卒。庚申，上還瀋陽。

八月丁卯，召明諸生王文奎、孫應時、江雲入宮，問以和事成否。三人皆言，明政日紊，和議難必。且中原盜賊蜂起，人民離亂。勸上宣布仁義，用賢養民，乘時弔伐，以應天心。癸酉，六部署成，頒銀印各一。甲午，命固山額眞察民疾苦，清理刑獄。察哈爾檮納楚虎爾來歸。

九月癸卯，修復蓋州城，移民實之。甲寅，命戶部貝勒德格類、兵部貝勒岳託展耀州舊界至蓋州迤南。

冬十月乙丑朔，幸開原。甲戌，還瀋陽。遣衞徵囊蘇喇嘛赴寧遠，賫書致明帝曰：「我國稱兵，非不知足而冀大位，因邊臣欺侮，致啓兵釁。往征察哈爾時，過宣府定和議，我遂執越境盜竊之人戮之塞下，我之誠心可謂至矣。前邊臣未能細述，今欲備言，又恐疑我不忘舊怨，如遣信使來，將盡告之。若謂已和，不必語及往事，亦惟命。」又與明諸臣書曰：「宣府守臣與我盟時，約我毋侵遼東，誓諸天地。今爾乃有異議，天可欺乎？執政大臣宜通權變，愼勿徒事大言，坐失事機。若堅執不從，惟尋師旅，生靈荼毒，咎將誰歸？」

十一月壬寅，明寧遠守臣以我所遺書封固，不敢以陳，請露封，許之。辛亥，阿祿部都思噶爾濟農所屬祁他特吹虎爾台吉來附。壬子，遣使往朝鮮定歲貢額。

十二月乙丑，定朝服及官民常服制。三貝勒莽古爾泰卒。乙亥，吳巴海征兀札喇遣使告捷。

七年春正月庚子，諭各牛彔額眞以恤貧訓農習射。辛丑，朝鮮來貢，不及額。丁未，復書責之。戊申，皇長女下嫁敖漢部貝勒都喇爾巴圖魯子台吉班第。乙卯，征兀札喇師還。

二月癸亥朔，阿魯科爾沁汗車根率固木巴圖魯、達爾馬代袞等舉國來附。己卯，庫爾纏有罪，誅。癸未，土魯什、勞薩等略寧遠。

三月丁酉，築麊塲、攬盤、通遠堡、岫巖四城。辛丑，郭爾羅斯部台吉固木來朝。丙辰，明故總兵毛文龍部將孔有德、耿仲明遣使來約降。夏四月乙丑，察哈爾兩翼大總管塔什海虎魯克寨桑來附。乙亥，使參將英俄爾岱等借糧朝鮮濟孔有德軍，不從。

五月乙未，吳喇忒台吉土門達爾漢等來朝。壬子，貝勒濟爾哈朗、阿濟格、杜度率兵迎孔有德、耿仲明於鎭江，命率所部駐東京。

六月壬戌，諭將士毋侵擾遼東新附人民，違者孥戮之。癸亥，召孔有德、耿仲明入覲，厚賚之。丙寅，遣英俄爾岱遺朝鮮王書曰：「往之借糧，貴國王以孔有德等昔隸毛氏，無輸糧養敵之理。今有德歸我，糧已足給。惟兵卒守船，輓運維艱，近距貴國，以糧給之甚便。朕思王視明爲父，視朕爲兄，父兄相爭數年，而王坐觀成敗，是外有父兄之名，而內懷幸禍之意。若力爲解勸，息兵成好，不惟我兩國樂見太平，卽貴國亦受其福。若仍以兵助明，合而禦我，則搆兵實自王始。」己巳，諭官民冠服遵制畫一。癸酉，以孔有德爲都元帥，耿仲明爲總兵官，並賜敕印。戊寅，英俄爾岱奏報朝鮮用明人計，借兵倭國，又於義州南嶺築城備我。集諸貝勒大臣議之，皆言宜置朝鮮而伐明。己卯，貝勒岳託、德格類率右翼楞額禮、葉臣，左翼伊爾登、昂阿喇及石廷柱、孔有德、耿仲明將兵取明旅順口。甲申，東海使犬部額駙僧格來朝貢。丁亥，諭曰：「凡進言者，如朕所行未協於義，宜直言勿諱。政事或有愆忌，宜開陳無隱。六部諸臣，奸僞貪邪，行事不公，宜行糾劾。諸臣有艱苦之情，亦據實奏聞。苟不務直言，遠引曲喻，勦襲紛然，何益於事？」

秋七月辛卯朔，諭滿洲各戶有漢人十丁者授棉甲一，以舊漢軍額眞馬光遠統之。壬辰，阿祿部孫杜稜子台吉古木思轄布，塞桑吳巴什、阿什圖、巴達爾和碩齊等，吳喇忒部台吉阿巴噶爾代皆來朝貢。甲辰，貝勒岳託等奏克旅順口。

八月庚申朔，英俄爾岱等自朝鮮還，以復書允糧濟我守船軍士。壬戌，貝勒阿巴泰、阿濟格、薩哈廉、豪格等略明山海關外。庚辰，貝勒德格類、岳託師還。丁亥，以副將石廷柱爲總兵官。

九月庚子，貝勒阿巴泰等師還。上以其不深入，責之。癸卯，英俄爾岱等往朝鮮互市。庚戌，明登州都司蔡賓等來降。

冬十月壬戌，遣使外藩蒙古各部，宣布法令。丙寅，大閱。丁卯，發帑賚八旗步兵。己巳，諭曰：「置官以來，吏、戶、兵三部辦事盡善，刑部訊獄稽延，罔得實情，禮部、工部皆有缺失。夫啓心郎之設，欲其隨事規諫，啓乃心也。乃有差謬而不聞開導，何耶？」又曰：「爾等動以航海取山東攻山海關爲言。航海多險，攻堅易傷，是以空言相賺，不啻爲敵計耳。兵事無藉爾言，惟朕與諸貝勒有過，當極言耳。」又諭文館諸儒臣曰：「太祖始命巴克什額爾德尼造國書，後庫爾纏增之。慮有未合，爾等職司紀載，宜悉心訂正。朕嗣大位，凡皇考行政用兵之大，不一一詳載，後世子孫何由而知，豈朕所以盡孝道乎？」丙子，授明降將馬光遠爲總兵官，王世選、麻登雲爲三等總兵官，馬光先、孟喬芳等各授職有差。癸未，明廣鹿島副將尚可喜遣使來約降。

十一月甲辰，英俄爾岱復賫書往朝鮮，責以違約十事。戊申，遣季思哈、吳巴海往征朝鮮接壤之虎爾哈部。辛亥，上獵於葉赫。

十二月辛未，上還瀋陽。

八年春正月庚寅，諭蒙古諸貝勒令遵我國定制。黑龍江羌圖里、嘛爾干率六姓來朝貢。癸巳，詔宗人自興祖直皇帝出者爲六祖後，免其徭役。乙未，正黃旗都統、一等總兵官楞額禮卒。癸卯，漢備禦訴漢人徭役重於滿洲，戶部貝勒德格類以聞。上命禮部貝勒薩哈廉集衆諭其妄。漢總兵官石廷柱等執備禦八人請罪，上曰：「若加以罪，則後無復言者。」並釋之。戊申，塔布囊等征察哈爾潰衆於席爾哈、席伯圖。己酉，蒿齊忒部台吉額林臣來歸。丁巳，免功臣身故無嗣者丁之半，妻故始應役，著爲令。

二月壬戌，定喪祭例，妻殉夫者聽，仍予旌表；逼妾殉者，妻坐死。遣貝勒多爾袞、薩哈廉往迎降將尚可喜，使駐海州。丁卯，都元帥孔有德劾耿仲明不法狀，諭解之。戊辰，遣阿山等略錦州。

三月丁亥朔，日有食之，綠虹見。辛卯，命譚泰、圖爾格略錦州。壬辰，副將尚可喜率三島官民降，駐海州。己亥，大閱。甲辰，遣英俄爾岱往朝鮮互市。令孔有德、耿仲明、尚可喜幟用白鑲皂，以別八旗。壬子，考試漢生員。

夏四月辛酉，升授太祖諸子湯古代等副將、參將、備禦有差。又以哈達、烏喇二部之後無顯職，授哈達克什內爲副將，烏喇巴彥爲三等副將。詔以瀋陽爲「天眷盛京」，赫圖阿喇城爲「天眷興京」。改定總兵、副將、參將、游擊、備禦滿字官名。丁丑，尚可喜來朝，命爲總兵官。乙亥，以太祖弟之子拜尹圖爲總管。辛巳，初命禮部考試滿洲、漢人通滿、漢、蒙古書義者，取剛林等十六人爲舉人，賜衣一襲，免四丁。乙酉，金繼孟等自明石城島來降，以隸尚可喜。

五月丙戌朔，黑龍江巴爾達齊來貢。庚寅，察哈爾台吉毛祁他特來朝。定滿、漢馬步軍名。丙申，議征明，諸貝勒請從山海關入。上曰：「不然，察哈爾爲我軍所敗，其貝勒大臣將歸我，宜直趨宣、大以逆之。」乃集各都統部署軍政，遣國舅阿什達爾哈徵科爾沁兵，以書招撫遺衆之在明境者。壬寅，定百官功次，賜敕書，其世襲及官止本身者，分別開載有差。

甲辰，季思哈、吳巴海征虎爾哈部奏捷。命貝勒濟爾哈朗留守盛京，貝勒杜度守海州，吏部承政圖爾格等渡遼河，沿張古臺河駐防，並扼敵兵，俱授方略。畢，上率大軍前發。己酉，次都爾鼻，諸蒙古外藩兵以次來會。甲寅，次訥里特河。

六月辛酉，頒軍令於蒙古諸貝勒及孔有德、耿仲明、尚可喜，曰：「行軍時勿離纛，勿諠譁，勿私出劫掠。抗拒者誅之，歸順者宇之。勿毀廟宇，勿殺行人，勿奪人衣服，勿離人夫婦，勿淫人婦女。違者治罪。」先是，察哈爾林丹西奔圖白特，其部衆苦林丹暴虐，逗遛者什七八，食盡，殺人相食，屠劫不已，潰散四出。至是，絡繹來附者前後數千戶。辛未，次庫黑布里都，議覺羅布爾吉、英俄爾岱擅殺察哈爾布顏圖部衆罪，並奪其賜。甲戌，次喀喇拖落木，命貝勒德格類率兵入獨石口，偵居庸關，期會師於朔州。戊寅，諭蒙古諸貝勒曰：「科爾沁噶爾珠塞特爾等叛往索倫，爲其族兄弟等追獲被殺，朕心惻然。朕欲宣布德化，使人民共登安樂。今諸貝勒雖以罪誅，亦朕教化所未洽也。」又命減阿魯部達喇海等越界駐牧罪。壬午，察哈爾土巴濟農率其民千戶來歸。喀爾喀部巴噶達爾漢來歸。甲申，命大貝勒代善等率兵入得勝堡，略大同，西至黃河，副都統土魯什、吳拜等巡歸化撫察哈爾逃民，俱會師朔州。

秋七月己丑，命貝勒阿濟格、多爾袞、多鐸等入龍門，會宣府，上親統大軍自宣府趨朔州，期四路兵剋期並進。辛卯，毁邊牆。壬辰，入上方堡，至宣府右衞，以書責明守臣負盟之罪，仍諭其遣使議和。癸巳，駐城東南。時阿濟格攻龍門，未下，令略保安。丁酉，營東城，遣明代王書，復約其遣使議和。代善攻得勝堡，克之。明參將李全自縊死。進攻懷仁、井坪，皆不克，遂駐朔州。丙午，上圍應州，令代善等趣馬邑。土魯什至歸化城，察哈爾林丹之妻率其八寨桑以一千二百戶來降。庚戌，阿濟格等攻保安州，克之。壬子，德格類入獨石口，取長安嶺，攻赤城，不克，俱會師於應州。

八月乙卯，命諸將略代州。薩哈廉襲崞縣，拔之。丙辰，碩托入圓平驛。甲子，阿巴泰等取靈丘縣之王家莊，克之。禮部承政巴都禮戰歿。又攻應州之石家村堡，克之。丙寅，上發應州，聞明陽和總督張宗衡、大同總兵曹文詔駐懷仁，度是夜必奔大同，令土魯什、吴拜伏兵邀之。師行遲，宗衡等逸去。上怒責之。戊辰，上至大同，遺書文詔，令贊和議。又遺書衆官，索察哈爾餘孽之在明者。文詔挑戰，擊敗之。貝勒阿巴泰等拔靈丘。明代王母楊氏與張宗衡、曹文詔以書來請和。辛未，遣使以書報之。壬申，代善率師來會。癸酉，駐師大同，遣明宗室朱乃廷及俘獲僧人入城。三索報書，俱不答。縱乃廷妻子及朱乃振還。丁丑，營四十里鋪，得明間諜書北樓口，爲書報之曰：「來書以滿洲爲屬國，卽予亦未嘗以爲非也。惟遼東之官欺凌我國，皇帝惑於臣下之誑，雖干戈十數年來，無一言詢及，使我國之情不達，若遣一信使判白是非，則兵戈早息矣。欲享太平，只旦暮間事。不然，爾國臣僚壅蔽欺罔，虛報斬伐，以吾小國果受傷夷，詎能數侵，豈皇帝之聰明獨不能一忖度耶？願和之誠，黑雲龍自知之，慮其恐結怨於大臣不盡告耳。」己卯，大軍至陽和。明總兵曹文詔詭以書誑張宗衡，僞言礮傷我兵，得纛一桿等語，爲我邏者所獲。上乃遺宗衡書曰：「予謂爾明當有忠臣義士實心謀國者，乃一旦虛誑至此，豈不愧於心乎？今與公等約，我兵以一當十，能約期出戰，當勒兵以俟。若誑言欺君，貽害生靈，禍孽將無窮矣。」壬午，次懷遠。癸未，駐左衞。

閏八月丙戌，以書責明宣府太監欺君誤國罪。丁亥，副都統土魯什被創卒。攻萬全左衞，克之。庚寅，班師。察哈爾噶爾馬濟農等遣使乞降，言其汗林丹病殂，汗子及國人皆欲來歸，於是命阿什達爾哈等往偵之。丁酉，移軍舊上都城。庚戌，移軍克蚌。辛亥，察哈爾寨桑噶爾馬濟農等率其國人六千奉豆土門福金來歸。

九月戊辰，留守貝勒濟爾哈朗疏報季思哈、吳巴海征虎爾哈俘一千三百餘人。阿魯部毛明安舉國來附。辛未，渡遼河。壬申，上還盛京。

冬十月己丑，建太祖陵寢殿，樹松，立石獸。壬辰，論征宣、大將士功罪。己亥，科爾沁台吉吳克善來歸其妹，納之。庚戌，以八年征討克捷，爲文告太祖。壬子，朝鮮國王李倧遣使以書來。上以其言不遜，復書切責之。

十一月乙丑，六部官考績陞授有差。

十二月癸未朔，朝鮮國王以書來謝罪。壬辰，命副都統霸奇蘭、參領薩木什喀征黑龍江未服之地。丙申，分定宗室、額駙等專管佐領有差。丁酉，墨勒根喇嘛以嘛哈噶喇金像來貢，遣使迎至盛京。癸卯，察哈爾祁他特車爾貝、塞冷布都馬爾等各率所部人民來歸。遣吳巴海、荊古爾代征瓦爾喀。甲辰，佐領劉學誠疏請立郊壇，勤視朝。上曰：「疏中欲朕視朝勤政是也。至建立郊壇，未知天意所在，何敢遽行，果成大業，彼時議之未晚也。」

九年春正月丁卯，上親送科爾沁土謝圖濟農等歸國。癸酉，免功臣徭役。丁丑，詔太祖庶子稱「阿格」，六祖子孫稱「覺羅」，覺羅繫紅帶以別之。有詈其祖父者罪至死。

二月壬午，令諸臣薦舉居心公正及通曉文藝可任使者。丁亥，編喀喇沁部蒙古壯丁爲十一旗，每旗設都統一員，下以副都統、參領二員統之。戊子，諭曰：「邇來進言者皆請伐明，朕豈不以爲念。然亦須相機而行。今察哈爾新附，人心未輯，城郭未修，而輕於出師，何以成大業。且大兵一舉，明主或棄而走，或懼而請和，攻拒之策，何者爲宜？其令高鴻中、鮑承先、寧完我、范文程等酌議以聞。」己丑，沈佩瑞請屯田廣寧、閭陽，造舟輓粟，爲進取計。上嘉納之。乙未，范文程、寧完我請薦舉不實宜行連坐法。丁未，命多爾袞、岳託、豪格、薩哈廉將精騎一萬，收察哈爾林丹之子額爾克孔果爾額哲。

三月戊辰，諭曰：「頃民耕耨愆期，蓋由佐領有事築城，民苦煩役所致。嗣有濫役妨農者治其罪。」庚午，察哈爾寨桑巴賴都爾等一千四百餘人來歸。

五月乙卯，霸奇蘭、薩木什喀征黑龍江虎爾哈部，盡克其地，編所獲人口以歸，論功陞賞有差。癸亥，上以西征諸貝勒經宣、大境，度明必調寧、錦兵往援，遣貝勒多鐸率師入寧、錦撓之。己巳，命文館譯宋、遼、金、元四史。壬申，貝勒多鐸奏報殲明兵五百人於錦州松山城外，殺其副將劉應選。丙子，貝勒多爾袞、岳託、薩哈廉、豪格等奏報兵至西喇朱爾格，遇察哈爾囊囊太妃暨台吉瑣諾木等以一千五百戶降，遂抵額爾克孔果爾額哲所居，其母率額哲迎降。

六月乙酉，貝勒多鐸凱旋，賜良馬五，賞從征將士有差。丁酉，吳巴海、荆古爾代師還，論功亦如之。明登州黃城島千總李進功來降。辛丑，諭曰：「太祖以人民付朕，當愛養之。諸貝勒非時修繕，勞苦百姓，民不得所，寖以逃亡，是違先志而長敵寇也。今朝鮮賓服，察哈爾舉國來附，苟不能撫輯其衆，後雖拓地，何以處之？貝勒大臣其各戢驕縱以副朕意！」壬寅，察哈爾台吉瑣諾木率其屬六千八百人來歸。癸卯，諭曰：「太祖禁貝勒子弟郊外放鷹，慮其踐田園、擾牲畜也。今違者日衆。語曰：『涓涓不塞，將成江河。』其嚴禁之。」

秋七月癸酉，論漢人丁戶增減，擢參領李思忠等六員官，高鴻中等十一員黜罰有差。

八月庚辰，貝勒多爾袞、岳託、薩哈廉、豪格以獲傳國玉璽聞。先是元順帝北狩，以璽從，後失之。越二百餘年，爲牧羊者所獲。後歸於察哈爾林丹汗。林丹亦元裔也。璽在蘇泰太妃所。至是獻之。時岳託以疾留歸化城，多爾袞等率兵略明山西，自平虜衞入邊，毀長城，略忻州、代州，至崞縣。甲申，繪太祖實錄圖成。乙巳，上率大貝勒代善及諸貝勒多爾袞等師次平虜堡。丁未，渡遼河，閱巨流河城堡。

九月癸丑，貝勒多爾袞等師還，獻玉璽，告天受之。額爾克孔果爾額哲及其母來朝。庚午，上還宮。壬申，召諸貝勒大臣數代善罪。衆議削大貝勒號及和碩貝勒，奪十佐領，其子薩哈廉奪二佐領，哈達公主降庶人，褫其夫瑣諾木濟農爵號。上皆免之。

冬十月己卯，以明議和不成，將進兵，遣使賫書諭明喜峯口、董家口諸邊將。管戶部事和碩貝勒德格類卒。癸未，命吳巴海、多濟里、札福尼、吳什塔分將四路兵征瓦爾喀。

十一月丁未朔，命額爾克孔果爾額哲奉母居孫島習爾哈。

十二月辛巳，哈達公主莽古濟之僕冷僧機首告貝勒莽古爾泰生時與女弟莽古濟、弟德格類謀逆，公主之夫瑣諾木及屯布祿、愛巴禮與其事。會瑣諾木亦自首。訊得實，莽古濟、莽古爾泰子額必倫及屯布祿、愛巴禮皆伏誅。莽古爾泰餘子、德格類子俱爲庶人。瑣諾木自首免罪。授冷僧機三等副將。丁酉，謁太祖陵。甲辰，貝勒薩哈廉與諸貝勒及大貝勒代善盟誓，請上尊號。上不許。會蒙古貝勒復來請。上曰：「朝鮮兄弟國，宜告之。」

十年春正月壬戌，皇次女下嫁額爾克孔果爾額哲。

二月丁丑，八和碩貝勒與外藩四十九貝勒各遺書朝鮮，約其國王勸進尊號。戊子，遣使至明邊松棚路、潘家口、董家口、喜峯口，賫書致明帝，索其報書。定諸臣帽頂飾。庚寅，寧完我以罪免。

三月丙午朔，清明節，謁太祖陵。辛亥，改文館爲內國史、內祕書、內弘文三院。乙卯，遣貝勒阿濟格、阿巴泰築噶海城。庚申，吳什塔等征瓦爾喀，遣使奏捷。諭曰：「蒙古深信喇嘛，實乃妄人。嗣後有懸轉輪結布旛者，宜禁止之。」乙丑，英俄爾岱等自朝鮮還，言國王李倧不接見，亦不納書，以其報書及所獲倧諭邊臣書進。諸貝勒怒，欲加兵。上曰：「姑遣人諭以利害，質其子弟，不從，興兵未晚也。」丁卯，外藩蒙古十六國四十九貝勒及孔有德、耿仲明、尚可喜俱以請上尊號至盛京。

夏四月己卯，大貝勒代善，和碩貝勒濟爾哈朗、多爾袞、多鐸、岳託、豪格、阿巴泰、阿濟格、杜度率滿、漢、蒙古大臣及蒙古十六國四十九貝勒以三體表文詣闕請上尊號曰：「恭維我皇上承天眷祐，應運而興。當天下昏亂，修德體天，逆者威，順者撫，寬溫之譽，施及萬姓。征服朝鮮，混一蒙古。遂獲玉璽，受命之符，昭然可見，上揆天意，下協輿情。臣等謹上尊號，儀物俱備，伏願俞允。」上曰：「爾貝勒大臣勸上尊號，歷二年所。今再三固請，朕重違爾諸臣意，弗獲辭。朕既受命，國政恐有未逮，爾等宜恪恭贊襄。」羣臣頓首謝。庚辰，禮部進儀注。壬午，齋戒，設壇德盛門外。

清史稿卷三

本紀三

太宗本紀二

崇德元年夏四月乙酉，祭告天地，行受尊號禮，定有天下之號曰大清，改元崇德，羣臣上尊號曰寬溫仁聖皇帝，受朝賀。始定祀天太牢用熟薦。遣官以建太廟追尊列祖祭告山陵。丙戌，追尊始祖爲澤王，高祖爲慶王，曾祖爲昌王，祖爲福王，考謚曰承天廣運聖德神功肇紀立極仁孝武皇帝，廟號太祖，陵曰福陵；妣謚曰孝慈昭憲純德貞順成天育聖武皇后。追贈族祖禮敦巴圖魯爲武功郡王，追封功臣費英東爲直義公，額亦都爲弘毅公，配享。丁亥，羣臣上表賀。諭曰：「朕以涼德，恐負衆望。爾諸臣宜同心匡輔，各共厥職，正己率屬，克殫忠誠，立綱陳紀，撫民恤衆，使君明臣良，政治咸熙，庶克荷天之休命。」羣臣頓首曰：「聖諭及此，國家之福也。」以受尊號禮成，大赦。己丑，多濟里、扈習征瓦爾喀師還，賞賚有差。朝鮮使臣歸國。初，上受尊號，朝鮮使臣羅德憲、李廓獨不拜。上曰：「彼國王將搆怨，欲朕殺其使臣以爲詞耳，其釋之。」至是遣歸，以書諭朝鮮國王責之，命送子弟爲質。丁酉，敍功，封大貝勒代善爲和碩兄禮親王，貝勒濟爾哈朗爲和碩鄭親王，多爾袞爲和碩睿親王，多鐸爲和碩豫親王，豪格爲和碩肅親王，岳託爲和碩成親王，阿濟格爲多羅武英郡王，杜度爲多羅安平貝勒，阿巴泰爲多羅饒餘貝勒；諸蒙古貝勒巴達禮爲和碩土謝圖親王，吳克善爲和碩卓禮克圖親王，固倫額駙額哲爲和碩親王，布塔齊爲多羅札薩克圖郡王，滿朱習禮爲多羅巴圖魯郡王，袞出斯巴圖魯爲多羅達爾漢郡王，孫杜稜爲多羅杜稜郡王，固倫額駙班第爲多羅郡王，孔果爾爲冰圖王，東爲多羅達爾漢戴青，俄木布爲多羅達爾漢卓禮克圖，古魯思轄布爲多羅杜稜，單把爲達爾漢，耿格爾爲多羅貝勒，孔有德爲恭順王，耿仲明爲懷順王，尚可喜爲智順王。辛丑，朝鮮使臣置我書於通遠堡，不以歸。札福尼征瓦爾喀師還。

五月丙午，以希福爲內弘文院大學士，范文程、鮑承先俱爲內秘書院大學士，剛林爲內國史院大學士。壬子，貝勒薩哈廉卒，輟朝三日。癸丑，始薦櫻桃於太廟。丁巳，設都察院，諭曰：「朕或奢侈無度，誤誅功臣；或畋獵逸樂，不理政事；或棄忠任奸，黜陟未當；爾其直陳無隱。諸貝勒或廢職業，黷貨偷安，爾其指參。六部或斷事偏謬，審讞淹遲，爾其察奏。明國陋習，此衙門亦賄賂之府也，宜相防檢。挾讐劾人，例當加罪。餘所言是，即行；

所言非，不問。」壬戌，追封薩哈廉爲和碩穎親王。己巳，以張存仁爲都察院承政，祖澤洪爲吏部承政，韓大勳爲戶部承政，姜新爲禮部承政，祖澤潤爲兵部承政，李雲爲刑部承政，裴國珍爲工部承政。都統伊爾登罷。以圖爾格爲鑲白旗都統。庚午，武英郡王阿濟格、饒餘貝勒阿巴泰、公揚古利等率師征明。上御翔鳳閣面授方略，且誡諭之。癸酉，師行。

六月甲戌朔，授蒙古降人布爾噶都等世職有差。己卯，命豫親王多鐸管禮部事，肅親王豪格管戶部事。甲申，封薩哈廉子阿達禮爲多羅郡王。丙戌，以國舅阿什達爾漢爲都察院承政，尼堪爲蒙古承政。

秋七月己未，徼外藩蒙古兵征明。辛酉，阿濟格等會師出延慶州，俘人畜一萬五千有奇。

八月丁丑，遣官祭孔子。辛巳，成親王岳託、肅親王豪格以罪降多羅貝勒。癸未，睿親王多爾袞，豫親王多鐸，貝勒岳託、豪格舉師征明。

九月戊申，明兵入鹻場，命吳善、季思哈率兵禦之。己酉，阿濟格等奏我軍經保定至安州，克十二城，五十六戰皆捷，生擒總兵巢丕昌等人畜十八萬。庚申，伊勒愼等追明兵至娘娘宮渡口，見敵船甚衆，不敢進，奏聞。命宜蓀往援，復遣杜度率師助之。辛酉，蒙古達賴、拜賀、拜音代等自塔山來降。己巳，阿濟格等師還。

冬十月癸酉，多爾袞等師還。丁亥，遣大學士希福等往察哈爾、喀爾喀、科爾沁諸部稽戶口，編佐領，讞庶獄，頒法律，禁奸盜。戊戌，朝鮮國王李倧以書來。卻之。

十一月戊申，復命岳託管兵部事，豪格管戶部事。己酉，衞寨桑等自蒙古喀爾喀部還，偕其使衞徵喇嘛等來貢。辛亥，徵兵外藩。癸丑，諭曰：「朕讀史，知金世宗眞賢君也。當熙宗及完顏亮時，盡廢太祖、太宗舊制，盤樂無度。世宗卽位，恐子孫效法漢人，諭以無忘祖法，練習騎射。後世一不遵守，以訖於亡。我國嫻騎射，以戰則克，以攻則取。往者巴克什達海等屢勸朕易滿洲衣服以從漢制。朕惟寬衣博褎，必廢騎射，當朕之身，豈有變更。恐後世子孫忘之，廢騎射而效漢人，滋足慮焉。爾等識之。」乙卯，太祖實錄成。乙丑冬至，大祀天於圜丘。以將征朝鮮告祭天地、太廟。己巳，頒軍令，傳檄朝鮮。

十二月辛未朔，外藩蒙古諸王貝勒率兵會於盛京。鄭親王濟爾哈朗留守，武英郡王阿濟格駐牛莊備邊，饒餘貝勒阿巴泰駐噶海城收集邊民防敵。壬申，上率禮親王代善等征朝鮮，大軍次沙河堡，睿親王多爾袞、貝勒豪格分兵自寬甸入長山口。癸酉，遣馬福塔等率兵三百爲商賈裝，潛往圍朝鮮國都，多鐸及貝子碩託、尼堪以兵千人繼之，郡王滿朱習禮、布塔齊引兵來會。己卯，貝勒岳託、公揚古利以兵三千助多鐸軍。上率大軍距鎭江三十里爲營，令安平貝勒杜度、恭順王孔有德等護輜重居後。庚辰，渡鎭江至義州。壬午，上至郭山城。其定州遊擊來援，度不敵，自刎死。郭山降。癸未，至定州。定州亦降。乙酉，至安州，以書諭朝鮮守臣勸降。己丑，多鐸等進圍朝鮮國都。朝鮮國王李倧遁南漢山城。多鐸等復圍之，並敗其諸道援兵。辛卯，瓦爾喀葉辰、麻福塔居朝鮮，聞大軍至，以其衆來歸。丁酉，上至臨津江，會天暖冰泮，不可渡，忽驟雨，冰結，大軍畢渡。己亥，命都統譚泰等搜剿朝鮮國都，留蒙古兵與俱。上以大軍合圍南漢城。

是歲，土默特部古祿格楚虎爾，鄂爾多斯部額林臣濟農、台吉土巴等俱來朝。

二年春正月壬寅，朝鮮全羅道總兵來援，岳託擊走之。遣英俄爾岱、馬福塔齎敕諭朝鮮閣臣，數其前後敗盟之罪。甲辰，大軍渡漢江，營於江滸。丁未，朝鮮全羅、忠清二道合兵來援，多鐸、揚古利擊走之。揚古利被創卒。庚戌，多爾袞、豪格軍克長山，連戰皆捷，以兵來會，杜度等運礮車亦至。朝鮮勢益蹙，李倧以書數乞和。上許其出降。倧上書稱臣，逡巡不敢出。壬戌，多爾袞軍入江華島，得倧妻子，護至軍前。復諭倧曰：「來則室家可完，社稷可保，朕不食言，否則不能久待。」倧聞江華島陷，妻子被俘，南漢城且夕且下，乃請降。庚午，朝鮮國王李倧率其子淏及羣臣朝服出降於漢江東岸三田渡，獻明所給敕印。上慰諭賜坐，還其妻子及羣臣家屬，仍厚賜之。命英俄爾岱、馬福塔送倧返其國都，留其子浬、淏爲質。

二月壬申，班師。貝子碩託、恭順王孔有德等率朝鮮舟師取明皮島。朝鮮國王李倧表請減貢額。詔免丁丑、戊寅兩年貢物，自己卯秋季始，仍貢如額。甲戌，諭多爾袞等禁掠降民，違者該管官同罪。辛卯，上還盛京。癸巳，諭戶部平糶勸農。

三月甲辰，殺朝鮮臺諫官洪翼漢、校理尹集、修撰吳達濟，以敗盟故。丁未，武英郡王阿濟格率師助攻皮島。戊午，罷蓋州城工。

夏四月己卯，睿親王多爾袞以朝鮮質子李溰、李淏及朝鮮諸大臣子至盛京。辛巳，阿濟格師克皮島，斬明總兵沈世魁、金日觀。甲申，安平貝勒杜度率大軍後隊還。丁酉，命固山貝子尼堪、羅託、博洛等預議國政。增置每旗議政大臣三人，集羣臣諭之曰：「向者議政大臣額少，或出師奉使，而朕左右無人，卑微之臣，又不可使參國議。今特擇爾等置之議政之列，當以民生休戚爲念，慎毋怠惰，有負朝廷。前蒙古察哈爾林丹悖謬不道，其臣不諫，以至失國。朕有過失，爾諸臣卽當面諍。使面從而退有後言，委過於上，非純臣也。」又諭曰：「昔金熙宗循漢俗，服漢衣冠，盡忘本國言語，太祖、太宗之業遂衰。夫弓矢我之長技，今不親騎射，惟耽宴樂，則武備寖弛。朕每出獵，冀不忘騎射，勤練士卒。諸王貝勒務轉相告誡，使後世無變祖宗之制。」

閏四月癸卯，蒙古貢異獸，名齊赫特。壬子，武英郡王阿濟格師還。

五月庚午，朝鮮國王李倧遣使奉表謝恩贖俘獲。丁亥，遣朝鮮從征皮島總兵林慶業歸國，以敕獎朝鮮王。丁酉，章京尼堪等征瓦爾喀，降之，師行逕朝鮮咸鏡道，凡兩月始達，至是還。

六月辛丑，授喀喇沁歸附人阿玉石等官。明千總王國亮、都司胡應登、百總李忠國等自海島來降。莽古爾泰子光衮獲罪，伏誅。乙卯，諭曰：「頃朝鮮之役，兵行無紀，見利卽前，竟忘國憲。自今宜思所以宣布法紀修明典制者。」丙辰，以臣朝鮮，克皮島，祭告太廟、福陵。丁巳，朝鮮國王李倧請平値贖俘，不許。甲子，論諸將征朝鮮及皮島違律罪。禮親王代善論革爵，宥之。鄭親王濟爾哈朗以下論罰有差。

秋七月己巳，遣喀凱等分道征瓦爾喀。癸酉，戶部參政恩克有罪，伏誅。辛巳，誡諭漢官以空言欺飾者。智順王尙可喜自皮島師還。壬午，大赦。癸未，優恤朝鮮、皮島陣亡將士揚古利等，贈官襲職有差。乙酉，明都司高繼功等自石城島來降。庚寅，追封皇后父科爾沁貝勒莽古思爲和碩福親王。壬辰，以朝鮮及皮島之捷宣諭祖大壽。乙未，分漢軍爲兩旗，以總兵官石廷柱、馬光遠爲都統，分理左右翼。

八月丙申朔，再恤攻皮島、朝鮮陣亡將士洪文魁等，贈官襲職有差。癸丑，貝勒岳託以罪降貝子，罰金，解兵部任。丙辰，命睿親王多爾袞、饒餘貝勒阿巴泰築都爾鼻城。己未，遣阿什達爾漢等往蒙古巴林、札魯特、喀喇沁、土默特、阿魯諸部會理刑獄。

九月辛未，出獵撫安堡，以書招明石城島守將沈志祥。己丑，兵部參政穆爾泰以罪褫職。貝勒豪格以逼勒蒙古台吉博洛罪，罰金，罷管部務。

冬十月乙未朔，初頒滿洲、蒙古、漢字曆。丙午，厄魯特顧實車臣綽爾濟遣使來貢，厄魯特道遠，以元年遣使，是年冬始至。庚申，遣英俄爾岱、馬福塔、達雲齎敕册封李倧爲朝鮮國王。

十一月庚午，祀天於圜丘。朝鮮國王李倧遣使來貢，復表請歸其世子，並陳國中災變困窮狀。上不許，敕諭賜賚之。丁丑，烏朱穆秦濟農聞上善養民，率貝勒等舉國來附。癸未，追封揚古利爲武勳王。庚寅，出獵打草灘。

十二月甲辰，葉克書、星訥率師征卦爾察。癸丑，征瓦爾喀諸將奏捷。戊午，蒿齊忒部貝勒博羅特、托尼洛率屬來歸。阿濟格遣丹岱等敗明兵於清河。

是歲，虎爾哈部托科羅氏、克益克勒氏、耨野勒氏，黑龍江索倫部博穆博果爾，黑龍江巴爾達齊，精格里河扈育布祿俱來朝。

三年春正月辛未，命貝子岳託仍爲多羅貝勒，管領旗務。丁亥，以德穆圖爲戶部承政。甲午，皇第九子生，是爲世祖章皇帝。

二月丁酉，親征喀爾喀，豫親王多鐸、武英郡王阿濟格從，禮親王代善、鄭親王濟爾哈朗、睿親王多爾袞、安平貝勒杜度居守。丁未，次喀爾占，外藩諸王貝勒等以師來會。喀爾喀聞之，遁去。上行獵達爾那洛湖西，駐蹕。乙卯，次奎屯布喇克。庚申，明東江總兵沈志祥率石城島將佐軍民來降。壬戌，遣勞薩以書告明宣府守臣趣互市，且以歲幣歸我。

三月甲子朔，次博碩堆，命留守諸王築遼陽城。甲戌，次義奚里。庚辰，至登努蘇特而還。壬午，次上都河源，河西平地湧泉高五尺。

夏四月甲午朔，次布克圖里，葉克書等征黑龍江告捷。乙未，至遼河。丁酉，次杜稜城，明山海關太監高起潛遣人詭議和。戊戌，次札哈納里忒。己亥，次察木哈。庚子，次俄岳博洛。都爾鼻城工竣，改名屏城。辛丑，杜爾伯特部卦爾察札馬柰等來朝貢。壬寅，至遼陽，閱新城。乙巳，上還盛京。葉克書、星訥征黑龍江師還。癸丑，命明降將沈志祥以其衆居撫順。甲寅，尼噶里等征虎爾哈師還。

五月癸酉，修盛京至遼河道路，以睿親王多爾袞、饒餘貝勒阿巴泰董其役。乙亥，禮親王代善屬下人覺善有罪，鄭親王濟爾哈朗等請誅之，議削代善爵。以細故不許，並貸覺善。

六月庚申，始設理藩院，專治蒙古諸部事。

秋七月壬戌朔，諭諸王大臣曰：「自古建國，皆立制度，辨等威。今親王、郡王、貝勒、貝子、公主、額駙名號等級，均有定制，乃皆不遵行，違棄成憲，誠何心耶？昔金太祖、太宗兄弟一心，克成大統。朕當創業之時，爾等顧不能同心體國恪守典常乎？」諸王皆引罪。丁卯，喀爾喀使臣達爾漢囊蘇喇嘛歸，諭之曰：「朕以兵討不庭，以德撫有衆。天以蒙古諸部與朕，爾喀爾喀乃興兵犯歸化，甚非分也。爾不獲已，有逃竄偸生耳。爾所能至，我軍豈不能至？其速悔罪來歸，否則不爾宥也。」壬申，達雅齊等往明張家口議歲幣及互市。丁丑，諭禮部曰：「凡有不遵定制變亂法紀者，王、貝勒、貝子議罰，官繫三日，民枷責乃釋之。出入坐起違式，及官階名號已定而仍稱舊名者，戒飭之。有效他國衣冠、束髮裹足者，治重罪。」又諭大學士希福等曰：「朕不尙虛文，惟務實政。今國家殷富，政在養民。凡新舊人內窮困無妻孥馬匹者，或勇敢可充伍、以貧不能披甲者，許各陳訴，驗實給與。」禁以陣獲良家子女鬻爲樂戶者。丙戌，更定部院官制，專設滿洲承政，以阿拜爲吏部承政，英俄爾岱爲戶部承政，滿達爾漢爲禮部承政，宜蓀爲兵部承政，郎球爲刑部承政，薩木什喀爲工部承政，貝子博洛爲理藩院承政，阿什達爾漢爲都察院承政。命布顏爲議政大臣。

八月甲午，禮部承政祝世昌以罪褫職，謫戍邊外。丙申，吳拜、沙爾虎達連擊敗明兵於紅山口、羅文峪，又敗其密雲兵，殲之。丁酉，地震。戊申，授中式舉人羅碩等十名佐領品級，免四丁，一等至三等秀才授護軍校品級，免二丁，各賜朝衣綢布有差，未入部者免一丁。庚戌，阿魯阿霸垓部額齊格諾顏等、蒿齊忒部博洛特諾木齊等並來朝貢。癸丑，以睿親王多爾袞爲奉命大將軍，統左翼兵，貝勒豪格、阿巴泰副之，貝勒岳託爲揚武大將軍，統右翼兵，貝勒杜度副之，分道伐明。諭之曰：「主帥爲衆所瞻，自處以禮，而濟之以和，則蒙古、朝鮮、漢人之來附者，自心悅而誠服。若計一己之功，而不恤國之名譽，非所望焉。」丁巳，岳託、杜度師行。己未，以巴圖魯準塔爲蒙古都統。

九月癸亥，多爾袞、豪格、阿巴泰師行。壬申，上親向山海關以撓明師。徵孔有德、耿仲明、尙可喜兵。丁丑，定優免人丁例。丁亥，幸演武場，閱兵較射。

冬十月丁酉，岳託師自牆子嶺入，遇明兵。明總兵官吳國俊敗走。戊戌，多爾袞軍入青山關。己亥，上統大軍發盛京。甲辰，次渾河，科爾沁、喀喇沁各率兵來會。丙午，遣沙爾虎達等率師趣義州。己酉，命濟爾哈朗、多鐸各率師分趣前屯衞、寧遠、錦州，上親向義州。辛亥，索海率師圍大凌河兩岸十四屯堡。壬子，上次義州，遣孔有德、耿仲明、尙可喜、石廷柱、馬光遠以礮克其五臺。乙卯，次錦州。丙辰，多鐸克桑噶爾寨堡，殺其守將。孔有德等攻石家堡、戚家堡，並克之。戊午，孔有德等攻錦州西臺，臺中礮藥自發，臺壞，克之。

十一月己未朔，多鐸將與濟爾哈朗合師徑中後所，會祖大壽往援北京，乘夜襲我師。庚申，多鐸、濟爾哈朗還至中後所。大壽懼，不敢出。石廷柱、馬光遠攻李雲屯、柏士屯、郭家堡、開州、井家堡，俱克之。孔有德招降大福堡，又攻大臺，克之。辛酉，大軍入山海關。壬戌，上次連山。癸亥，攻五里河臺，明守備李計友等率衆降。丁卯，上至中後所，遇祖大壽收兵入城。使告之曰：「別將軍數載，甚思一見。至於去留，終不相強。將軍與我角勝，爲將之道應爾。朕不以此介意，亦願將軍勿疑。」戊辰，再遣使諭大壽，皆不答。己巳，濟爾哈朗克摸龍關及五里堡屯臺。庚午，班師。庚辰，次圖爾根河，遣蒙古軍各歸其部。丙戌，上還京。丁亥，地震。

十二月戊戌，刑部承政郎球有罪解任，以都察院參政索海代之。

是歲，土默特部古祿格，杜爾伯特部卦爾察札馬奈，席北部阿拜、阿閔，兀札喇部井瑙、馬考、札柰、桑吉察，鄂爾多斯部額林臣濟農，阿魯阿霸垓部額齊格諾顏，蒿齊忒部博洛特諾木齊，黑龍江博穆博果爾、瓦代噶凌阿均來朝貢。

四年春正月乙丑，貝子碩託以罪降輔國公。甲戌，皇第三女固倫公主下嫁科爾沁額駙祁他特。己卯，封沈志祥爲續順公。蒙古喇克等自錦州來歸。丁亥，蘇尼特部台吉噶布褚等率部人來歸。是月，明以洪承疇總督薊遼。

二月丁酉，命武英郡王阿濟格率師征明。壬寅，上親統大軍繼之。丙午，次翁啓爾渾。阿濟格遣使奏捷。蒙古奈曼等部率十三旗兵來會。庚戌，營松山。孔有德、耿仲明、尚可喜、石廷柱、馬光遠以礮擊城外諸臺，克之。遣塔布囊布顏率師防烏欣河口。壬子，上登松山南岡，授諸將方略。癸丑，列礮攻城，雉堞悉毀。明副將金國鳳拒守不下。上命豎雲梯急攻之。代善請俟明日，上從之。明人復完城堞，我軍不得入。乙卯，命阿濟格、尼堪、羅托等師圍塔山、連山。

三月戊午朔，明軍援杏山，我兵邀擊之，斬五十人。己未，穿地道攻松山城。乙丑，命納海等馳略杏山。石廷柱、馬光遠攻觀民山臺，降之。丙寅，多爾袞、杜度等疏報自北京至山西界，復至山東，攻濟南府破之，蹂躪數千里，明兵望風披靡，克府一州三縣五十七，總督宣、大盧象昇戰死，擒德王朱由樞、郡王朱慈穨、奉國將軍朱慈黨、總督太監馮允昇等，俘獲人口五十餘萬，他物稱是。是役也，揚武大將軍貝勒岳託、輔國公瑪瞻卒於軍。上聞震悼，輟飲食三日。乙亥，多爾袞、杜度又報自遷安縣出青山關，遇明兵，二十四戰皆勝。己卯，復攻松山城。明太監高起潛、總兵祖大壽自寧遠遣副將祖克勇、徐昌永等率兵趨錦州。阿爾薩蘭等擊敗之。上聞，馳赴錦州督師，斬徐昌永於陣，擒祖克勇。甲申，解松山圍。乙酉，駐錦州。多爾袞等師還盛京。

夏四月戊子朔，阿濟格略連山。壬辰，會於錦州。癸巳，渡大凌河駐蹕。己亥，杜度等師還。辛丑，上還盛京，哭岳託而後入，輟朝三日。戊申，以庫魯克達爾漢阿賴、馬喇希爲蒙古都統。甲寅，以索渾、薩璧翰爲議政大臣。丙辰，追封多羅貝勒岳託爲多羅克勤郡王。

五月戊午，以貝子篇古有罪，削爵。己未，鄭親王濟爾哈朗率兵略錦州、松山、杏山。辛酉，蘇尼特台吉莽古斯、俄爾寨率衆來歸。丁卯，席特庫、沙爾虎達等敗明兵於錦州。辛未，濟爾哈朗奏入明邊，九戰皆捷。丙子，濟爾哈朗師還。庚辰，以鎭國公艾度禮爲都統。辛巳，召豫親王多鐸數其罪，宥之，惟坐其征明失利，及不親送睿親王出師，降多羅貝勒。

六月戊子，蒙古阿蘭柴、桑噶爾寨等告岳託生前與其妻父瑣諾木謀不軌。代善、濟爾哈朗、多爾袞皆請窮治。上以岳託已死，不問，並貸瑣諾木勿治。庚寅，遣馬福塔、巴哈納册封朝鮮國王李倧妻趙氏爲朝鮮王妃，其長子淏爲世子。丙申，分漢軍爲四旗，以石廷柱、馬光遠、王世選、巴顏爲都統，改纛色。辛亥，焚哈達、葉赫、烏喇、輝發前所受明敕書於篤恭殿。壬子，以伊爾登、噶爾馬爲議政大臣，星訥兼議政大臣。

秋七月丁巳，遣官賫書與明帝議和，並令朱由棫等各具疏進，許其議成釋還。辛未，朝鮮國王李倧克熊島，執加哈禪來獻。乙亥，諭滿、漢、蒙古有能衝鋒陷陣先登拔城者，以馬給之。

八月己丑，授宗室固山貝子、鎭國公、輔國公、鎭國將軍、奉國將軍等爵有差。甲午，命貝勒豪格管戶部事，杜度管禮部事，多鐸管兵部事，薩爾糺等率兵征扈爾喀部。乙巳，歸化城土默特諸章京以所得明歲幣來獻。

九月乙卯朔，以孫達理等八十三人從睿親王入關有功，各授官有差，賜號巴圖魯。乙丑，都統杜雷有罪，褫職。己巳，復封貝勒豪格爲和碩肅親王。癸酉，阿濟格、阿巴泰、杜度率兵略錦州、寧遠。甲戌，封岳託子羅洛宏爲多羅貝勒。丙子，以宗室賴慕布、杜沙爲議政大臣，英俄爾岱爲都統，馬福塔爲戶部承政。

冬十月丙戌，豪格、多鐸率兵復略錦州、寧遠。庚寅，蘇尼特部壘爾根台吉騰機思等率諸貝勒、阿霸垓部額齊格諾顏等各率部衆，自喀爾喀來歸。辛卯，出獵哈達。癸丑，以劉之源爲都統，喀濟海爲議政大臣。

十一月甲寅朔，豪格疏報參領阿藍泰率蒙古人來歸，遇明兵於寧遠北岡，擊敗之，斬明總兵金國鳳。辛酉，遣索海、薩木什喀等征索倫部。丁卯，出獵葉赫。

十二月甲午，上還京。

是歲，黑龍江額納布、墨音、額爾盆等，喀爾喀部土謝圖、俄木布額爾德尼等，喀爾喀、蘇尼特、烏朱穆秦、科爾沁、克西克騰、土默特諸部，遣使俱來朝貢。

五年春正月甲子，命朝鮮質子李溰歸省父疾，仍令遣別子及溰子來質。遣翁阿岱、多濟里等戍錦州。

閏正月癸未朔，令各旗都統分巡所屬屯堡，察窮民，理寃獄。

二月丙辰，遣多濟里以寧古塔兵三百往征兀札喇部。丁巳，戶部承政馬福塔卒，以車爾格代之，覺羅錫翰爲工部承政。丙寅，朝鮮國王第三子湝來質。

三月丙戌，遣勞薩、吳拜等略廣寧。己丑，勞薩、吳拜以逗遛議罰有差。薩木什喀等征虎爾哈部，克雅克薩城。己亥，命濟爾哈朗、多鐸築義州城，駐兵屯田，進逼山海關。辛丑，戶部參政碩詹徵朝鮮水師糧米赴大凌、小凌二河。乙巳，索海、薩木什喀征索倫部奏捷。

夏四月壬子朔，罷元旦、萬壽諸王貝勒獻物。乙亥，索海、薩木什喀征索倫師還，上宴勞於實勝寺。庚辰，上視師義州。

五月癸未，渡遼河。乙酉，碩詹以朝鮮水師至。癸巳，上至義州。丁酉，蒙古多羅特部人蘇班代等自杏山遣人約降。上命濟爾哈朗等率軍迎之，戒曰：「此行勿領多人，敵見我兵少，必來拒戰。我分兵爲三，以前隊拒戰，後二隊爲援。」至杏山，祖大壽果遣劉周智、吳三桂列陣逼我。濟爾哈朗等僞卻，縱兵反擊，大敗之。戊戌，命勞薩、吳拜等略海邊。索倫部三百三十七戶續來降。壬寅，上率師攻克五里臺。乙巳，以紅衣礮攻錦州。丁未，刈其禾而還。庚戌，駕還京。

六月乙丑，多爾衮、豪格、杜度、阿巴泰、濟爾哈朗等屯田義州。戊辰，朝鮮世子李溰至。先是，朝鮮遣總兵官林慶業等載米同我使洪尼喀等自大凌河運三山島，遇風，覆沒者半，與明兵戰又失利，乃命陸輓至蓋州、耀州，留其兵千五百人於海州。癸酉，多濟里、喀杜征兀札喇部師還。遣朝鮮王次子李淏歸省。

秋七月庚辰朔，敍征索倫功，索海等賞賚進秩有差。癸未，定征索倫違律罪，薩木什喀等黜罰有差。乙酉，多爾衮等奏克錦州十一臺，請分兵爲兩翼屯駐。癸巳，明總督洪承疇以兵四萬壁杏山，遣騎挑戰，多爾衮等擊敗之。乙未，遣吳拜往助多爾衮軍。丙午，席特庫、濟席哈等率師征索倫部。上幸安山溫泉。己酉，多爾衮奏敗明兵於錦州，杜度又敗之寧遠。

八月己未，遣希福等至張家口互市。乙亥，多爾衮奏敗明兵於錦州，又敗之大凌河。

九月乙酉，上還宮。丙戌，命濟爾哈朗、阿濟格、阿達禮、多鐸、羅洛宏代圍錦州、松山。辛卯，多爾衮奏敗明兵於松山。癸卯，重修鳳凰城。

冬十月壬戌，遣英俄爾岱等往朝鮮責罪。壬申，萬壽節，大赦。

十一月戊寅朔，詔免朝鮮歲貢米十之九。乙酉，濟爾哈朗奏敗明兵於塔山、杏山及錦州城下。癸巳，阿敏卒於幽所。戊戌，朝鮮國王次子李淏來質。

十二月庚戌，命多爾袞、豪格、杜度、阿巴泰代圍錦州。己未，遣朝鮮國王三子李湇歸。席特庫、濟席哈征索倫部，擒博穆博果爾，俘九百餘人。壬申，英俄爾岱等至自朝鮮，械繫其尚書金聲黑尼等四人以歸。

是歲，喀爾喀部查薩克圖遣使來朝貢。

六年春正月庚辰，朝鮮國王李倧上表謝罪。壬辰，席特庫、濟席哈等師還。癸巳，晉席特庫爲三等總兵官。甲午，皇四女固倫公主雅圖下嫁科爾沁卓禮克圖親王吳克善子弼爾塔噶爾額駙。丁酉，二等副將勞薩有罪，革碩翁科羅巴圖魯號，降一等參將。

二月己未，以八旗佐領下人多貧乏，令戶部察明奏聞。諭佐領毋沈湎失職。其有因飲酒失業者四十八人並解任。諭諸王大臣教子弟習射。丙寅，多爾袞等奏敗明兵。

三月己卯，濟爾哈朗等代圍錦州。丁酉，降和碩睿親王多爾袞、肅親王豪格爲多羅郡王，多羅貝勒阿巴泰、杜度以下罰銀有差。是時，祖大壽爲明守錦州，屢招之不應。上令諸王迭出困之。而多爾袞等駐營錦州三十里外，又時遣軍士還家，故有是命。己亥，遣朝鮮總兵柳琳等率兵助濟爾哈朗軍。壬寅，濟爾哈朗奏克錦州外城。初，我軍環錦州而營，深溝高壘，絕明兵出入，城中大懼。蒙古貝勒諾木齊、台吉吳巴什等請降，且約獻東關爲內應。祖大壽覺之，謀執吳巴什等。於是諸蒙古大譟，與明兵搏戰。我軍自外應之，遂克其外城。大壽退保內城。甲辰，諾木齊、吳巴什等以蒙古六千餘人來歸，至盛京。

夏四月丁未，遣阿哈尼堪等率兵詣錦州助濟爾哈朗軍。濟爾哈朗奏敗明援兵於松山。庚戌，遣孔有德、尚可喜助圍錦州。多爾袞等聞錦州蒙古降，請効力贖罪。不許。

五月丁丑，明總督洪承疇以兵六萬援錦州，屯松山北崗。濟爾哈朗等擊走之，斬首二千級。丁亥，索倫部巴爾達齊降。己丑，遣希福等閱錦州屯營濠塹。壬寅，諭駐防歸化城都統古祿格等增築外城，建敵樓，浚深濠，以備守禦。

六月丁未，命多爾袞、豪格代圍錦州。辛酉，濟爾哈朗、多爾袞等合軍敗明援兵於松山。丙寅，遣學士羅碩以祖澤潤書招祖大壽。庚午，多爾袞等又奏敗明援兵於松山。

秋七月戊寅，賜中式舉人滿洲鄂謨克圖、蒙古杜當、漢人崔光前等朝衣各一襲，一二三等生員緞布有差。甲申，遣孔有德、耿仲明、尚可喜下副都統率兵助圍錦州。乙酉，議圍錦州功罪，親王以下賞罰有差。

八月甲辰朔，敍克錦州外城諸將功，晉鼇拜、勞薩、伊爾登等秩，復勞薩碩翁科羅巴圖魯號。乙巳，我軍與明合戰，明陽和總兵楊國柱敗死。祖大壽自錦州分所部爲三，突圍不得出。丁未，封烏朱穆秦部多爾濟濟農爲和碩蘇勒親王，阿霸垓部多爾濟額齊格諸顏爲卓禮克圖郡王。丁巳，上以明洪承疇、巡撫邱民仰等援錦州兵號十三萬，壁松山，上親率大軍禦之。濟爾哈朗留守。諸王、貝勒、大臣以明兵勢衆，勸上緩行。上笑曰：「但恐彼聞朕至，潛師遁耳。若不去，朕破之如摧枯拉朽也。」遂疾馳而進。戊午，渡遼河。洪承疇以兵犯我右翼，豪格擊敗之。壬戌，上至戚家堡，將赴高橋，召多爾袞以兵來會。多爾袞請駐蹕松、杏間。上從之，幸松山。明以一軍駐乳峯山，由乳峯至松山，列步軍七營，騎兵則環城東西北，壁壘甚堅。我師自烏欣河南山至海，橫截大路而軍。上謂諸將曰：「敵衆，食必不足，見我斷其餉道，必無固志，設伏待之，全師可覆也。」癸亥，明兵來犯，擊卻之。又敗之塔山，獲其積粟十二屯。甲子，明兵再犯，又卻之。時承疇以餉乏，欲就食寧遠。上知其將遁，分路設伏，戒諸將嚴陣以待，扼其歸寧遠及奔塔山、錦州路。是夜，明吳三桂等六總兵果潛師先奔，昏黑中爲我伏兵所截，大潰。惟曹變蛟、王廷臣返松山。乙丑，又克其四臺。王樸、吳三桂奔杏山。曹變蛟棄乳峯山，乘夜襲上營，力戰，變蛟中創走。己巳，吳三桂、王樸自杏山奔寧遠，遇我伏兵，又大敗之，三桂、樸僅以身免。是役也，斬首五萬，獲馬七千，軍資器械稱是。承疇收敗兵萬餘人入松山，嬰城守，不能戰。我軍遂掘壕圍之。是日，札魯特部桑噶爾以兵至。

九月乙亥，科爾沁卓禮克圖親王吳克善以兵至。命多爾袞、豪格分兵還守盛京。戊寅，略寧遠。乙酉，關雎宮宸妃疾。上將還京，留杜度、阿巴泰等圍錦州，多鐸、阿達禮等圍松山，阿濟格等圍杏山。丙戌，駕還。庚寅，宸妃薨。辛卯，上還京。

冬十月癸卯朔，日有食之。甲辰，遣阿拜駐錦州南乳峯山。丁未，遣孔有德、耿仲明、尚可喜等助圍錦州。己巳，追封宸妃爲元妃，謚敏惠恭和。壬申，封蘇尼特墨爾根台吉騰機思爲多羅墨爾根郡王。

十一月乙亥，命多爾袞、羅託、屯齊駐錦州，豪格、滿達海等駐松山。

十二月甲寅，濟爾哈朗、多爾袞奏敗洪承疇於松山。

七年春二月癸卯，上出獵葉赫。戊申，明德王朱由櫟卒，以禮葬之。戊午，阿濟格奏敗明兵於寧遠。辛酉，豪格、阿達禮、多鐸、羅洛宏奏拔松山，擒明總督洪承疇，巡撫邱民仰，總兵王廷臣、曹變蛟、祖大樂，遊擊祖大名、大成等。先是，承疇援絕，屢突圍不得出，其副將夏承德約降，且請爲內應，以子夏舒爲質。戊午夜半，豪格等梯城破之。捷聞，上以所俘獲分賚官軍，收軍器貯松山城。壬戌，上還宮。

三月癸酉，殺邱民仰、王廷臣、曹變蛟。諭洪承疇、祖大樂來京，而縱大名、大成入錦州。己卯，克錦州，祖大壽以所部七千餘人出降。乙酉，阿濟格等奏明遣職方郎中馬紹愉來乞和，出明帝敕兵部尚書陳新甲書爲驗。上曰：「明之筆札多不實，且詞意夸大，非有欲和之誠。然彼眞僞不可知，而和好固朕夙願。朕爲百萬生靈計，若事果成，各君其國，使民安業，則兩國俱享太平之福。爾等以朕意傳示之。」乙未，諭多爾袞、豪格駐杏山、塔山，濟爾哈朗、阿濟格、阿達禮等還京。

夏四月丁未，敕諭吳三桂等降。庚戌，大小二日並出，大者旋沒。辛亥，濟爾哈朗、多爾袞、豪格等奏克塔山。甲子，奏克杏山。毀松山、杏山、塔山三城。濟爾哈朗等班師。以阿巴泰守錦州。

五月己巳朔，濟爾哈朗等奏明遣馬紹愉來議和，遣使迓之。癸酉，洪承疇、祖大壽等至，入見請死。上赦之，諭以盡忠報効，承疇等泣謝。上問承疇曰：「明帝視宗室被俘，置若罔聞。陣亡將帥及窮蹙降我者，皆孥戮之。舊規乎？抑新例乎？」承疇對曰：「昔無此例，近因文臣妄奏，故然。」上曰：「君暗臣蔽，枉殺至此。夫將士被擒乞降，使其可贖，猶當贖之，奈何戮其妻子！」承疇曰：「皇上眞仁主也。」戊寅，禁善友邪教，誅黨首李國梁等十六人。

壬午，明使馬紹愉等始至。

六月辛丑，都察院參政祖可法、張存仁言：「明寇盜日起，兵力竭而倉廩虛，征調不前，勢如瓦解。守遼將帥喪失八九，今不得已乞和，計必南遷。宜要其納貢稱臣，以黃河爲界。」上不納。以書報明帝曰：「向屢致書修好，貴國不從，事屬既往，其又何言。予承天眷，自東北海濱以訖西北，其間使犬、使鹿產狐產貂之地，暨厄魯特部、斡難河源，皆我臣服，蒙古、朝鮮盡入版圖，用是昭告天地，正位改元。迺者兵入爾境，克城陷陣，乘勝長驅，亦復何畏。余特惓惓爲百萬生靈計，若能各審禍福，誠心和好，自茲以往，盡釋宿怨，尊卑之分，又奚較焉。古云：『情通則明，情蔽則暗。』使者往來，期以面見，情不壅蔽。吉凶大事，交相慶弔。歲各以地所產互爲餽遺，兩國逃亡亦互歸之。以寧遠雙樹堡爲貴國界，塔山爲我國界，而互市於連山適中之地。其自海中往來者，則以黃城島之東西爲界。越者各罪其下。貴國如用此言，兩君或親誓天地，或遣大臣蒞盟，唯命之從。否則後勿復使矣。」遂厚賚明使臣及從者，遣之。後明議中變，和事竟不成。癸卯，諭諸王貝勒，凡行兵出獵，踐田禾者罪之。甲辰，設漢軍八旗，以祖澤潤等八人爲都統。以貝子羅託爲都察院承政，吳達海爲刑部承政，郎球爲禮部承政。乙巳，多羅安平貝勒杜度卒。

秋七月庚午，諭諸王、貝勒、大臣曰：「爾等於所屬賢否，當已詳悉。知而不舉，何以示勸？太祖時，蘇完札爾固齊費英東等見人有善，先自獎勵，然後舉之；見人不善，先自斥責，然後劾之。故人無矜色，無怨言。今未有若斯之公直者矣。」王貝勒等皆謝罪。辛未，承政索海以罪褫職。壬申，以紐黑爲議政大臣。丙子，敍功，晉多羅睿郡王多爾袞、肅郡王豪格復爲和碩親王，多羅貝勒多鐸爲多羅郡王，鄭親王濟爾哈朗以下賞賚有差。戊寅，遣輔國公博和託代戍錦州。乙酉，議濟爾哈朗以下諸將征錦州違律罪。上念其久勞，悉宥之。諭刑部愼讞獄。己丑，命多羅郡王阿達禮管禮部事。

八月己亥，鑄礮於錦州。癸卯，鎭國將軍巴布海有罪，廢爲庶人。癸丑，論克錦州、松山、杏山、塔山諸將功，晉秩有差。

九月，敍外藩諸王、貝勒、大臣從征錦州功，賞賚有差。丁丑，遣貝子羅託等代戍錦州。壬午，命沙爾虎達等征虎爾哈部。

冬十月癸卯，遣英俄爾岱等鞫朝鮮閣臣崔鳴吉等罪。辛亥，以阿巴泰爲奉命大將軍，與圖爾格率師伐明。壬子，師行。丁巳，上不豫，赦殊死以下。己未，令多鐸、阿達禮駐兵寧遠。以敕諭吳三桂降。又命祖大壽以書招之。三桂，大壽甥也。甲子，命鄭親王濟爾哈朗、睿親王多爾袞、肅親王豪格、武英郡王阿濟格裁決庶政，其不能決者奏聞。

十一月丁丑，多鐸奏擊敗吳三桂兵。丙申，阿巴泰奏自牆子嶺入克長城，敗明兵於薊州。

閏十一月甲辰，上還京。己酉，沙爾虎達等降虎爾哈部一千四百餘人。丙辰，遣巴布泰等更戍錦州。己未，以宗室韓岱爲兵部承政。定圍獵誤射人馬處分例。

十二月丁卯，上出獵葉赫。乙亥，遣金維城率師戍錦州。丁丑，駐蹕開庫爾。上不豫，諸王貝子請罷獵，不許。丙戌，月暈生三珥。丁亥，日暈生三珥。癸巳，上還京。

是歲，杜爾伯特部札薩克塞冷來朝。

八年春正月丙申朔，上不豫，命和碩親王以下，副都統以上，詣堂子行禮。辛亥，沙爾虎達等師還，論功賞賚有差。甲寅，明寧遠總兵吳三桂答祖大壽書，猶豫未決，於是復降敕諭之。乙卯，遣譚布等更戍錦州。辛酉，多羅貝勒羅洛宏以罪削爵。

二月乙丑朔，日有食之。甲戌，葬敏惠恭和元妃。庚寅，禁建寺廟。

三月丙申，敕朝鮮臣民毋與明通。丙午，地震，自西隅至東南有聲。庚戌，上不豫，赦死罪以下。遣阿爾津等征黑龍江虎爾哈部，葉臣等更戍錦州。辛酉，更定六部處分例。

夏四月癸酉，遣金維城等更戍錦州。甲戌，多鐸請暫息軍興，輟工作，務農業，以足民用。

五月丙申，復封羅洛宏爲多羅貝勒。先是，圖白忒部達賴喇嘛遣使修聘問禮，留京八月，至是，遣還，並賚其來使。庚子，努山敗明兵界嶺口。癸卯，阿巴泰奏我軍入明，克河間、順德、兗州三府，州十八，縣六十七，降州一、縣五，與明大小三十九戰，殺魯王朱衣珮及樂陵、陽信、東原、安丘、滋陽五郡王，暨宗室文武凡千餘員，俘獲人民、牲畜、金幣以數十萬計，籍數以聞。丁巳，阿爾津征虎爾哈奏捷。

六月癸酉，多羅饒餘貝勒阿巴泰師還，鄭親王濟爾哈朗、睿親王多爾袞、武英郡王阿濟格郊迎之。甲戌，賜阿巴泰及從征將士銀緞有差。己卯，諭諸王貝勒曰：「治生者務在節用，治國者重在土地人民。爾等勿專事俘獲以私其親。其各勤農桑以敦本計。」艾度禮代戍錦州。丁亥，朝鮮國王李倧請戍錦州兵歲一更。庚寅，諭戶、兵二部清察蒙古人丁，編入佐領，俱令披甲。

秋七月戊戌，阿爾津等師還，論功賞賚有差。諭諸王勿以黃金飾鞍勒。定諸王、貝勒、貝子、公第宅制。壬寅，定諸王貝勒失誤朝會處分例。丙辰，定外藩王、貝勒、貝子、公等與諸王、貝勒、貝子、公相見禮。丁巳，以征明大捷，宣諭朝鮮。辛酉，命滿達海掌都察院事。

八月丙寅，貝子羅託有罪論辟，免死，幽之。戊辰，以宗室鞏阿岱爲吏部承政，郎球爲禮部承政，星訥爲工部承政。庚午，上御崇政殿。是夕，亥時，無疾崩，年五十有二，在位十七年。九月壬子，葬昭陵。冬十月丁卯，上尊謚曰應天興國弘德彰武寬溫仁聖睿孝文皇帝，廟號太宗，累上尊謚曰應天興國弘德彰武寬溫仁聖睿孝敬敏昭定隆道顯功文皇帝。

論曰：太宗允文允武，內修政事，外勤討伐，用兵如神，所向有功。雖大勛未集，而世祖即位朞年，中外即歸於統一，蓋帝之詒謀遠矣。明政不綱，盜賊憑陵，帝固知明之可取，然不欲亟戰以勦民命，七致書於明之將帥，屈意請和。明人不量强弱，自亡其國，無足論者。然帝交鄰之道，實與湯事葛、文王事昆夷無以異。嗚呼，聖矣哉！

清史稿卷四

本紀四

世祖本紀一

世祖體天隆運定統建極英睿欽文顯武大德弘功至仁純孝章皇帝，諱福臨，太宗第九子。母孝莊文皇后方娠，紅光繞身，盤旋如龍形。誕之前夕，夢神人抱子納后懷曰：「此統一天下之主也。」寤，以語太宗。太宗喜甚，曰：「奇祥也，生子必建大業。」翌日上生，紅光燭宮中，香氣經日不散。上生有異稟，頂髮聳起，龍章鳳姿，神智天授。

八年秋八月庚午，太宗崩，儲嗣未定。和碩禮親王代善會諸王、貝勒、貝子、文武羣臣定議，奉上嗣大位，誓告天地，以和碩鄭親王濟爾哈朗、和碩睿親王多爾袞輔政。丙子，阿濟格尼堪等率師防錦州。丁丑，多羅郡王阿達禮、固山貝子碩託謀立和碩睿親王多爾袞。禮親王代善與多爾袞發其謀。阿達禮、碩託伏誅。乙酉，諸王、貝勒、貝子、羣臣以上嗣位期祭告太宗。丙戌，以卽位期祭告郊廟。丁亥，上卽皇帝位於篤恭殿。詔以明年爲順治元年，肆赦常所不原者。頒哀詔於朝鮮、蒙古。

九月辛丑，地震，自西北而南有聲。壬寅，濟爾哈朗、阿濟格征明，攻寧遠衞。丙午，頒卽位詔於朝鮮、蒙古。以太宗遺詔減朝鮮歲貢。辛亥，昭陵成。乙卯，大軍攻明中後所，丁巳拔之。庚申，攻前屯衞。

冬十月辛酉朔，克之。阿濟格尼堪等率師至中前所，明總兵官黃色棄城遁。丁丑，濟爾哈朗、阿濟格師還。壬午，篇古、博和託、伊拜、杜雷代戍錦州。

十二月壬戌，明守備孫友白自寧遠來降。辛未，朝鮮來賀卽位。乙亥，罷諸王、貝勒、貝子管部院事。鄂羅塞臣、巴都禮率師征黑龍江。壬午，譚泰、準塔代戍錦州。

是歲，朝鮮暨土默特部章京古祿格，庫爾喀部賴達庫及炎楮庫牙喇氏二十六戶，索倫部章京崇內，喀爾喀部土謝圖汗、馬哈撒嘛諦塞臣汗、查薩克圖汗，圖白忒部甸齊喇嘛俱來貢。

順治元年春正月庚寅朔，御殿受賀，命禮親王代善勿拜。甲午，沙爾虎達率師征庫爾喀。己亥，來達哈巴圖魯等代戍錦州。鄭親王濟爾哈朗諭部院各官，凡白事先啓睿親王，而自居其次。

二月辛巳，艾度禮戍錦州。戊子，祔葬太妃博爾濟錦氏於福陵，改葬妃富察氏於陵外。富察氏，太祖時以罪賜死者。

三月丙申，地震。戊戌，復震。甲寅，大學士希福等進删譯遼、金、元史。是月，流賊李自成陷燕京，明帝自經。自成僭稱帝，國號大順，改元永昌。

夏四月戊午朔，固山額眞何洛會等訐告肅親王豪格悖妄罪，廢豪格爲庶人，其黨俄莫克圖等皆論死。己未，晉封多羅饒餘貝勒阿巴泰爲多羅饒餘郡王。辛酉，大學士范文程啓睿親王入定中原。甲子，以大軍南伐祭告太祖、太宗。乙丑，上御篤恭殿，命和碩睿親王多爾袞爲奉命大將軍，賜敕印便宜行事，并賜王及從征諸王、貝勒、貝子等服物有差。丙寅，師行。壬申，睿親王多爾袞師次翁後，明山海關守將吳三桂遣使致書，乞師討賊。丁丑，師次連山，三桂復致書告急，大軍疾馳赴之。戊寅，李自成率衆圍山海關，我軍逆擊之，敗賊將唐通於一片石。己卯，師至山海關，三桂開關出迎，大軍入關。自成率衆二十餘萬，自北山橫亙至海，嚴陣以待。是日，大風，塵沙蔽天。睿親王多爾袞命擊賊陣尾，以三桂居右翼，大呼薄之。風旋定，賊兵大潰，追奔四十餘里，自成遁還燕京。封三桂爲平西王，以馬步軍一萬隸之，直趨燕京。誓諸將勿殺不辜，掠財物，焚廬舍，不如約者罪之。諭官民以取殘不殺之意，民大悅，竄匿山谷者爭還鄉里迎降。大軍所過州縣及沿邊將吏皆開門款附。乙酉，自成棄燕京西走，我軍疾追之。

五月戊子朔，以捷書宣示朝鮮、蒙古。己丑，大軍抵燕京，故明文武諸臣士庶郊迎五里外。睿親王多爾袞入居武英殿。令諸將士乘城，廝養人等毋入民家，百姓安堵如故。庚寅，令兵部傳檄直省郡縣，歸順者官吏進秩，軍民免遷徙，文武大吏籍戶口錢糧兵馬親賫至京，觀望者討之。故明諸王來歸者，不奪其爵。在京職官及避賊隱匿者，各以名聞錄用，卒伍欲歸農者聽之。辛卯，令官吏軍民爲明帝發喪，三日後服除，禮部太常寺具帝禮以葬。壬辰，俄羅塞臣、巴都禮、沙爾虎達等征黑龍江師還。故明山海關總兵官高第來降。癸巳，令故明內閣、部院諸臣以原官同滿洲官一體辦理。乙未，阿濟格等追擊李自成於慶都，敗之。譚泰、準塔等追至眞定，又破走之。燕京迤北各城及天津、眞定諸郡縣皆降。辛丑，徵故明大學士馮銓至京。己酉，葬故明莊烈帝后周氏、妃袁氏，熹宗后張氏，神宗妃劉氏，並如制。

六月丁巳朔，令洪承疇仍以兵部尚書同內院官佐理機務。己未，以駱養性爲天津總督。庚申，遣戶部右侍郎王鰲永招撫山東、河南。壬戌，故明大同總兵官姜瓖斬賊首柯天相等，以大同來降。丙寅，遣巴哈納、石廷柱率師定山東。免京城官用廬舍賦稅三年，與同居者一年，大軍所過州縣田畝稅之半，河北府州縣三之一。丁卯，睿親王多爾衮及諸王、貝勒、貝子、大臣定議建都燕京，遣輔國公屯齊喀、和託、固山額眞何洛會奉迎車駕。庚午，遣固山額眞葉臣率師定山西。甲戌，故明三邊總督李化熙降。壬午，上遣使勞軍。癸未，艾度禮有罪，伏誅。甲申，遷故明太祖神主於歷代帝王廟。乙酉，鑄各官印兼用國書。

秋七月丁亥，考定曆法，爲時憲曆。戊子，巴哈納、石廷柱會葉臣軍定山西。壬辰，以吳孳昌爲宣大山西總督，方大猷爲山東巡撫。癸巳，以遷都祭告上帝、陵廟。丁酉，故明德王朱由棐降。時故明福王朱由崧即位江南，改元弘光，以史可法爲大學士，駐揚州督師，總兵劉澤清、劉良佐、黃得功、高傑分守江北。己亥，山東巡按朱朗鑅啓新補官吏仍以紗帽圓領臨民蒞事。睿親王多爾衮諭：「軍事方殷，衣冠禮樂未遑制定。近簡各官，姑依明式。」庚子，設故明長陵以下十四陵官吏。辛丑，免盛京滿、漢額輸糧草布疋。壬寅，大赦，除正額外一切加派。癸卯，罷內監徵收涿州、寶坻皇莊稅糧。甲辰，以楊方興爲河南總督，馬國柱爲山西巡撫，陳錦爲登萊巡撫。免山東稅，如河北例。壬子，睿親王以書致史可法，勸其主削號歸藩。可法答書不屈。以王文奎爲保定巡撫，羅繡錦爲河南巡撫。裁六部蒙古侍郎。癸丑，雨雹。是月，建乾清宮。

八月丙辰朔，日有食之。丁巳，以何洛會爲盛京總管，尼堪、碩詹統左右翼，鎮守盛京。

辛酉，大學士希福有罪，免。癸亥，行總甲法。戊辰，免景州、河間、阜城、青縣本年額賦。己巳，定在京文武官薪俸。乙亥，車駕發盛京。庚辰，次蘇爾濟，察哈爾固倫公主及蒙古王貝勒等朝行在。壬午，徵故明大學士謝陞入內院辦事。癸未，次廣寧，給故明十三陵陵戶祭田，禁樵牧。

九月甲午，車駕入山海關。丁酉，次永平。始嚴稽察逃人之令。己亥，建堂子於燕京。庚子，賊將唐通殺李自成親族乞降。辛丑，遣和託、李率泰、額孟格等率師定山東、河南。癸卯，車駕至通州。睿親王多爾袞率諸王、貝勒、貝子、文武羣臣朝上於行殿。甲辰，上自正陽門入宮。己酉，太白晝見。庚戌，初定郊廟樂章。睿親王多爾袞率諸王及滿、漢官上表勸進。故明福王遣其臣左懋第、馬紹愉、陳洪範齎白金十餘萬兩、黃金千兩、幣萬匹求成。壬子，奉安太祖武皇帝、孝慈武皇后、太宗文皇帝神主於太廟。

冬十月乙卯朔，上親詣南郊告祭天地，卽皇帝位，遣官告祭太廟、社稷。初頒時憲曆。丙辰，以孔子六十五代孫允植襲封衍聖公，其五經博士等官襲封如故。丁巳，以睿親王多爾袞功最高，命禮部建碑紀績。辛酉，上太宗尊謚，告祭郊廟社稷。壬戌，流賊餘黨趙應元僞降，入青州，殺招撫侍郎王鰲永，和託等討斬之。甲子，上御皇極門，頒詔天下，大赦。詔曰：「我國家受天眷佑，肇造東土。列祖創興宏業，皇考式廓前猷，遂舉舊邦，誕膺新命。迨朕嗣服，越在冲齡，敬念紹庭，永綏厥位。頃緣賊氛洊熾，極禍中原，是用倚任親賢，救民塗炭。方馳金鼓，旋奏澄清，用解倒懸，非富天下。而王公列辟文武羣臣暨軍民耆老合詞勸進，懇請再三。乃以今年十月乙卯朔，祗告天地宗廟社稷，定鼎燕京，仍建有天下之號曰大清，紀元順治。緬維峻命不易，創業尤艱。況當改革之初，爰沛維新之澤。親王佐命開國，濟世安民，有大勳勞，宜加殊禮。郡王子孫弟姪應得封爵，所司損益前典以聞。滿洲開國諸臣，運籌帷幄，決勝廟堂，汗馬著勳，開疆拓土，應加公、侯、伯世爵，錫以誥券。大軍入關以來，文武官紳，倡先慕義，殺賊歸降，亦予通行察敍。自順治元年五月朔昧爽以前，官吏軍民罪犯，非叛逆十惡死在不赦者，罪無大小，咸赦除之。官吏貪賄枉法，剝削小民，犯在五月朔以後，不在此例。地畝錢糧，悉照前明會計錄，自順治元年五月朔起，如額徵解。凡加派遼餉、新餉、練餉、召買等項，俱行蠲免。大軍經過地方，仍免正糧一半，歸順州縣非經過者，免本年三分之一。直省起存拖欠本折錢糧，如金花、夏稅、秋糧、馬草、人丁、鹽鈔、民屯、牧地、竈課、富戶、門攤、商稅、魚課、馬價、柴直、棗株、鈔貫、果品及內供顏料、蠟、茶、芝蔴、棉花、絹、布、絲緜等項，念小民困苦已極，自順治元年五月朔以前，凡屬逋征，概予豁除。兵民散居京城，實不獲已，其東中西三城已遷徙者，准免租賦三年；南北二城雖未遷徙，亦免一年。丁銀原有定額，年來生齒凋耗，版籍日削，孤貧老弱，盡苦追呼，有司查覈，老幼廢疾，並與豁免。軍民年七十以上者，許一丁侍養，免其徭役；八十以上者，給與絹緜米肉；有德行著聞者，給與冠帶；鰥寡孤獨、廢疾不能自存者，官與給養。孝子順孫義夫節婦，有司諮訪以聞。故明建言罷謫諸臣及山林隱逸懷才抱德堪爲世用者，撫按薦舉，來京擢用。文武制科，仍於辰戌丑未年舉行會試，子午卯酉年舉行鄉試。前明宗室首倡投誠者，仍予祿養。明國諸陵，春秋致祭，仍用守陵員戶。帝王陵寢及名臣賢士墳墓毀者修之，仍禁樵牧。京、外文武職官應得封誥廕敍，一體頒給。北直、河南、山東節裁銀，山西太原、平陽二府新裁銀，前明已經免解，其二府舊裁銀，與各府新舊節裁銀兩，又會同館馬站、驢站館夫及遞運所車站夫價等銀，又直省額解工部四司料銀、匠價銀、軓料銀、縈蔴銀、車價銀、葦夫銀、葦課銀、漁課銀、野味銀、翎毛銀、活鹿銀、大鹿銀、小鹿銀、羊皮銀、弓箭撒袋折銀、扣剩水腳銀、牛角牛筋銀、鵝翎銀、天鵝銀、民夫銀、椿草子粒銀、狀元袍服銀、衣糧銀、砍柴夫銀、搬運木柴銀、擡柴夫銀、蘆課等折色銀，盔甲、腰刀、弓箭、弦條、胖襖、褲、鞋、狐麂兔狸皮、山羊毛課、鐵、黃櫨、椰、桑、胭脂、花梨、南棗、紫榆、杉條等木、椵木、桐木、板枋、冰窖物料、蘆席、蒲草、榜紙、甆罈、槐花、烏梅、梔子、筆管、芒箒、竹掃箒、蓆草、粗細銅絲、鐵綫、鍍白銅絲、鐵條、碌子、靑花棉、松香、光葉書籍紙、嚴漆、罩漆、桐油、毛、筀、紫、水斑等竹、實心竹、棕毛、白圓藤、翠毛、石磨、川二硃、生漆、沙葉、廣膠、焰硝、螺殼等本色錢糧，自順治元年五月朔以前逋欠在民，盡予蠲免，以甦民困。後照現行事例，分別蠲除。京師行商車戶等役，每遇僉役，輒至流離，嗣後永行豁除。運司鹽法，遞年增加，有新餉、練餉雜項加派等銀，深爲厲商，盡行豁免，本年仍免額引三分之一。關津抽稅，非欲困商，准免一年，明末所增，並行豁免。直省州縣零星稅目，概行嚴禁。曾經兵災地方應納錢糧，已經前明全免者，仍與全免，不在免半、免一之例。直省報解屯田司助工銀兩，亦出加派，准予豁除。直省領解錢糧被賊劫失，在順治元年五月朔以前，一併豁免。山、陝軍民被流寇要挾，悔過自新，概從赦宥，脅從自首者前罪勿論。巡按以訪拿爲名，聽信衙蠹，誣罰良民，最爲弊政，今後悉行禁革。勢家土豪，重利放債，致民傾家蕩產，深可痛恨，今後有司勿許追比。越訴誣告，敗俗傷財，大赦以後，戶婚小事，俱就有司歸結，如有訟師誘陷愚民入京越訴者，加等反坐。贖鍰之設，勸人自新，追比傷生，轉爲民害，今後並行禁止，不能納者，速予免追。惟爾萬方，與朕一德。播告遐邇，咸使聞知。」加封和碩睿親王多爾袞爲叔父攝政王。乙丑，以雷興爲天津巡撫。丁卯，加封和碩鄭親王濟爾哈朗爲信義輔政叔王，復封豪格爲和碩肅親王，進封多羅武英郡王阿濟格爲和碩英親王，多羅豫郡王多鐸爲和碩豫親王，貝勒羅洛宏爲多羅衍禧郡王，封碩塞爲多羅承澤郡王。葉臣等克太原。故明副將劉大受自江南來降。辛未，封貝子尼堪、博洛爲多羅貝勒，輔國公滿達海、吞齊、博和託、吞齊喀、和託、尙善爲固山貝子。定諸王、貝勒、貝子歲俸。癸酉，以英親王阿濟格爲靖遠大將軍，率師西討李自成。戊寅，定攝政王冠服宮室之制。己卯，以豫親王多鐸爲定國大將軍，率師征江南。檄諭故明南方諸臣，數其不能滅賊復讐，擁衆擾民，自生反側，及無明帝遺詔擅立福王三罪。

十一月乙酉朔，設滿洲司業、助教，官員子孫有欲習國書、漢書者，並入國子監讀書。故明福王使臣陳洪範南還，中途密啓請留左懋第、馬紹愉，自欲率兵歸順，招徠南中諸將。許之。壬辰，石廷柱、巴哈納、席特庫等敗賊於平陽，山西悉平。庚子，封唐通爲定西侯。甲辰，罷故明定陵守者，其十二陵仍設太監二名，量給歲時祭品。丁未，祀天於圜丘。庚戌，封勒克德渾爲多羅貝勒。遣朝鮮質子李湟歸國，並制減其歲貢。

十二月丁巳，出故明府庫財物，賞八旗將士及蒙古官員。葉臣等大軍平直隸、河南、山西府九、州二十七、縣一百四十一。丁卯，以太宗第六女固倫公主下嫁固山額眞阿山子夸札。戊辰，多鐸軍至孟津，賊將黃士欣等遁走，濱河十五寨堡望風納款，睢州賊將許定國來降。己巳，多鐸軍至陝州，敗賊將張有曾於靈寶。丁丑，諭戶部淸查無主荒地給八旗軍士。己卯，遣何洛會等祭福陵，鞏阿岱等祭昭陵，告武成。辛巳，有劉姓者自稱明太子，內監楊玉引入故明嘉定侯周奎宅，奎以聞。故明宮人及東宮舊僚辨視皆不識。下法司勘問，楊玉及附會之內監常進節、指揮李時蔭等十五人皆棄市。仍諭中外，有以故明太子來告者給賞，太子仍加恩養。

是歲，朝鮮暨虎什喀里等八姓部，鄂爾多斯部濟農，索倫部章京敖爾拖木爾，歸化城土默特部古祿格，喀爾喀部塞臣綽爾濟、古倫地瓦胡土克圖、餘古折爾喇嘛、土謝圖汗，蘇尼特部騰機思阿喇海，烏朱穆秦部台吉滿瞻俱來貢。

二年春正月戊子，圖賴等破李自成於潼關，賊倚山爲陣，圖賴率騎兵百人掩擊，多所斬獲。至是，自成親率馬步兵迎戰，又數敗之，賊衆奔潰。己未，大軍圍潼關，賊築重壕，堅壁以守。穆成格、俄羅塞臣先登，諸軍繼進，復大敗之。自成遁走西安。丙申，阿濟格、尼堪等率師抵潼關，賊將馬世堯降，旋以反側斬之。丁酉，命多羅饒餘郡王阿巴泰爲總統，固山額眞準塔爲左翼，梅勒章京譚泰爲右翼，代豪格征山東。庚子，以太宗第七女固倫公主下嫁內大臣鄂齊爾桑子喇瑪思。河南孟縣河淸二日。壬寅，多鐸師至西安，自成奔商州。癸卯，大學士謝陞卒。乙巳，眞定、大名、順德、廣平山賊悉平。丙午，命房山縣歲以太牢祭金太祖、世宗陵。丁未，免山西今年額賦之半。更國子監孔子神位爲大成至聖文宣先師孔子。庚戌，禁包衣大等私收投充漢人，冒占田宅，違者論死。壬子，免濟源、武陟、孟、溫四縣今年額賦及磁、安陽等九州縣之半。癸丑，免修邊民壯八千餘人。

二月丙辰，阿巴泰敗賊於徐州。己未，修律例。以李鑑爲宣大總督，馮聖兆爲宣府巡撫。降將許定國襲殺明興平伯高傑於睢州。辛酉，諭豫親王多鐸移師定江南，英親王阿濟格討流寇餘黨。丙寅，禁管莊撥什庫毀民墳塋。己巳，以祁充格爲內弘文院大學士。庚午，阿濟格剿陝西餘寇，克四城，降三十八城。丁丑，多鐸師至河南，賊將劉忠降。

三月甲申朔，始祀遼太祖、金太祖、世宗、元太祖、明太祖於歷代帝王廟，以其臣耶律曷魯、完顏粘沒罕、斡離不、木華黎、伯顏、徐達、劉基從祀。庚寅，多鐸師出虎牢關，分遣固山額眞拜伊圖等出龍門關，兵部尙書韓岱、梅勒章京宜爾德、侍郎尼堪等由南陽合軍歸德，所過迎降，河南悉平。辛卯，免山東荒賦。庚子，故明大學士李建泰來降。乙巳，遣八旗官軍番戍濟寧。丙午，朝鮮國王次子李淏歸。己酉，免薊州元年額賦。壬子，太行諸賊悉平。

夏四月丙辰，遣漢軍八旗官各一員駐防盛京。辛酉，以王文奎爲陝西總督，焦安民爲寧夏巡撫，黃圖安爲甘肅巡撫，故明尙書張忻爲天津巡撫，郝晉爲保定巡撫，雷興爲陝西巡撫。甲子，葬故明殉難太監王承恩於明帝陵側，給祭田，建碑。己丑，多鐸師至泗州。阿山等取泗北淮河橋，明守將焚橋遁，我軍遂夜渡淮。丁卯，諭曰：「流賊李自成殺君虐民，神人共憤。朕誕膺天命，撫定中華，尙復竊據秦川，抗阻聲教。爰命和碩豫親王移南伐之衆，直搗崤、函，和碩英親王秉西征之師，濟自綏德，旬月之間，全秦底定。憫茲黎庶，咸與維新。其爲賊所脅誤者，悉赦除之，并蠲一切逋賦。大軍所過，免今年額賦之半，餘免三之一。」庚午，豫親王多鐸師至揚州，諭故明閣部史可法、翰林學士衞胤文等降。不從。甲戌，以孟喬芳爲陝西三邊總督。以太宗第八女固倫公主下嫁科爾沁土謝圖親王巴達禮子巴雅斯護朗。丁丑，拜尹圖、圖賴、阿山等克揚州，故明閣部史可法不屈，殺之。辛巳，初行武鄉試。

五月壬午朔，河道總督楊方興進瑞麥。上曰：「歲豐民樂，卽是禎祥，不在瑞麥。當惠養元元，益加撫輯。」癸未，以旱諭刑部慮囚。命內三院大學士馮銓、洪承疇、李建泰、范文程、剛林、祁充格等纂修明史。丙戌，多鐸師至揚子江，故明鎭海伯鄭鴻逵等以舟師分守瓜洲、儀眞，我軍在江北，拜尹圖、圖賴、阿山率舟師自運河潛濟，梅勒章京李率泰乘夜登岸，黎明，我軍以次畢渡，敵衆咸潰。丁亥，以王志正爲延綏巡撫。免高密元年額賦。賜諸王以下及百官冰，著爲令。己丑，宣府妖民劉伯泗謀亂伏誅。庚寅，以王文奎爲淮揚總督，趙福星爲鳳陽巡撫。丙申，多鐸師至南京，故明福王朱由崧及大學士馬士英遁走太平，忻城伯趙之龍、大學士王鐸、禮部尚書錢謙益等三十一人以城迎降。興平伯高傑子元照、廣昌伯劉良佐等二十三人率馬步兵二十三萬餘人先後來降。丁酉，以郝晉爲保定巡撫。免平度、壽光等六州縣元年額賦。戊戌，命滿洲子弟就學，十日一赴監考課，春秋五日一演射。

故明中書張朝聘輸木千章助建宮殿，自請議敍。諭以用官惟賢，無因輸納授官之理，令所司給直。庚子，免章丘、濟陽京班匠價，並令直省除匠籍爲民。甲辰，定叔父攝政王儀注，凡文移皆曰皇叔父攝政王。乙巳，免皇后租，並崇文門米麥稅。庚戌，宣平定江南捷音。乾清宮成，復建太和殿、中和殿、位育宮。

六月癸丑，免興濟縣元年額賦。甲寅，免近畿圈地今年額賦三之二。乙卯，以丁文盛爲山東巡撫。丙辰，諭南中文武軍民薙髮，不從者治以軍法。是月，始諭直省限旬日薙髮如律令。辛酉，豫親王多鐸遣軍追故明福王朱由崧於蕪湖。明靖國公黃得功逆戰，圖賴大敗之，得功中流矢死。總兵官田雄、馬得功執福王及其妃來獻，諸將皆降。免永寧等四縣元年荒賦。丙寅，申薙髮之令。免深、衡水等七州縣元年荒賦。丁卯，陝西妖賊胡守龍倡亂，孟喬芳討平之。戊辰，皇太妃薨。辛未，何洛會率師駐防西安。命江南於十月行鄉試。己卯，詔曰：「本朝立國東陲，歷有年所，幅員既廣，無意併兼。昔之疆埸用兵，本冀言歸和好。不幸寇囚極禍，明祚永終，用是整旅入關，代明雪憤。猶以賊渠未殄，不遑啓居，爰命二王，誓師西討。而南中乘釁立君，妄竊尊號，亟行亂政，重虐人民。朕夙夜祗懼，思拯窮黎，西賊既摧，迺事南伐。兵無血刃，循汴抵淮。甫克維揚，遂平江左。金陵士女，昭我天休。既俘福藩，南服略定，特弘大賚，嘉與維新。其河南、江北、江南官民絓誤，咸赦除之。

所有横徵逋賦，悉與蠲免。大軍所過，免今年額賦之半，餘免三之一。」

閏六月甲申，阿濟格敗李自成於鄧州，窮追至九江，凡十三戰，皆大敗之。自成竄九宮山，自縊死，賊黨悉平。丙戌，定羣臣公以下及生員耆老頂戴品式。故明寧南侯左良玉子夢庚、總督袁繼咸等率馬步兵十三萬、船四萬自東流來降。己丑，河決王家園。庚寅，詔阿濟格等班師。辛卯，改江南民解漕、白二糧官兌官解。壬辰，諭曰：「明季臺諫諸臣，竊名貪利，樹黨相攻，眩惑主心，馴致喪亂。今天下初定，百事更始，諸臣宜公忠體國，各盡職業，毋蹈前轍，自貽顚越。」定滿洲文武官品級。癸巳，命大學士洪承疇招撫江南各省。甲午，定諸王、貝勒、貝子、宗室公頂戴式。乙未，除割脚筋刑。癸卯，命吳惟華招撫廣東，孫之獬招撫江西，黃熙允招撫福建，江禹緒招撫湖廣，丁之龍招撫雲、貴。多鐸遣貝勒博洛及拜尹圖、阿山率師趣杭州，故明潞王出降，淮王自紹興來降。嘉興、湖州、嚴州、寧波諸郡悉平。分遣總兵官吳勝兆克廬州、和州。乙巳，改南京爲江南省，應天府爲江寧府。命陝西於十月行鄉試。

秋七月庚戌朔，享太廟。壬子，命貝勒勒克德渾爲平南大將軍，同固山額眞葉臣等往江南代多鐸。設明太祖陵守陵太監四人，祀田二千畝。癸丑，故明東平侯劉澤淸率所部降。乙卯，以劉應賓爲安廬巡撫，土國寶爲江寧巡撫。丙辰，命謝弘儀招撫廣西。戊午，禁中外軍民衣冠不遵國制。己未，以何鳴鑾爲湖廣巡撫，高斗光爲偏沅巡撫，潘士良撫治鄖陽。甲子，上太祖武皇帝、孝慈武皇后、太宗文皇帝玉册玉寶於太廟。乙丑，免西安、延安本年額賦之半，餘免三之一。戊辰，西平賊首劉洪起伏誅，汝寧州縣悉平。河決兗西新築月堤。己巳，詔自今內外章奏由通政司封進。丁丑，以陳錦提督操江，兼管巡撫。故明總漕田仰陷通州、如皋、海門，鳳陽巡撫趙福星、梅勒章京譚布等討平之。己卯，以楊聲遠爲登萊巡撫。

八月辛巳，免霸、順義等八州縣災賦。乙酉，免彰德、衞輝、懷慶、河南各府荒賦。己丑，英親王阿濟格師還，賜從征外藩王、台吉、將佐金帛有差。癸巳，免眞定、順德、廣平、大名災額賦。丙午，降將金聲桓討故明益王，獲其從官王養正等誅之，並獲鍾祥王朱慈爕等九人。丁未，以英親王阿濟格出師有罪，降郡王，譚泰削公爵，降昂邦章京，鼇拜等議罰有差。

九月庚戌，故明魯王將方國安、王之仁犯杭州，張存仁擊走之。癸丑，命鎮國公傅勒赫、輔國公札喀納等率師協防江西。丁巳，故明懷安王來降。辛酉，故明新昌王據雲臺山，攻陷興化，準塔討斬之。甲子，以河間、灤州、遵化荒地給八旗耕種，故明勳戚內監餘地並分給之。庚午，田仰寇福山，土國寶擊敗之。丁丑，江西南昌十一府平。

冬十月癸未，以馬國柱爲宣大總督。戊子，故明翰林金聲受唐王敕起兵於徽州，衆十餘萬。洪承疇遣提督張天祿連破之於績溪，獲金聲，不屈，殺之。是時，故明唐王朱聿鍵據福建，魯王朱彝垓據浙江，馬士英等兵渡錢塘結營拒命。庚寅，免寶坻縣荒賦。壬辰，免太原等府州災賦。癸巳，豫親王多鐸師還，上幸南苑迎勞之。丙申，以苗胙土爲南贛巡撫。乙巳，以太宗次女固倫公主下嫁察哈爾汗子阿布鼐。丙午，以申朝紀爲山西巡撫，李翔鳳爲江西巡撫，蕭起元爲浙江巡撫。戊申，加封和碩豫親王多鐸爲和碩德豫親王，賜從征王、貝勒、貝子、公及外藩台吉、章京金幣有差。命孔有德、耿仲明還盛京。

十一月壬子，以張存仁爲浙閩總督，羅繡錦爲湖廣四川總督。癸丑，故明大學士王應熊、四川巡撫龍文光請降。甲寅，以吳景道爲河南巡撫，命巴山、康喀賴爲左右翼，同洪承疇駐防江寧，朱瑪喇駐防杭州，貝勒勒克德渾率鞏阿岱、葉臣討湖廣流賊一隻虎等。己未，朝鮮國王李倧請立次子淏爲世子，許之。丁卯，朱瑪喇敗馬士英於餘杭，和託敗方國安於富陽。士英、國安復窺杭州，梅勒章京濟席哈等擊走之。戊辰，以何洛會爲定西大將軍，遣巴顏、李國翰帥師會之，討四川流賊張獻忠。戊寅，以陳之龍爲鳳陽巡撫。

十二月己卯朔，日有食之。乙酉，故明閣部黃道周寇徽州，洪承疇遣張天祿擊敗之。故明總兵高進忠率所部自崇明來降。癸巳，佟養和、金聲桓進討福建，分兵攻南贛，敗故明永寧王、羅川王、閣部黃道周等數十萬衆。丙午，更定朝儀，始罷內監朝參。丁未，朱瑪喇等敗方國安、馬士英於浙東。固原賊武大定作亂，總兵官何世元等死之。

是歲，朝鮮，歸化城土默特部章京古祿格，鄂爾多斯部喇嘛塔爾尼齊，烏朱穆秦部車臣親王，席北部額爾格訥，喀爾喀部土謝圖汗、古倫迪瓦胡土克圖喇嘛、石勒圖胡土克圖、嘛哈撒馬諦塞臣汗，厄魯特部顧實汗子多爾濟達賴巴圖魯台吉及回回國，天方國俱來貢。朝鮮四至。

三年春正月戊午，貝勒勒克德渾遣將敗流賊於臨湘，進克岳州。辛酉，固山額眞阿山、譚泰有罪，阿山免職，下譚泰於獄。流賊賀珍、孫守法、胡向化犯西安，何洛會等擊敗之。金聲桓遣將攻故明永寧王於撫州，獲之，並獲其子朱孳榮等，遂平建昌。丙寅，故明潞安王、瑞昌王率衆犯江寧，侍郎巴山等擊敗之。戊辰，以宋權爲國史院大學士。己巳，以肅親王豪格爲靖遠大將軍，暨多羅衍禧郡王羅洛宏、貝勒尼堪、貝子屯齊喀、滿達海等帥師征四川。故明唐王朱聿釗兵犯徽州，洪承疇遣張天祿等擊敗之，獲其閣部黃道周殺之，進克開化。

二月己卯，貝勒勒克德渾破流賊於荆州，奉國將軍巴布泰等追至襄陽，斬獲殆盡。大軍進次夷陵，李自成弟李孜等以其衆來降。辛巳，免密雲荒賦。甲申，罷江南舊設部院，差在京戶、兵、工三部滿、漢侍郎各一人駐江寧，分理部務。乙酉，明魯王將劉福援撫州，梅勒章京屯泰擊敗之。何洛會遣將破流賊劉文炳於蒲城，賊渠賀珍奔武功。戊子，以柳寅東爲順天巡撫。命肅親王豪格分兵赴南陽，討流賊二隻虎、郝如海等。丙申，遣侍郎巴山、梅勒章京張大猷率師鎭守江寧，甲喇章京傅夸蟾、梅勒章京李思忠率師鎭守西安。潛山、太湖賊首石應璉擁故明樊山王朱常𡐾爲亂，洪承疇遣將擊斬之。丙午，命貝勒博洛爲征南大將軍，同圖賴率師征福建、浙江。

三月辛亥，譯洪武寶訓成，頒行中外。乙卯，免近京居民田宅圈給旗人別行撥補者租賦一年。丁巳，何洛會敗賊劉體純於山陽。己未，以王來用總督山、陝、四川糧餉，馬鳴佩總督江南諸省糧儲。乙丑，賜傅以漸等進士及第出身有差。己巳，何洛會擊賊二隻虎於商州，大敗之。昌平民王科等盜發明帝陵，伏誅。壬申，多羅饒餘郡王阿巴泰薨。癸酉，封烏朱穆秦部塞冷、蒿齊忒部薄羅特爲貝勒，阿霸垓部多爾濟爲貝子。豪格師抵西安，遣工部尚書興能敗賊於邠州，固山額眞杜雷敗賊於慶陽。故明大學士張四知自江南來降。

夏四月己卯，詔貝勒勒克德渾班師，孔有德、耿仲明、尚可喜、沈志祥各統所部來京。甲申，免錢塘、仁和間架稅。乙酉，命今年八月再行鄉試，明年二月再行會試。丁亥，免睢州、祥符等四州縣災賦。戊子，除貫耳穿鼻之刑。癸巳，除明季加征太平府姑溪橋米稅、金柱山商稅、安慶府鹽稅。乙未，免靜海、興濟、青縣荒賦。丙申，江西浮梁、餘干賊合閩賊犯饒州，副將鄧雲龍等擊敗之。戊戌，攝政王多爾袞諭停諸王大臣啓本。己亥，以張尙爲寧夏巡撫。罷織造太監。辛丑，諭曰：「比者蠲除明季橫征苛稅，與民休息。而貪墨之吏，惡其害己而去其籍，是使朝廷德意不下究，而明季弊政不終釐也。玆命大臣嚴加察核，並飭所司詳定賦役全書，頒行天下。」諭汰府縣冗員。甲辰，修盛京孔子廟。

五月丁未，蘇尼特部騰機思、騰機特、吳班代、多爾濟思喀布、蟒悟思、額爾密克、石達等各率所部叛奔喀爾喀部碩雷。命德豫親王多鐸爲揚威大將軍，同承澤郡王碩塞等率師會外藩蒙古兵討之。四子部溫卜、達爾漢卓禮克圖、多克新等追斬吳班代等五台吉。庚戌，申隱匿逃人律。戊午，金聲桓克南贛，獲其帥劉廣胤。辛酉，豪格遣巴顏、李國翰敗賊於延安。壬戌，故明魯王、荆王、衡王世子等十一人謀亂，伏誅。癸亥，以葉克書爲昂邦章京，鎭守盛京。豪格遣貝勒尼堪等敗賊賀珍於雞頭關，遂克漢中，珍走西鄉。乙丑，貝勒博洛遣圖賴等擊敗故明魯王將方國安於錢塘。魯王朱彝垓遁保台州。庚午，官軍至漢陰，流賊二隻虎奔四川，孫守法奔岳科寨。巴顏、李國翰追延安賊至張果老崖敗之。辛未，免沛、蕭二縣元、二年荒賦之半。

六月戊寅，免懷柔縣荒賦。丙戌，禁白蓮、大成、混元、無爲等教。壬辰，以高士俊爲湖廣巡撫。乙未，張存仁遣將擒故明大學士馬士英及長興伯吳日生等斬之。

秋七月甲寅，貝勒勒克德渾師還。丁巳，多鐸破騰機思等於毆特克山，斬其台吉毛害，渡土喇河擊斬騰機思子多爾濟等，盡獲其家口輜重。又敗喀爾喀部土謝圖汗二子於查濟布喇克上游。戊午，碩雷子陣查濟布喇克道口，貝子博和託等復大敗之。碩雷以餘衆走塞冷格。庚申，李國翰、圖賴等拔張果老崖。壬戌，江西巡撫李翔鳳進正一眞人符四十幅。諭曰：「致福之道，在敬天勤民，安所事此，其置之。」戊辰，豪格遣貝子滿達海、輔國公哈爾楚渾、固山額眞準塔趨徽州、階州分討流賊武大定、高如礪、蔣登雷、石國璽、王可臣等，破之。如礪遁，登雷、國璽、可臣俱降。

八月丙子，多羅衍禧郡王羅洛宏薨於軍。丁丑，豪格遣纛章京哈寧阿攻武大定於三台山，拔之。丁亥，博洛克金華、衢州，殺故明蜀王朱盛濃、樂安王朱誼石及其將吳凱、項鳴斯等，其大學士謝三賓、閣部宋之普、兵部尚書阮大鋮、刑部尚書蘇壯等降。浙江平。戊子，以孔有德爲平南大將軍，同耿仲明、沈志祥、金礪、佟代率師征湖廣、廣東、廣西。免太湖、潛山二年及今年荒賦。癸巳，命尚可喜率師從孔有德南討。

九月己酉，故明瑞昌王朱誼泐謀攻江寧，官兵討斬之。甲子，免夷陵、石首等十三州縣荒賦十之七，荆門、江陵等四州縣十之五，興國、廣濟等十六州縣十之三。丙寅，故明崇陽王攻歙縣，副將張成功等敗之。丁卯，故明督師何騰蛟等攻岳州，官軍擊敗之。

冬十月丙子，鄭四維等克夷陵、枝江、宜都，改湖廣承天府爲安陸府。己卯，和碩德豫親王多鐸師還，上郊勞之。辛巳，金聲桓遣將擒故明王朱常淓及其黨了悟等，誅之。甲申，以胡全才爲寧夏巡撫，章于天爲江西巡撫。金聲桓遣將克贛州，獲故明閣部楊廷麟殺之。壬寅，癸巳，以李棲鳳爲安徽巡撫。丁酉，免懷寧等四縣災賦。己亥，免延綏、莊浪災賦。壬寅，太和宮、中和宮成。

十一月癸卯朔，貝勒博洛自浙江分軍進取福建，圖賴等敗故明閣部黃鳴駿於仙霞關，遂克浦城、建寧、延平。故明唐王朱聿釗走汀州，阿濟格尼堪等追斬之，遂定汀州、漳州、泉州、興化，進克福州，悉降其衆。福建平。癸丑，免河間、任丘及大同災賦。丁巳，祀天於圜丘。己巳，豪格師至南部，時張獻忠列寨西充，鼇拜等兼程進擊，大破之，斬獻忠於陣，復分兵擊餘賊，破一百三十餘營。四川平。

十二月癸酉朔，故明遂平王朱紹鯤及其黨楊權等擁兵太湖，結海寇爲亂，副將詹世勳等討斬之。庚戌，山東賊謝遷攻陷高苑，總兵官海時行討平之。壬午，故明高安王朱常淇及其黨江於東等起兵婺源，張天祿討平之。丙戌，以于清廉爲保定巡撫，劉武元爲南贛巡撫，兗薊、豐潤等五州縣災賦。甲午，位育宮成。庚子，明金華王朱由㰘起兵饒州，官軍擊斬之。

是歲，朝鮮，蒙古及歸化城土默特部古祿格，厄魯特部多爾濟達來巴圖魯、顧實汗，喀爾喀部買達里胡土克圖、額爾德尼哈談巴圖魯、戴青哈談巴圖魯、青台吉，科爾沁部多羅冰圖郡王塞冷，蒿齊忒部多羅貝勒額爾德尼，索倫部、使鹿部喇巴奇，鄂爾多斯部濟農台吉查木蘇，庫爾喀部賴達庫及達賴喇嘛，吐魯番俱來貢。朝鮮、厄魯特顧實汗、達賴喇嘛皆再至。

四年春正月戊申，輔國公鞏阿岱、內大臣吳拜等征宣府。壬子，命副都統董阿賴率師駐防杭州。興國州賊柯抱冲結故明總督何騰蛟攻陷興國。總兵官柯永盛遣將擒抱冲及其黨陳珩玉斬之。乙卯，以楊聲遠爲淮揚總督，黃爾性爲陝西巡撫。辛酉，以朱國柱爲登萊巡撫。壬戌，陝西官軍擊延慶賊郭君鎮、終南賊孫守法，敗之。洪承疇遣將擊賊帥趙正，大破之。

二月癸酉，以張儒秀爲山東巡撫。乙亥，佟養甲平梧州。丁丑，副將王平等擊賀珍、劉二虎賊黨於興安，敗之。癸未，詔曰：「朕平定中原，惟浙東、全閩尙阻聲教，百姓辛苦墊隘，無所控訴，爰命征南大將軍貝勒博洛振旅而前。既定浙東，遂取閩越。先聲所至，窮寇潛逋。大軍掩追，及於汀水。聿釗授首，列郡悉平。顧惟僭號阻兵，其民何罪，用昭大賚，嘉與維新。一切官民罪犯，咸赦除之。横征逋賦，概予豁免。山林隱逸，各以名聞錄用。民年七十以上，給絹米有差。」己丑，洪承疇擒故明瑞昌王朱議貴及湖賊趙正，斬之。乙未，朱聿釗弟聿鐭僭號紹武，據廣州，佟養甲、李成棟率師討之，斬聿鐭及周王肅𣶏、益王思炎、遼王術雅、鄧王器㙺、鉅野王壽鋾、通山王蘊越、高密王弘椅、仁化王慈鈉、鄖陵王肅汭、南安王企韹等。廣州平。戊戌，以佟國鼐爲福建巡撫。

三月戊午，賜呂宮等進士及第出身有差。己未，以耿焞爲順天巡撫，周伯達爲江寧巡撫，趙兆麟撫治鄖陽。庚申，諭京官三品以上及督、撫、提、鎮各送一子入朝侍衞，察才任使，無子者以弟及從子代之。壬戌，免崇明縣鹽課、馬役銀。乙丑，大清律成。丙寅，佟養甲克高、雷、廉三府。丁卯，命祀郊社太牢仍用腥。己巳，禁漢人投充滿洲。庚午，罷圈撥民間田宅，已圈者補給。

夏四月丁丑，田仰率所部降。己卯，高士俊克長沙，昂邦章京傅喀蟾討劉文炳、郭君鎮，殲之。乙酉，貝勒博洛班師。是役也，貝子和託、固山額眞公圖賴皆卒於軍。甲午，陝西官軍斬孫守法。

五月壬寅，舟山海賊沈廷揚等犯崇明，官軍討擒之。己酉，故明在籍通政使侯峒曾遣諜致書魯王，僞許洪承疇、土國寶以公、侯，共定江南，爲反間計，柘林游擊獲之以聞。上覺其詐，命江寧昂邦章京巴山等同承疇窮治其事。庚戌，免興國、江夏等十州縣上年災賦。癸丑，以佟養甲爲兩廣總督，兼廣東巡撫。辛酉，投誠伯常應俊、總兵李際遇等坐通賊，伏誅。癸亥，上幸南苑。乙丑，班代、峨齊爾、胡巴津自蘇尼特來降。

六月壬申，免成安等七縣上年災賦。丙子，朝鮮國王李倧遣其子㴭來朝。庚辰，故明趙王朱由棪來降。戊子，免綏德衞上年災賦。己丑，封貝勒博洛爲多羅郡王。癸巳，陝西賊武大定陷紫陽，總兵官任珍擊敗之。湖廣官軍克衡州、常德及安化、新化等縣。甲午，蘇松提督吳勝兆謀叛，伏誅。丁酉，免山東上年荒賦。

秋七月辛丑，加封和碩德豫親王多鐸爲輔政叔德豫親王。癸卯，建射殿於左翼門外。甲辰，免徐州上年荒賦。己酉，封敖漢部額駙班第子墨爾根巴圖魯爲多羅郡王。癸丑，以申朝紀爲宣大總督。丁巳，鄖陽賊王光代用永曆年號，聚衆作亂，命侍郎喀喀木等剿之。戊午，改馬國柱爲江南江西河南總督。甲子，詔曰：「中原底定，聲教遐敷。惟粵東尙爲唐藩所阻，嶺海怨咨，已非一日。用移南伐之師，席卷惠、潮，遂達省會。念爾官民，初非後至，一切罪犯，咸赦除之。逋賦橫征，概與豁免。民年七十以上，加錫粟帛。所在節孝者旌，山林有才德者錄用。南海諸國能嚮化者，待之如朝鮮。」丙寅，以祝世昌爲山西巡撫。丁卯，上幸邊外閱武。是日，駐沙河。

八月庚午，金聲桓擒故明宗室麟伯王、靄伯王於瀘溪山，誅之。甲戌，次西巴爾台。丙子，次海流土河口。壬午，次察漢諸爾。乙酉，豪格遣貝勒尼堪等先後克遵義、夔州、茂州、內江、榮昌、富順等縣，斬故明王及其黨千餘人。四川平。丙戌，次胡蘇台。辛卯，以張文衡爲甘肅巡撫。丙申，上還宮。

九月辛丑，京師地震。辛亥，淮安賊張華山等用隆武年號，嘯聚廟灣。丁巳，以李猶龍爲天津巡撫。辛酉，官軍討廟灣賊，破之。

冬十月庚午，以王懩爲安徽巡撫。壬申，喀喇沁部卓爾弼等率所部來降。癸未，以吳惟華爲淮揚總督，綫縉爲偏沅巡撫。戊子，定直省官三年大計。壬辰，以廣東採珠病民，罷之。

十一月庚戌，以陳泰爲靖南將軍，同梅勒章京董阿賴征福建餘寇。辛亥，免山西代、靜樂等十四州縣，寧化等六所堡，山東德、歷城等十五州縣災賦。裁山東明季牙、雜二稅。戊午，五鳳樓成。癸亥，祀天於圜丘。

十二月戊辰，免保定、河間、眞定、順德災賦。壬申，以陳錦爲閩浙總督。己卯，以太宗十一女固倫公主下嫁喀爾瑪索納木。甲申，蘇尼特部台吉吳巴什等來歸。丙戌，大軍自岳州收長沙，故明總督何騰蛟等先期遁。次湘潭，敗桂王將黃朝選衆十三萬於燕子窩，又敗之於衡州，斬之，遂克寶慶，斬魯王朱鼎兆等。進擊武岡，桂王由榔走，追至靖州，下其城。復克沅州，岷王朱埏峻以黎平降。湖南平。庚寅，故明將鄭彩犯福州，副將鄒必科等敗走之。

是歲，科爾沁、喀喇沁、烏朱穆秦、敖漢、翁牛特、蘇尼特、札魯特、郭爾羅斯、蒿齊忒、阿霸垓諸部來朝。朝鮮暨喀爾喀部札薩克圖汗、墨爾根綽爾濟、額爾德尼綽爾濟、邁達禮胡土克圖、額爾德尼顧錫、伊拉古克三胡土克圖、嘛哈撒馬諦塞臣汗、俄木布額爾德尼、塞勒胡土克圖、滿朱習禮胡土克圖，札薩克圖汗下俄木布額爾德尼、巴顏護衞、舍晉班第、邁達禮胡土克圖，諾門汗下丹津胡土克圖，土謝圖汗下澤卜尊丹巴胡土克圖，碩雷汗下伊赫額木齊格隆、額參德勒哈談巴圖魯，厄魯特部台吉吳霸錫、顧實汗，羅布藏胡土克圖下巴漢格隆、盆蘇克扎穆蘇，阿布賚諾顏下訥門汗、巴圖魯諾顏、達雲綽爾濟、鄂濟爾圖台吉，蘇尼特部台吉魏正，札魯特部台吉桑圖，鄂爾多斯部濟農，歸化城土默特部章京托博克、諾爾布，唐古忒部及喇布札木綽爾濟、喇嘛班第達等俱來貢。

五年春正月辛亥，故明宜春王朱議衍據汀州爲亂，總兵官于永綬擒斬之。癸丑，免太原、平陽、潞安三府，澤、沁、遼三州災賦。癸亥，和碩肅親王豪格師還。衍禧郡王羅洛宏卒於軍，至是喪歸，輟朝二日。

二月甲戌，金聲桓及王得仁以南昌叛。辛巳，江南官軍復無爲州，福建官軍復連城、順昌、將樂等縣。癸未，免濟南、兗州、青州、萊州上年災賦。辛卯，以固倫公主下嫁巴林部塞卜騰。壬辰，以呂逢春爲山東巡撫，李鑑爲寧夏巡撫。故明貴溪王朱常彪、恢武伯尙登位寇沅州，纛章京線國安等討斬之。

三月己亥，貝子呑齊、尙善等訐告和碩鄭親王濟爾哈朗，罪連莽加、博博爾岱、鼇拜、索尼等，降濟爾哈朗爲多羅郡王，莽加等降革有差。辛丑，和碩肅親王豪格有罪，論死。上不忍置之法，幽繫之。庚戌，命譚泰爲征南大將軍，同何洛會討金聲桓。辛酉，以耿焞爲宣大山西總督。甲子，武大定犯寧羌，遊擊張德俊等大破之。

四月丁卯，以楊興國爲順天巡撫。戊辰，免渭原、金縣、蘭州衞災賦。壬申，官軍復建寧，斬故明鄖西王朱常湖等。己卯，封科爾沁杜爾伯特鎭國公色冷爲貝子。庚辰，遣固山額眞阿賴等駐防漢中。壬午，大軍克辰州，遂破永寧，至全州，故明督師何騰蛟遁，獲貴溪王朱長標、南威王朱寅衞、長沙王朱由櫛等。銅仁、興安、關陽諸苗、瑤來降。丙戌，命劉之源、佟圖賴爲定南將軍，駐防寶慶，李國翰爲定西將軍，駐防漢中。丁亥，吳三桂自錦州移鎮漢中。

閏四月戊戌，復濟爾哈朗爵爲和碩鄭親王。癸卯，以李國英爲四川巡撫。己未，以遲日益爲湖廣巡撫。癸亥，命貝子吞齊爲平西大將軍，同韓岱討陝西叛回。

五月己丑朔，日有食之。戊辰，官軍破叛回於鞏昌，復臨洮、蘭州。辛未，遊擊張勇破叛回於馬家坪，獲故明延長王朱識鋅，斬之。壬午，以趙福星爲鳳陽巡撫。癸未，以朱延慶爲江西巡撫。甲申，官軍破金聲桓，復九江、饒州。己丑，以劉弘遇爲安徽巡撫。

六月甲午朔，免西安、延安、平涼、臨洮、慶陽、漢中上年災賦。癸卯，以周文業爲甘肅巡撫。甲辰，額塞等大破叛回於蘭州，餘黨悉平。丙辰，京師地震有聲。癸亥，太廟成。

秋七月丁丑，初設六部漢尚書、都察院左都御史，以陳名夏、謝啓光、李若琳、劉餘祐、党崇雅、金之俊爲六部尚書，徐起元爲左都御史。

八月癸巳朔，金聲桓、王得仁寇贛州，官軍擊走之。己亥，陳泰、李率泰等敗鄭彩於長樂，又敗之於連江，復興化。己巳，命和碩英親王阿濟格、多羅承澤郡王碩塞等討天津土賊。丁未，禁民間養馬及收藏軍器。己酉，以王一品爲鳳陽巡撫。壬子，令滿、漢官民得相嫁娶。乙卯，以夏玉爲天津巡撫，張學聖爲福建巡撫。

九月壬戌朔，官軍獲故明巡撫吳江等於南康湖口，斬之。甲子，和碩英親王阿濟格討曹縣土賊，平之。己巳，封貝勒勒克德渾爲多羅順承郡王，博洛爲多羅端重郡王。壬申，和碩鄭親王濟爾哈朗爲定遠大將軍，討湖廣賊李錦。丁丑，封貝勒尼堪爲多羅敬謹郡王。

冬十月壬寅，和碩禮親王代善薨。甲辰，佟圖賴復寶慶。丙辰，降將劉澤清結曹縣賊叛，澤清及其黨李洪基等俱伏誅。

十一月甲子，廣東叛將李成棟據南雄，結峝蠻犯贛州，巡撫劉武元等擊走之。丙寅，總兵官任珍擊賀珍，破之。戊辰，祀天於圜丘，以太祖武皇帝配。追尊太祖以上四世：高祖澤王爲肇祖原皇帝，曾祖慶王爲興祖直皇帝，祖昌王爲景祖翼皇帝，考福王爲顯祖宣皇帝；妣皆爲皇后。上詣太廟上册寶。辛未，以配天及上尊號禮成，御殿受賀，大赦。辛未，和碩英親王阿濟格、多羅端重郡王博洛、多羅承澤郡王碩塞等帥師駐大同，備喀爾喀。

十二月辛卯朔，命郡王瓦克達，貝子尚善、吞齊等詣阿濟格軍。調八旗遊牧蒙古官軍之半，戍阿爾齊土蘇門哈達。癸巳，姜瓖以大同叛，總督耿焞走陽和。丙申，免平山、隆平、清豐災賦。戊戌，阿濟格圍大同。辛丑，復遣梅勒章京阿喇善、侍郎噶達渾詣阿濟格軍。癸卯，免大同災賦。壬子，楊捷等復都昌，獲故明兵部尚書余應桂，斬之。丁巳，以佟養量爲宣大總督。

是歲，蘇尼特、扎魯特等部來朝。朝鮮，喀爾喀部俄木布額爾德尼、戴青訥門汗喇嘛、塞爾濟額爾德尼魏正、碩雷汗、邁達理胡土克圖、扎薩克圖汗下額爾德尼哈談巴圖魯，厄魯特部顧實汗、錫勒圖綽爾濟、諾門汗，索倫部阿濟布，鄂爾多斯部單達，蘇尼特部騰機忒，科爾沁貝勒張繼倫，歸化城固倫第瓦胡土克圖、丹津喇嘛額爾德尼寨桑，土默特部古祿格，烏思藏闡化王王舒克，湯古特達賴喇嘛俱來貢。朝鮮、厄魯特顧實汗、湯古特達賴喇嘛再至。

六年春正月壬戌，官軍復羅源、永春、德化等縣。癸亥，命多羅敬謹郡王尼堪等征太原。戊辰，諭曰：「朕欲天下臣民共登袵席，日夕圖維，罔敢怠忽。往年流寇作亂，慘禍已極，入關討賊，士庶歸心。乃邇年不軌之徒，揑作洗民訛言。小民無知輕信，惶惑逃散，作亂者往往而有。朕聞不嗜殺人，能一天下。書云：『衆非元后何戴，后非衆罔與守邦。』君殘其民，理所蔑有。自元年來，今六年矣，寧有無故而屠戮民者。民苟思之，疑且冰釋。至於自甘爲賊，樂就死地，必有所迫以致此。豈督、撫、鎭、按不得其人，有司朘削，民難自存歟？將蠲免賦稅，有名無實歟？內外各官其確議興利除弊之策，朕次第酌行之。」辛未，姜瓖黨姚舉等殺冀寧道王昌齡，陷忻州，固山額眞阿賴破走之。乙亥，諭曰：「設關征稅，原以譏察奸宄，非與商賈較錙銖也。其各以原額起稅，毋得橫征以充私橐，違者罪之。」諭山西大同軍民，無爲姜瓖脅誘，來歸者悉予矜免。戊寅，行保舉連坐之法。庚辰，諭言官論事不實者，廷臣集議，毋輒下刑部。辛巳，以金廷獻爲偏沅巡撫。壬午，譚泰、何洛會復南昌，金聲桓投水死，王得仁伏誅，九江、南康、瑞州、臨江、袁州悉平。癸未，山西賊黨劉遷寇代州，阿濟格遣軍破走之。

二月癸卯，攝政王多爾袞征大同。免直隸省六年以前荒賦、四川商民鹽課。辛亥，故明宗室朱森釜等犯階州，吳三桂擊斬之。

三月癸亥，多爾袞拔渾源州。丙寅，漢羌總兵官張天福平賊渠覃一涵，獲故明山陰王等斬之。丁卯，土賊王永强陷延安、楡林等十九州縣，延綏巡撫王正志等死之。己巳，應州、山陰降，多爾袞旋師，留阿濟格於大同。辛未，進封多羅承澤郡王碩塞、多羅端重郡王博洛、多羅敬謹郡王尼堪爲親王。王永强陷同官。壬申，廣信府知府楊國楨等復玉山縣。寧夏官軍克臨河等堡。乙亥，甘、涼逆回米喇印、丁國棟復作亂，甘肅巡撫張文衡等死之。丁丑，輔政和碩德豫親王多鐸薨，攝政王多爾袞師次居庸，還京臨喪。甲申，減隱匿逃人律。譚泰、何洛會破賊於南康，進克信豐，叛將李成棟走死，復撫州、建昌。江西平。丙戌，博洛遣鼇拜等大破姜瓖於大同北山。吳三桂擊敗王永强，復宜君、同官。

夏四月庚寅，遣羅碩、卦喇駐防太原。癸巳，阿濟格復左衞。乙未，命貝子吳達海等代征大同。丙申，吳三桂克蒲縣。癸卯，福建官軍復平和、詔安、漳平、寧洋。甲辰，賜劉子壯等進士及第出身有差。乙巳，皇太后崩。壬子，諭曰：「兵興以來，地荒民逃，流離無告。其令所在有司廣加招徠，給以荒田，永爲口業，六年之後，方議徵租。各州縣以招民勸耕之多寡，道府以責成催督之勤惰爲殿最。歲終，撫按考核以聞。」癸丑，以董宗聖爲延綏巡撫。官軍克福寧，福建平。乙卯，賊黨陷汾州，命和碩端重親王博洛爲定西大將軍，帥師討之。和碩敬謹親王尼堪移師大同。丁巳，封貝子滿達海爲和碩親王。

五月辛酉，遣屠賴率師赴太原軍。丙子，以李棲鳳爲廣東巡撫，郭肇基爲廣西巡撫。免太原、平陽、汾州三府，遼、澤二州災賦。丁丑，改封孔有德爲定南王，耿仲明爲靖南王，尚可喜爲平南王。命孔有德征廣西，耿仲明、尚可喜征廣東，各挈家駐防。裁直隸、江南、山東、浙江、陝西同知十，直隸、江南、河南、湖廣、江西、浙江通判二十一。免寶坻、順義五年災賦。辛巳，吳三桂、李國翰復延安。壬午，四川邊郡平。乙酉，和碩端重親王博洛復清源、交城、文水、徐溝、祁等縣。

六月庚子，朝鮮國王李倧薨。壬子，免滄州、清苑六年以前荒賦。癸丑，封張應京爲正一嗣教大眞人。乙卯，免江西四年、五年逋賦。

秋七月戊午朔，攝政王多爾袞復征大同。乙丑，滿達海、瓦克達征朔州、寧武。丁卯，免開封等府災賦。辛未，多爾袞至阿魯席巴爾臺，校獵而還。遣纛章京索洪等益滿達海軍。癸酉，官軍平黃州賊三百餘砦，斬故明王朱蘊𨯃等。甲申，廣東餘寇犯南贛，官軍擊却之。丙戌，吳三桂、李國翰復延綏鎭城。

八月癸巳，攝政王多爾袞還京。山西賊黨陷蒲州及臨晉、河津，孟喬芳討平之。甲午，免眞定、順德、廣平、大名災賦。滿達海復朔州、馬邑。丁酉，端重親王博洛拔孝義。丙午，鄭親王濟爾哈朗等克湘潭，獲何騰蛟，不屈，殺之。辰州、寶慶、靖州、衡州悉平。進克全州。丁未，封朝鮮世子李淏爲朝鮮國王。辛亥，以張孝仁爲直隸山東河南總督。壬子，遣英親王阿濟格、貝子鞏阿岱等征大同。癸丑，梅勒章京根特等拔猗氏。乙卯，大同賊被圍久，饑死殆盡，僞總兵楊震威斬姜瓖及其弟琳來獻。丙辰，寧武關僞總兵劉偉等率衆降，靜樂、寧化山寨悉平。

九月戊午，封鄂穆布爲多羅達爾漢卓禮克圖郡王，蘇尼特部噶爾痲爲多羅貝勒。甲子，鄂爾多斯部額林臣、布達岱、顧祿、阿濟格札穆蘇等來降，封額林臣爲多羅郡王，布達岱子伊廩臣、顧祿子色冷爲固山貝子，阿濟格札穆蘇爲鎭國公。丙寅，以夏玉爲山東巡撫。癸酉，封固倫額駙祁他特爲多羅郡王。甲戌，滿達海、博洛克汾州、平陽。

冬十月戊子，封多尼爲和碩親王，傑書爲多羅郡王。壬辰，京師地震。甲午，封勞親爲親王。官軍復鄆城。戊戌，降將楊登州叛，陷山陰。己亥，免山東東平、長山等十八州縣五年災賦，江西六年以前明季逋餉。辛丑，攝政王多爾袞征喀爾喀部二楚虎爾。乙巳，陝西總兵官任珍擊故明將唐仲亭於屠油壩，斬之，並誅故明王朱常淓、朱由杠等。丙午，官軍復潞安。丁未，官軍克榆林。己酉，滿達海等拔沁、遼二州。庚戌，命滿達海還京，留瓦克達等定山西。

十一月丙寅，免直隸開、元城等縣徭賦，陝西岷州災賦。甲戌，多爾袞自喀呑布喇克旋師。免宣府災賦。壬午，耿仲明軍次吉安，畏罪自殺。

十二月乙酉朔，山西興、芮城、平陸三縣平。戊子，故明桂王將焦璉寇全州，勒克德渾等擊敗之，進克道州。努山等拔烏撒城。宜爾都齊等克黎平。己酉，官軍復鄰水、大竹二縣。庚戌，寧波、紹興、台州土寇平。

是年，朝鮮、阿霸垓、烏朱穆秦、土默特諸部，厄魯特部阿巴賴諾顏、績克什虎巴圖魯台吉、顧實汗子下達賴烏巴什溫布塔布囊，鄂爾多斯部郡王額林臣，喀爾喀部土謝圖汗、碩雷汗、戴青諾顏，歸化城土默特部古祿格等，伊喇古克三胡土克圖下戴青溫布達爾漢囊蘇及達賴喇嘛俱來貢。朝鮮、喀爾喀土謝圖汗再至。

七年春正月庚申，官軍復永寧、寧鄉。壬戌，官軍復南雄。癸酉，封鄂爾多斯部單達爲貝勒，沙克查爲貝子。甲戌，故明德化王朱慈業、石城王朱議滲陷大田，官軍討平之。丁丑，和碩鄭親王濟爾哈朗師還。

二月丁亥，上太后謚曰孝端正敬仁懿莊敏輔天協聖文皇后。甲午，以劉弘遇爲山西巡撫，王一品爲廣西巡撫。李建泰據太平叛，官軍圍之，出降，伏誅。平陽、潞安、澤州屬境俱平。

三月己未，日赤色如血。

夏四月甲午，孔有德擒故明將黄順、林國瑞於興寧，降其衆五萬。丙申，封科爾沁貝勒張繼倫爲郡王。甲辰，多羅謙郡王瓦克達師還。

六月乙酉，保德州民崔耀等擒故明將牛化麟，斬之，以城降。癸卯，官軍復寧都、石城。

秋七月壬子朔，享太廟。乙卯，攝政王多爾衮議建邊城避暑，加派直隸、山西、浙江、山東、江南、河南、湖廣、江西、陝西九省錢糧二百五十萬兩有奇。辛酉，幸攝政王多爾衮第。多爾衮以貝子錫翰等擅請臨幸，下其罪，貝子錫翰降鎭國公，冷僧機、鼇拜等黜罰有差。壬戊，以馬之先爲陝西巡撫。辛未，免西寧各堡寨五年災賦。

八月丁亥，降和碩端重親王博洛、和碩敬謹親王尼堪爲多羅郡王。己丑，封巴林部塞卜騰、蒿齊忒部孛羅特爲多羅郡王，科爾沁國顧穆、喀喇沁部古祿思喜布爲多羅貝勒，改承澤親王碩塞、親王勞親爲多羅郡王。

九月甲寅，故明將鄭成功寇潮州，總兵官王邦俊擊走之。丙子，免蘄、麻城等七州縣五、六兩年荒賦。

冬十月辛巳朔，日有食之。己亥，定陝西茶馬例。庚子，官軍克邵武，獲故明閣部揭重熙等，斬之。己酉，免桐城等六縣荒賦。

十一月甲寅，免甘肅去年災賦。乙卯，吳三桂復府谷，斬故明經略高友才等，餘衆降。壬戌，攝政王多爾袞有疾，獵於邊外。乙丑，尚可喜復廣州，餘衆降。戊寅，祀天於圜丘。

十二月戊子，攝政和碩睿親王多爾袞薨於喀喇城。壬辰，赴聞，上震悼，臣民爲制服。丙申，喪至，上親奠於郊。己亥，詔曰：「太宗文皇帝升遐，諸王大臣籲戴攝政王。王固懷撝讓，扶立朕躬，平定中原，至德豐功，千古無二。不幸薨逝，朕心摧痛。中外喪儀，合依帝禮。」庚子，收故攝政王信符，貯內庫。甲辰，尊故攝政王爲懋德修道廣業定功安民立政誠敬義皇帝，廟號成宗。乙巳，諭曰：「國家政務，悉以奏聞。朕年尚幼，闇於賢否，尚書缺員，其會推賢能以進。若諸細務，理政三王理之。」

是年，喀爾喀、厄魯特、烏斯藏諸部巴郎和羅齊、達爾汗囊素、盆揑堅揑等來朝。朝鮮，喀爾喀部碩雷汗、札薩克圖汗、土謝圖汗、綽克圖魏正諾顏、戴青諾顏、那穆齊魏正諾顏、察哈爾墨爾根台吉、索那穆，厄魯特部巴圖魯貝勒、台吉鄂齊爾圖、于布胡土克圖、噶木布胡土克圖、舒虎兒戴青，烏斯藏部闡化王，索倫、使鹿諸部，歸化城土默特部古祿格俱來貢。朝鮮再至。

清史稿卷五

本紀五

世祖本紀二

八年春正月己酉朔，蒿齊忒部台吉噶爾馬撒望、儲護爾率所部來歸。辛亥，以布丹爲議政大臣。甲寅，和碩英親王阿濟格謀亂，幽之。其黨郡王勞親降貝子，席特庫等論死。乙卯，以蘇克薩哈、詹岱爲議政大臣。丙辰，罷漢中歲貢柑及江南橘、河南石榴。戊午，罷諸處織造督進官役及陝西歲貢羢褐皮革。命和碩睿親王多爾袞子多爾博襲爵。己未，罷臨清歲造城甎。庚申，上親政，御殿受賀，大赦。詔曰：「朕躬親大政，總理萬幾。天地祖宗，付託甚重。海內臣庶，望治甚殷。自惟涼德，夙夜祗懼。天下至大，政務至繁，非朕躬所能獨理。凡我諸王貝勒及文武羣臣，其各殫忠盡職，潔己愛人，利弊悉以上聞，德意期於下究。百姓亦宜咸體朕心，務本樂業，共享泰寧之慶。」孔有德克桂林，斬故明靖江王及文武官四百七十三人，餘黨悉降。壬戌，罷江西歲進龍碗。丙寅，以夏一鶚爲江西巡撫。丁卯，升祔孝端文皇后於太廟。追尊故攝政王多爾袞爲成宗義皇帝，祔於太廟。移內三院於禁城。己巳，以伊圖爲議政大臣。免安州芝棉稅。丁丑，復封端重郡王博洛、敬謹郡王尼堪爲和碩親王。以鞏阿岱、鼇拜爲議政大臣。戊寅，以巴圖魯詹、杜爾瑪爲議政大臣。

二月庚辰，進封滿達海爲和碩巽親王，多尼爲和碩信親王，羅可鐸爲多羅平郡王，瓦克達爲多羅謙郡王，傑書爲多羅康郡王。更定錢制，每百文準銀一錢。辛巳，免朔州、渾源、大同荒賦。癸未，羅什、博爾惠有罪，論死。上欲宥其死，羣臣執奏不可，遂伏誅。戊子，上昭聖慈壽皇太后尊號。己丑，大赦。免汶上等五縣六、七兩年災賦。辛卯，罷邊外築城之役，加派錢糧准抵八年正賦，官吏捐輸酌給議敍併免之。癸巳，蘇克薩哈、詹岱、穆濟倫首告故攝政王多爾袞逆節皆實，籍其家，誅其黨何洛會、胡錫。甲午，免山西荒賦。戊戌，封貝勒岳樂爲多羅安郡王。己亥，暴多爾袞罪於中外，削其尊號及母妻追封，撤廟享。庚子，調陳泰爲吏部尚書，以韓岱爲刑部尚書。辛丑，上幸南苑。壬寅，命孔有德移駐桂林。癸卯，上還宮。乙巳，封和碩肅親王豪格子富壽爲和碩顯親王。

閏二月戊申朔，湖南餘寇牛萬才率所部降。庚戌，封和碩鄭親王濟爾哈朗子濟度爲多羅簡郡王，勒度爲多羅敏郡王。甲寅，諭曰：「國家紀綱，首重廉吏。邇來有司貪汚成習，百姓失所，殊違朕心。總督巡撫，任大責重，全在舉劾得當，使有司知所勸懲。今所舉多冒濫，所劾多微員，大貪大惡乃徇縱之，何補吏治？吏部其詳察以聞。」調党崇雅爲戶部尚書，金之俊爲兵部尚書，劉餘祐爲刑部尚書，謝啓光爲工部尚書。免祥符等六縣七年災賦。乙卯，進封碩塞爲和碩承澤親王。諭曰：「榷關之設，國家藉以通商，非苦之也。稅關官吏，擾民行私，無異劫奪。朕灼知商民之苦。今後每關設官一員，悉裁冗濫，並不得妄咨勤勞，更與銓補。」丙辰，諭督撫甄別有司才德並優兼通文義者擢之，不識文義任役作奸者黜之，吏部授官校試文義不通者除名。己未，總兵官許爾顯克肇慶、羅定，徐成功克高州。禁喇嘛貢佛像、銅塔及番犬。壬戌，幽阿濟格於別室，籍其家，削貝子勞親爵爲庶人。乙丑，大學士馮銓、尚書謝啓光等以罪免。諭曰：「國家設官，必公忠自矢，方能裨益生民，共襄盛治。朕親政以來，屢下詔令，嘉與更始。乃部院諸臣因仍前弊，持祿養交。朕親行黜陟，與天下見之。自今以後，其淬礪前非，各盡厥職。若仍上下交欺，法必不貸。」丙寅，諭曰：「各省土寇，本皆吾民，迫於饑寒，因而爲亂。年來屢經撲勦，而管兵將領，殺良冒功，眞盜未殲，民乃荼毒，朕深痛之。嗣後各督撫宜勦撫並施，勿藉捕擾民，以稱朕意。」丁卯，孔有德克梧州、柳州。戊辰，大學士洪承疇兼都察院左都御史，陳之遴爲禮部尚書，張鳳翔爲工部尚書。己巳，裁江南、陝西督餉侍郎，淮安總理漕運侍郎。庚午，固山額眞阿喇善等勦山東賊。壬申，免涿、良鄉等十三州縣圈地。乙亥，定阿附多爾袞諸臣罪，剛林、祁充格俱坐罪。丁丑，諭曰：「故明宗藩，前以恣行不軌，多被誅戮，朕甚憫焉。自後有流移失所甘心投誠者，有司禮送京師，加恩畜養。鎮國將軍以下，即其地占籍爲民，各安厥業。」免宛平災賦。

三月壬午，端重親王博洛、敬謹親王尼堪以罪降郡王。乙酉，命諸王、貝勒、貝子分管六部、理藩院、都察院事。乙酉，湖南保、靖、永順等土司來歸。丙戌，免武强上年災賦。己丑，以希福爲弘文院大學士，陳泰爲國史院大學士。改李率泰爲弘文院大學士，寧完我爲國史院大學士。以噶達渾爲都察院承政，朱瑪喇爲吏部尚書，雅賴爲戶部尚書，譚布爲工部尚書，藍拜爲鑲藍旗滿洲固山額眞。辛卯，定王公朝集例。壬辰，定襲爵例。癸巳，諭曰：「御史巡方，職在安民察吏。向來所差御史，苞苴請託，身已失檢，何由察吏？吏不能察，民何以安？今後各宜洗濯自新，務盡職事，並許督撫糾舉，都察院考覈以聞。」癸卯，定齋戒例。丙午，許滿洲、蒙古、漢軍子弟科舉，依甲第除授。

夏四月庚戌，詔行幸所過，有司不得進獻。遣官祭嶽鎮海瀆、帝王陵寢、先師孔子闕里。土賊羅榮等犯虔州，副將楊遇明討擒之。乙卯，幸沙河。辛酉，次赤城。以王文奎總督漕運。甲子，次上都。丙寅，翁牛特部杜稜郡王等來朝。己巳，次俄爾峒。庚午，免朝鮮歲貢柑、柚、石榴。巴林部固倫額駙色布騰郡王等來朝。命故靖南王耿仲明子繼茂襲爵。

辛未，還次上都河。壬申，次俄爾峒河。

五月丁丑朔，次謨護里伊札里河。夏一鶚擊明唐王故將傅鼎銓等，追入福建，擒鼎銓等斬之。辛巳，次庫爾奇勒河。壬午，烏朱穆秦部貝勒塞稜額爾德尼等來朝。乙酉，次西喇塔。調噶達渾爲戶部尙書。以覺善爲都察院承政，綽貝爲鑲白旗蒙古固山額眞。壬辰，次孫河。癸巳，還宮。丙申，免英山五年至七年荒逋賦。庚子，復博洛、尼堪親王爵。甲辰，御史張煊以奏劾尙書陳名夏論死。

六月丙午朔，幸南苑。官軍破陝西賊何柴山等於雒南。丁巳，阿喇善擊山東盈河山賊，平之。壬戌，罷太和山貢符籙、黃精。乙丑，定諸陵壇廟祀典。庚午，諭曰：「朕以有司貪虐，命督撫察劾。乃閱四五月之久而未奏聞。毋乃受賕徇私，爲有司所制，或勢要挾持，不敢彈劾歟？此盜賊所由滋，而黎民無起色也。其卽奉行前詔，直陳無隱。」辛未，詔故明神宗陵如十二陵，以時致祭，仍設守陵戶。廣東官軍復廉州及永安等十二縣。壬申，命修繕祖陵，設守戶，定祭禮，復朝日、夕月禮。

秋七月丙子朔，諭曰：「比者投充漢人，生事害民，朕甚恨之。夫供賦役者編氓也，投充者奴隸也。今反厚奴隸而薄編氓，如國家元氣及法紀何？其自朕包衣牛彔，下至王公諸臣投充人，有犯法者，嚴治其罪，知情者連坐。前有司責治投充人，至獲罪譴。今後與齊民同罰，庶無異視。使天下咸知朕意。」又諭曰：「大小臣工，皆朝廷職官，待之以禮，則朝廷益尊。今在京滿、漢諸臣犯罪，有未奉旨革職輒提取審問者，殊乖大體。嗣後各衙門遇官員有犯，或被告訐，皆先請旨革職，然後送刑部審問，毋得徑行提審，著爲令。」戊子，大學士陳泰、李率泰以罪免。以雅泰爲內國史院大學士，杜爾德爲議政大臣。乙未，幸南苑。己亥，以陳名夏爲內弘文院大學士。

八月丙午朔，上還宮。丁未，科爾沁卓禮克圖親王吳克善來朝。己酉，副將許武光請括天下藏金充餉。上曰：「帝王生財之道，在節用愛民。掘地求金，自古未有。」命逐去之。乙卯，以趙開心爲左都御史。定順天鄉試滿洲、蒙古爲一榜，漢軍、漢人爲一榜，會試、殿試如之。戊午，册立科爾沁卓禮克圖親王吳克善女博爾濟錦氏爲皇后。壬戌，更定馬步軍經制。吏部尚書譚泰有罪，伏誅，籍其家。乙酉，大婚禮成，加上太后尊號爲昭聖慈壽恭簡皇太后。丙寅，御殿受賀，頒恩赦。戊辰，追復肅親王豪格爵。己巳，詔天下歲貢物產不便於民者悉罷之。癸酉，陳錦、金礪等追故明魯王於舟山，獲其將阮進。

九月庚辰，定朝儀。壬午，命平西王吳三桂征四川。陳錦、金礪克舟山，故明魯王遁走。丙戌，雅賴、譚布、覺善免，以卓羅爲吏部尚書，車克爲戶部尚書，藍拜爲工部尚書，俄羅塞臣爲都察院左都御史，趙國祚爲鑲紅旗漢軍固山額眞。封阿霸垓部都司噶爾爲郡王。

固山額眞噶達渾征鄂爾多斯部多爾濟。丁亥，除永平四關荒屯賦。壬辰，改承天門爲天安門。癸巳，上獵於近郊。辛丑，還宮。癸卯，喀爾喀部土謝圖汗、車臣汗、塞臣汗等來貢。

冬十月己酉，以和碩承澤親王碩塞、多羅謙郡王瓦克達爲議政王。辛亥，免宣府災賦。丁巳，以額色黑爲國史院大學士。庚申，賜阿濟格死。辛酉，李國翰會吳三桂征四川。以馬光輝爲直隸山東河南總督。甲子，免諸王三大節進珠、貂、鞍馬及衍聖公、宣、大各鎮歲進馬。乙丑，封肇祖、興祖陵山曰啓運山，景祖、顯祖陵山曰積慶山，福陵山曰天柱山，昭陵山曰隆業山。是日，啓運山慶雲見。

十一月乙亥朔，皇第一子牛鈕生。丙子，于大海率所部至夷陵請降。丙戌，尚可喜克雷州。乙未，免平陽、潞安二府，澤、遼、沁三州上年災賦。戊戌，以伊爾德爲正黃旗滿洲固山額眞，佟圖賴爲正藍旗漢軍固山額眞。庚子，免陽曲等四縣上年災賦。壬寅，免寧晉荒賦。

十二月丙午，免桐城等四縣上年荒賦。丁卯，以周國佐爲江寧巡撫。

是年，朝鮮，厄魯特部額爾德尼台吉、昆都倫吳巴什、阿巴賴，喀爾喀部土謝圖汗、車臣汗、塞臣汗、顧實汗、台吉吳巴什，達賴喇嘛俱來貢。

九年春正月癸酉朔，上幸南苑。辛巳，以陳泰爲禮部尚書。壬午，大學士陳名夏以罪免。雪張煊寃，命禮部議卹。京師地震。乙酉，以陳維新爲廣西巡撫。壬寅，皇第一子牛鈕薨。

二月丁未，以祜錫布爲鑲紅旗滿洲固山額眞。噶達渾等討鄂爾多斯部多爾濟等於賀蘭山，殲之。戊申，和碩巽親王滿達海薨，追封和碩簡親王。庚戌，頒六諭臥碑文於天下。庚申，加封鄭親王濟爾哈朗爲叔和碩鄭親王。辛酉，以陳之遴爲弘文院大學士，孫茂蘭爲寧夏巡撫。

三月乙亥，以王鐸爲禮部尚書，房可壯爲左都御史。贈張煊太常寺卿，仍錄其子如父官。庚辰，定官員封贈例。丙戌，罷諸王、貝勒、貝子管理部務。追降和碩豫親王多鐸爲多羅郡王。丁亥，和碩端重親王博洛薨，追封和碩定親王。己丑，以陳泰爲鑲黃旗滿洲固山額眞。癸巳，以遏必隆、額爾克戴青、趙布泰、賴塔庫、索洪爲議政大臣，覺羅郎球、胡世安爲禮部尚書。鞏阿岱、錫翰、西訥布庫、冷僧機以罪伏誅，籍其產。拜尹圖免死，幽繫。戊戌，多羅順承郡王勒克德渾薨，追封多羅恭惠郡王。己亥，賜滿洲、蒙古貢士麻勒吉，漢軍及漢貢士鄒忠倚等進士及第出身有差。

夏四月丙午，以蔡士英爲江西巡撫。丁未，裁登萊、宣府巡撫。乙卯，以韓岱爲吏部尚書，藍拜爲刑部尚書，星訥爲工部尚書，阿喇善爲都察院左都御史。戊午，孔有德克廣西南寧、慶遠、思恩，故明將陳邦傅以潯州降。己未，免府州縣官入覲。庚申，定諸王以下官名輿服之制。乙丑，允禮部議，一月三朝，春秋一舉經筵。設宗人府官。

五月丁丑，詔京察六年一舉行。己卯，免江陰、青浦牛稅。壬午，以喀喀木爲昂邦章京，鎭守江寧。庚子，幸南苑。

六月丁未，裁併直隸諸衞所。戊申，上還宮。庚戌，以和碩敬謹親王尼堪掌宗人府事，貝勒尚善、貝子吳達海爲左右宗正。官軍討肇慶、高州賊，平之。丁巳，詔軍政六年一舉行。丙寅，設詹事府官。追謚圖爾格爲忠義公，圖賴爲昭勳公，配享太廟。

秋七月癸酉，故明將孫可望陷桂林，定南王孔有德死之。丙子，名皇城北門爲地安門。浙閩總督陳錦征鄭成功，至漳州，爲其下所殺。庚辰，免淮安六年、七年牙行逋稅。甲申，以和碩敬謹親王尼堪爲定遠大將軍，征湖南、貴州。定滿官喪制。丁亥，以巴爾處渾爲鑲紅旗滿洲固山額眞。免磁、祥符等八州縣及懷慶衞上年災賦。吳三桂、李國翰定漳臘、松潘、重慶。遣梅勒章京戴都圍成都，故明帥劉文秀舉城降。己丑，免臨邑四縣荒徭賦。辛卯，天全六番、烏思藏等土司來降。戊戌，以祖澤遠爲湖廣四川總督。

八月乙巳，更定王公以下婚娶禮。丙午，多羅謙郡王瓦克達薨。丁巳，命尼堪移師討廣西餘寇。

九月庚午朔，以朱孔格、阿濟賴、伊拜爲議政大臣。辛巳，更定王以下祭葬禮。癸未，以纛章京阿爾津爲定南將軍，同馬喇希征廣東餘寇。甲申，以劉清泰爲浙江福建總督，王來用爲順天巡撫。辛卯，幸太學釋奠。癸巳，賚衍聖公、五經博士、四氏子孫、祭酒、司業等官有差。敕曰：「聖人之道，如日中天，上之賴以致治，下之資以事君。學官諸生當共勉之。」

冬十月庚子，免沛縣六年至八年災賦。尙可喜、耿繼茂克欽州、靈山，故明西平王朱聿鐭縛賊渠李明忠來降，高、雷、廉、瓊諸郡悉平。壬寅，官軍復梧州。癸卯，以歲饑，詔所在積穀，禁遏糴，旌輸粟。丙午，免三水等三縣六年災賦。壬子，以劉餘祐爲戶部尙書。癸丑，免霸州、東安、文安荒賦。甲寅，孫可望寇保寧，吳三桂、李國翰大敗之。以希福、范文程、額色黑、車克、覺羅郎球、明安達禮、濟席哈、星訥爲議政大臣，巴哈納爲刑部尙書，藍拜罷。戊午，命和碩鄭親王世子濟度，多羅信郡王多尼，多羅安郡王岳樂，多羅敏郡王勒都，貝勒尙善、杜爾祜、杜蘭議政。辛酉，以阿爾津爲安西將軍，同馬喇希移鎭漢中。丙寅，以李化熙爲刑部尙書。丁卯，尊太宗大貴妃爲懿靖大貴妃，淑妃爲康惠淑妃。

十一月庚午，以卓羅爲靖南將軍，同藍拜等征廣西餘寇。己丑，祀天於圜丘。庚寅，故明將白文選寇辰州，總兵官徐勇、參議劉昇祚、知府王任杞死之。辛卯，尼堪抵湘潭，故明將馬進忠等遁寶慶，追至衡山，擊敗之，又敗之於衡州。尼堪薨於軍。追封尼堪爲和碩莊親王。乙未，免忻、樂平等州縣災賦。

十二月辛丑，免太原、平陽、汾州、遼、沁、澤災賦。壬寅，詔還淸苑民三百餘戶所撥投充人地，仍免地租一年。官軍復安福、永新。丙午，撤卓羅等軍回京。庚戌，幸南苑。戊午，還宮。廣東賊犯香山，官軍討平之。己未，復命阿爾津爲定南將軍，同馬喇希等討辰、常餘寇。甲子，免長武災賦。

是年，達賴喇嘛來朝。朝鮮，厄魯特部顧實汗、巴圖魯諾顏，喀爾喀部土謝圖汗下戴靑諾顏、喇嗎達爾達爾漢諾顏，索倫部索郎阿達爾漢及班禪胡土克圖、第巴、巴喀胡土克圖喇嘛俱來貢。厄魯特顧實汗三至。

十年春正月庚午，諭曰：「朕自親政以來，但見滿臣奏事。大小臣工，皆朕腹心。嗣凡章疏，滿、漢侍郎、卿以上會同奏進，各除推諉，以昭一德。」辛未，諭：「言官不得捃摭細務，朕一日萬幾，豈無未合天意、未順人心之事。諸臣其直言無隱。當者必旌，戇者不罪。」癸酉，免莊浪、紅城堡、洮州衞災賦。丁丑，改洪承疇爲弘文院大學士，陳名夏爲祕書院大學士。庚辰，以貝勒吞齊爲定遠大將軍，統征湖南軍，授以方略。丙戌，以多羅額駙內鐸爲議政大臣。詔三品以上大臣各舉所知，仍嚴連坐法。庚寅，調金之俊爲左都御史，以劉昌爲工部尚書。癸巳，更定多羅貝勒以下歲俸。丙申，幸內苑，閱通鑑。上問漢高祖、文帝、光武及唐太宗、宋太祖、明太祖孰優。陳名夏對曰：「唐太宗似過之。」上曰：「不然，明太祖立法可垂永久，歷代之君皆不及也。」

二月庚子，封蒿齊忒部台吉噶爾瑪薩望爲多羅郡王。壬子，大學士陳之遴免。甲寅，以陳之遴爲戶部尚書。乙卯，以沈永忠爲勦撫湖南將軍，鎭守湖南。己未，裁各部滿尚書之複者。庚申，以高爾儼爲弘文院大學士，費揚古爲議政大臣。辛酉，明安達禮、劉餘祐有罪，免。甲子，喀爾喀部土謝圖汗下賁塔爾、袞布、奔巴世希、扎穆蘇台吉率所部來歸。

三月戊辰，幸南臺較射。上執弓曰：「我朝以此定天下，朕每出獵，期練習騎射。今綜萬幾，日不暇給，然未嘗忘也。」賜太常寺卿湯若望號通玄教師。免山西岢嵐、保德七十四州縣六年逋賦，代、楡次十二州縣十之七。己巳，封喀爾喀部賁塔爾爲和碩達爾漢親王，袞布爲卓禮克圖郡王，奔巴世希爲固山貝子。免薊、豐潤等十一州縣九年災賦。庚午，幸南苑。甲戌，免五臺縣逋賦及八年額賦之半。己卯，免江西六年荒地逋賦。辛巳，設宗學，親王、郡王年滿十歲，並選師教習。乙酉，還宮。丙戌，濟席哈免，以噶達渾爲兵部尚書。甲午，復以馮銓爲弘文院大學士。

夏四月丁酉，親試翰林官成克鞏等。庚子，御太和殿，召見朝覲官，諭遣之。諭曰：「國家官人，內任者習知紀綱，外任者諳於民俗，內外敭歷，方見眞才。今親試詞臣，其未留任者，量予改授，照詞臣外轉舊例，優予司、道各官。」始諭吏部、都察院舉京察。甲辰，免湖南六年至九年逋賦、山西夏縣荒賦。丙午，以佟國器爲福建巡撫。丁未，以圖海爲弘文院大學士。壬子，以旱，下詔求直言，省刑獄。甲寅，命提學御史、提學道淸釐學政。定學額，禁冒濫。改折民間充解物料，行一條鞭法。丁巳，定滿官離任持服三年例。己未，以成克鞏爲吏部尙書。癸亥，免福州等六府九年以前荒賦三之一。

五月甲戌，停御史巡按直省。免祥符等七縣九年災賦，沔陽、潛江、景陵八年災賦。乙亥，封鄭芝龍爲同安侯，子成功爲海澄公，弟鴻逵爲奉化伯。以喀喀木爲靖南將軍，征廣東餘寇。免歷城等六十九州縣八、九年災賦。丁丑，定旌表宗室節孝貞烈例。己卯，詔曰：「天下初定，瘡痍未復，頻年水旱，民不聊生，飢寒切身，迫而爲盜。魁惡雖多，豈無冤濫，脅從沈陷，自拔無門。念此人民，誰非赤子，摧殘極易，生聚綦難，概行誅鋤，深可憫惻。茲降殊恩，曲從寬宥，果能改悔，咸與自新。所在官司，妥爲安插，兵仍補伍，民卽歸農，不願還鄉，聽其居住，勿令失所。咸使聞知。」庚辰，定熱審例。乙酉，追封舒爾哈齊爲和碩親王，額爾衮、界堪、雅爾哈齊、祜塞爲多羅郡王。免武昌、漢陽、黄州、安陸、德安、荆州、岳州九年災賦。庚寅，加洪承疇太保，經略湖廣、廣東、廣西、雲南、貴州。壬辰，以張秉貞爲刑部尚書。甲午，免霸、保定等三十一州縣九年災賦。

六月乙未朔，追封塔察篇古、穆爾哈齊爲多羅貝勒。丁酉，諭曰：「帝王化民以德，齊民以禮，不得已而用刑。法者天下之平，非徇喜怒爲輕重也。往者臣民獲罪，必下部議，以士師之任，職在明允。乃或私心揣度，事經上發，則重擬以待親裁；援引舊案，又文致以流刻厲。朕羣生在宥，臨下以寬。在飢寒爲盜之民，尚許自首，遐方未服之罪，亦予招攜。況於毗庶朝臣，豈忍陷茲寃濫？自後法司務得眞情，引用本律，鉤距羅織，悉宜痛革，以臻刑措。」大學士高爾儼免。癸卯，復秋決朝審例。乙巳，命祖澤遠專督湖廣，孟喬芳兼督四川。丙午，免慈谿等五縣八年災賦。辛亥，賜故明殉難大學士范景文、戶部尚書倪元璐等及太監王承恩十六人諡，並給祭田，所在有司致祭。改折天下本色錢糧，行一條鞭法。癸丑，貝勒吞齊等敗孫可望於寶慶。庚申，以李率泰爲兩廣總督。慈寧宮成。辛酉，增置內三院漢大學士，院各二人。癸亥，諭曰：「唐、虞、夏、商未用寺人，至周僅具其職，司閽闥洒掃、給令而已。秦、漢以來，始假事權，加之爵祿，典兵干政，貽禍後代。小忠小信，固結主心；大憝大奸，潛持國柄。宮庭邃密，深居燕閒，淆是非以溷賢奸，刺喜怒而張威福，變多中發，權乃下移。歷覽覆車，可爲鑒戒。朕酌古準今，量爲設置，級不過四品。非奉差遣，不許擅出皇城。外官有與交結者，發覺一並論死。」

閏六月丙寅，以成克鞏爲祕書院大學士，張端爲國史院大學士，劉正宗爲弘文院大學士。乙亥，以金之俊爲吏部尚書。庚辰，諭曰：「考之洪範，作肅爲時雨之徵，天人感應，理本不爽。朕朝乾夕惕，冀迓天休。乃者都城霖雨匝月，積水成渠，壞民廬舍，窮黎墊居艱食，皆朕不德有以致之。今一意修省，祇懼天戒。大小臣工，宜相儆息。」

秋七月甲午朔，上以皇太后諭，發節省銀八萬兩賑兵民潦災。辛丑，以宜永貴爲南贛巡撫。庚戌，皇第二子福全生。辛酉，以安郡王岳樂爲宣威大將軍，率師駐防歸化城。

八月壬午，以太宗十四女和碩公主下嫁平西王吳三桂子應熊。尚可喜克化州、吳川。甲申，定武職品級。丙戌，以雷興爲河南巡撫。己丑，廢皇后爲靜妃。辛卯，李定國犯平樂，府江道周永緒，知府尹明廷，知縣涂起鵬、華鍾死之。

九月壬子，復刑部三覆奏例。丙辰，耿繼茂、喀喀木克潮州。丁巳，孟喬芳討故明宜川王朱敬鑼於紫陽，平之。

冬十月癸亥朔，命田雄移駐定海。乙丑，馬光輝等討叛將海時行於永城，時行伏誅。丙寅，遣濟席哈討山東土寇。乙酉，設粥廠賑京師饑民。免通、密雲等七州縣災賦。戊子，命大學士、學士於太和門內更番入直。

十一月甲午，祀天於圜丘。戊戌，鄭成功不受爵，優諭答之。戊申，以亢得時爲河南巡撫。己酉，官軍討西寧叛回，平之。乙卯，朱瑪喇、金之俊免。丙辰，免江南災賦。戊午，劉清泰勦九仙山賊，平之。己未，免江西五十四州縣災賦。

十二月丙寅，以陳泰爲寧南靖寇大將軍，同藍拜鎭湖南。丁卯，以呂宮爲弘文院大學士，博博爾代爲議政大臣，馮聖兆爲偏沅巡撫。辛未，幸南苑。甲戌，免金華八縣九年災賦。癸未，設兵部督捕官。以羅畢爲議政大臣。甲申，免開封、彰德、衞輝、懷慶、汝寧九年、十年災賦。丙戌，鄭成功犯吳淞，官軍擊走之。丁亥，還宮。是夜，地震有聲。

是年，朝鮮，琉球，喀爾喀部土謝圖汗下索諾額爾德尼、額爾德尼哈談巴圖魯，厄魯特部顧實汗、顧實汗下台吉諾穆齊，索倫部巴達克圖，富喇村宜庫達，黑龍江烏默忒、額爾多科，烏思藏達賴喇嘛俱來貢。朝鮮再至。

十一年春正月辛丑，罷織造官。戊申，免江寧、安徽、蘇、松、常、鎭、廬、鳳、淮、徐、滁上年災賦。己酉，以袁廓宇爲偏沅巡撫，胡全才撫治鄖陽。庚戌，廣東仁化月峒賊平。癸丑，鄭成功犯崇明、靖江、泰興，官軍擊走之。甲寅，以金礪爲川陝三邊總督。乙卯，鄭成功犯金山。丁巳，免順德、廣平、大名、天津、薊州上年災賦。辛酉，官軍擊賊於桃源，誅僞總兵李陽春等。

二月癸亥，朝日於東郊。丙寅，諭曰：「言官爲耳目之司，朕屢求直言，期遇綦切。乃每閱章奏，實心爲國者少，比黨徇私者多，朕甚不取。其滌肺腸以新政治。」以金之俊爲國史院大學士。庚午，甄別直省督撫，黜陟有差。丙子，始耕耤田。戊寅，免江西缺額丁賦。辛巳，命尚可喜專鎭廣東，耿繼茂移駐桂林。壬午，以馬鳴珮爲宣大山西總督，耿焞爲山東巡撫，陳應泰爲山西巡撫，林天擎爲湖廣巡撫，黃圖安爲寧夏巡撫。癸未，官軍復平遠縣。甲申，諭曰：「比年以來，軍興未息，供億孔殷，益以水旱，小民艱食，有司失於拊循，流離載道。朕心惻然，不遑寢處。卽核庫儲，亟圖賑撫。」己丑，免河南州縣衞所十年災賦。庚寅，以李蔭祖爲直隸山東河南總督。

三月壬辰，官軍擊桂東賊，擒其渠賴龍。戊戌，免湖廣襄陽、黃州、常德、岳州、永州、荆州、德安及辰、常、襄三衞，山東濟南、東昌十年災賦。辛丑，寧完我劾陳名夏罪，鞫實，伏誅。乙巳，以王永吉爲左都御史。戊申，皇第三子玄燁生，是爲聖祖。以蔣赫德爲國史院大學士。乙卯，以多羅慧哲郡王額爾衮、多羅宣獻郡王界堪、多羅通達郡王雅爾哈齊配享太廟。以孟明輔爲兵部尚書。

夏四月壬戌，賊渠曹志攀犯饒州，官軍擊敗之，志攀降。庚午，四川賊魏勇犯順慶，官軍擊敗之。壬申，地震。官軍擊故明將張名振等於崇明，敗之。癸酉，免洛南上年災賦三之一。己卯，幸南苑，賚所過農民金。乙酉，免保康等四縣上年被寇災賦。丁亥，以王永吉爲祕書院大學士，秦世楨爲浙江巡撫。戊子，江南寇徐可進、朱元等降。

五月壬辰，上還宮。甲午，幸西苑，賜大臣宴。庚子，以胡圖爲議政大臣。甲辰，免平涼衞上年災賦。丙午，起党崇雅爲國史院大學士，以龔鼎孳爲左都御史。丁未，遣官錄直省囚。庚戌，免興安、漢陰、平利等州縣上年災賦。辛亥，太白晝見。丙辰，以楊麒祥爲平南將軍，駐防杭州。

六月己未朔，河決大王廟。丙寅，陝西地震。丁卯，以朱瑪喇爲靖南將軍，征廣東餘寇。甲戌，立科爾沁鎭國公綽爾濟女博爾濟錦氏爲皇后。庚辰，大赦。

秋七月戊子朔，封琉球世子尙質爲中山王。壬辰，免秦州、朝邑、安定災賦。戊申，免鎭原、廣寧二縣災賦。丙辰，以佟代爲浙閩總督。

八月戊午朔，免延安府荒賦。己未，官軍勦瑞金餘寇，誅僞都督許勝可等。庚申，罷直省恤刑官，命巡撫慮囚。辛酉，免眞寧縣十年災賦。壬戌，山東濮州、陽穀等縣地震有聲。甲戌，以張中元爲江寧巡撫。丙子，以張秉貞爲兵部尙書。庚辰，以傅以漸爲祕書院大學士，任濬爲刑部尚書。壬午，故明樂安王朱議㴬謀反，伏誅。

九月己丑，范文程以病罷。免西安、平涼、鳳翔三府十年災賦。庚寅，封線國安爲三等伯。壬辰，申嚴隱匿逃人之禁。癸巳，免宣府、萬全右衞災賦。丙申，以董天機爲直隸巡撫。壬子，以馮聖兆爲延綏巡撫。

冬十月丁巳朔，享太廟。辛未，免廬、鳳、淮、揚四府，徐、滁、和三州災賦。丁丑，命重囚犯罪三法司進擬，仍令議政王、貝勒、大臣詳議。壬午，賑畿輔被水州縣。免祁陽等七縣逋賦。李定國陷高明，圍新會，耿繼茂請益師。

十一月丁亥，以陳泰爲吏部尚書，阿爾津爲正藍旗滿洲固山額眞。尚可喜遣子入侍。壬寅，詔曰：「朕纘承鴻緒，十有一年，治效未臻，疆圉多故，水旱疊見，地震屢聞，皆朕不德之所致也。朕以眇躬託於王公臣庶之上，政教不修，瘡痍未復，而內外章奏，輒以『聖』稱，是重朕之不德也。朕方內自省抑，大小臣工亦宜恪守職事，共弭災患。凡章奏文移，不得稱『聖』。」大赦天下，咸與更始。」癸卯，幸南苑。甲辰，耿繼茂遣子入侍。

十二月辛酉，和碩承澤親王碩塞薨。戊辰，免荆門、鍾祥等六州縣災賦。己巳，免磁、祥符等三十六州縣災賦。壬申，以濟度爲定遠大將軍，征鄭成功。尚可喜、耿繼茂、朱瑪喇敗李定國於新會，定國遁走。乙亥，鄭成功陷漳州，圍泉州。丁丑，命明安達禮征羅刹。免西安五衞荒賦。江西賊霍武等率衆降。

是年，朝鮮，琉球，厄魯特部阿巴賴諾顏、諾門汗、額爾德尼達雲綽爾濟，索倫部索朗噶達爾漢，湯古忒部達賴喇嘛、諦巴班禪胡土克圖均來貢。

十二年春正月戊子，官軍敗賊於玉版巢，又擊藤縣賊，破之。庚寅，免東平、濟陽等十八州縣上年災賦。乙未，免直隸八府，河南彰德、衞輝、懷慶上年災賦。戊戌，詔曰：「親政以來，五年於茲。焦心勞思，以求治理，日望諸臣以嘉謨入告，匡救不逮。乃疆圉未靖，水旱頻仍，吏治墮汙，民生憔悴，保邦制治，其要莫聞。諸王大臣皆親見祖宗創業艱難，豈無長策，而未有直陳得失者，豈朕聽之不聰，虛懷納諫有未盡歟？天下之大，幾務之繁，責在一人，而失所輔導。朕雖不德，獨不念祖宗培養之澤乎！其抒忠藎，以慰朕懷。」辛丑，以韓岱爲吏部尚書，伊爾德、阿喇善爲都統。癸卯，以于時躍爲廣西巡撫。甲辰，命在京七品以上，在外文官知府、武官副將以上，各舉職事及兵民疾苦，極言無隱。辛亥，修順治大訓。

二月庚申，復遣御史巡按直省。壬戌，大學士呂宮以疾免。癸亥，免成安等六縣上年災賦。己巳，賑旗丁。免平涼、漢陰二縣上年災賦。丙子，封博穆博果爾爲和碩襄親王。免濱、寧陽等二十一州縣上年災賦。己卯，免滁、和二州上年災賦。庚辰，以陳之遴爲弘文院大學士，王永吉爲國史院大學士。癸未，耿繼茂、尚可喜敗李定國於興業。廣東高、雷、廉三府，廣西橫州平。

三月戊子，免湖廣石門縣上年災賦。以戴明說爲戶部尚書。庚子，以佟國器爲南贛巡撫，宜永貴爲福建巡撫。壬寅，免鄖陽、襄陽二府上年被寇荒賦。甲辰，賜圖爾宸、史大成等進士及第出身有差。丁未，削續順公沈永忠爵。壬子，諭曰：「自明末擾亂，日尋干戈，學問之道，闕焉弗講。今天下漸定，朕將興文教，崇儒術，以開太平。直省學臣，其訓督士子，博通古今，明體達用。諸臣政事之暇，亦宜留心學問，佐朕右文之治。」癸丑，設日講官。

夏四月乙丑，免沈丘及懷慶衞上年災賦。丁丑，進封尼思哈爲和碩敬謹親王，齊克新爲和碩端重親王。癸未，詔修太祖、太宗聖訓。

五月乙酉，以圖海兼刑部尚書。辛卯，和碩鄭親王濟爾哈朗薨，輟朝七日。丁酉，以石廷柱爲鎮海將軍，駐防京口。戊戌，以胡沙爲鑲黃旗固山額眞。庚子，以覺羅巴哈納爲弘文院大學士。辛丑，靈丘縣地震有聲。乙巳，以覺羅郎球爲戶部尚書。丙午，以李際期爲兵部尚書。丁未，以恩格德爲禮部尚書。己酉，以衞周祚爲工部尚書。

六月甲寅，免杭州、寧波、金華、衢州、台州災賦。丁卯，諭曰：「朕覽法司章奏，決四日五、六人，或十餘人。念此愚氓，兵戈災祲之後，復罹法網，深可憫惻。有虞之世，民不犯於有司。漢文帝、唐太宗亦幾致刑措。今犯法日衆，豈風俗日偸歟？抑朝廷德教未敷，或讞獄者有失入歟？嗣後法司其明愼用刑，務求平允。」戊辰，免房山縣上年災賦。桂王將劉文秀寇常德，遣其黨犯岳州、武昌，官軍擊走之。己卯，封博果鐸爲和碩莊親王。辛巳，命內十三衙門立鐵牌。諭曰：「中官之設，自古不廢。任使失宜，卽貽禍亂。如明之王振、汪直、曹吉祥、劉瑾、魏忠賢輩，專權擅政，陷害忠良，出鎭典兵，流毒邊境，煽黨頌功，謀爲不軌，覆敗相尋，深可鑒戒。朕裁定內官職掌，法制甚明。如有竊權納賄，交結官員，越分奏事者，凌遲處死。特立鐵牌，俾世遵守。」

秋七月癸未朔，日有食之。壬辰，復遣廷臣恤刑。辛亥，命直省繪進輿圖。

八月丙辰，免靈丘縣災賦。癸亥，以阿爾津爲寧南靖寇大將軍，同卓羅駐防荊州，祖澤潤防長沙。乙丑，以多羅安郡王岳樂爲左宗正，貝勒杜蘭爲右宗正。癸酉，諭曰：「畿輔天下根本，部臣以運河決口，議徵逋賦。朕念畿內水旱相仍，人民荼苦，復供舊稅，其何以堪。今悉與蠲免。工築之費，別事籌畫。」免曹、城武等七州縣及臨淸衞、齊河屯上年災賦。

九月癸未，免鳳陽災賦。壬寅，定武會試中式殿試如文進士。朱瑪喇、敦拜師還。丙午，頒御製資政要覽、範行恒言、勸善要言、儆心錄，異姓公以下，文三品以上各一部。戊申，免兩當、寧遠二縣災賦。

冬十月辛亥朔，設尙寶司官。壬子，免蔚州及陽和、陽高二衞災賦。己未，免甘州、肅州、涼州、西寧災賦。辛酉，命每年六月慮囚，七月覆奏，著爲令。癸亥，免磁、獲嘉等八州縣災賦。甲子，免隆平十一年以前逋賦、淄川等八縣災賦。丙寅，免宣府、大同災賦。戊辰，詔曰：「帝王以德化民，以刑輔治。苟律例輕重失宜，官吏舞文出入，政平訟理，其道曷由。朕覽讞獄本章，引用每多未愜。其以現行律例繕呈，朕將親覽更定之。」辛未，以祝世允爲鑲紅旗滿洲固山額眞。癸酉，以孫廷銓爲兵部尙書。乙亥，修玉牒。丙子，龔鼎孳以罪免。

十一月壬午，免濱、堂邑等十三州縣災賦。癸未，鄭成功將犯舟山。乙酉，巡按御史顧仁坐納賄，棄市。丁亥，諭曰：「國家設督撫巡按，振綱立紀，剔弊發奸，將令互爲監察。近來積習，乃彼此容隱。凡所糾劾止末員，豈稱設官之意。嗣有瞻顧狥私者，併坐其罪。」鄭成功將陷舟山，副將把成功降於賊。戊子，幸南苑。免鄖陽、襄陽逋賦，汲、淇、胙城等縣災賦。戊申，免臨漳災賦。

十二月丙辰，免耀州、同官、雒南災賦。癸亥，免安吉、仁和等十州縣，宣化八衞災賦。乙丑，頒大清滿字律。免臨清、齊河等十州縣，東昌衞災賦。丙寅，于時躍、祖澤遠平九團兩都瑤、僮一百九十二寨。己巳，多羅敏郡王勒度薨。癸酉，免涿、慶雲等三十三州縣，永平衞災賦。甲戌，以宜爾德爲寧海大將軍，討舟山寇。以秦世禎爲安徽巡撫，提督操江，陳應泰爲浙江巡撫，白如梅爲山西巡撫。免臨海等十八縣，祥符、蘭陽二縣，懷慶、羣牧二衞災賦。

是年，喀爾喀部額爾德尼諾穆齊台吉、門章墨爾根楚虎爾台吉、伊世希布額爾德尼台吉、額爾克戴青台吉來朝。朝鮮，喀爾喀部畢席勒爾圖汗、俄木布額爾德尼、澤卜尊丹巴胡土克圖、丹津喇嘛、車臣汗、土謝圖汗、土謝圖汗下喇嘛塔爾達爾漢諾顏，厄魯特部杜喇爾渾津台吉、都喇爾渾津阿里衮克三拖因、阿巴賴諾顏、鄂齊爾圖台吉、噶爾丹霸，索倫部馬魯凱，訥墨禮河頭目伊庫達，黑龍江頭目庫拜，班禪胡土克圖，俄羅斯察幹汗遣使均來貢。朝鮮三至。厄魯特阿巴賴、鄂齊爾圖台吉再至。

十三年春正月庚辰朔，幸南苑。癸未，諭修通鑑全書、孝經衍義。丙申，免漢中、鳳翔、西安上年災賦。己亥，鄭成功將犯台州，副將馬信以城叛，降於賊。庚子，免廣德上年災賦十之一。甲辰，免富陽等六縣上年災賦。乙巳，免江西八年逋賦。

二月戊午，免荆州、安陸、常德、武昌、黃州上年災賦。庚申，免廣平上年災賦。丙寅，免岢嵐、五臺上年災賦。戊辰，命兩廣總督移駐梧州。官軍敗李定國於南寧。庚午，定部院滿官三年考滿、六年京察例。以李率泰爲浙閩總督，王國光爲兩廣總督。甲戌，以趙布泰爲鑲黃旗固山額眞。丙子，幸南苑，較射。免東平、濮、長山上年災賦。己卯，大學士馮銓致仕。

三月庚辰，幸瀛臺。癸未，免景陵等九縣上年災賦。癸巳，以費雅思哈爲議政大臣，馬之先爲川陝三邊總督。乙未，陳之遴有罪，以原官發盛京閒住。癸卯，諭曰：「朝廷立賢無方，比來罷譴雖多南人，皆以事論斥，非有所左右也。諸臣毋歧方隅，毋立門戶，毋挾忿肆誣，毋摭嫌苛訐，庶還蕩平之治。」丙午，諭曰：「朕親政以來，夙夜兢業，每期光昭祖德，蚤底治平，克當天心，以康民物。方睿王攝政，斥忠任奸，百姓怨嗟，望朕親政。乃者冬雷春雪，隕石雨土，所在見告。六載之中，康乂未奏，災祲時聞。是朕有負於百姓也。用是恐懼靡寧，冀昭告於上帝祖宗，實圖省戒，有司其涓日以聞。」

夏四月辛亥，廣西故明永安王朱華堧及土司等來降。乙卯，以災變祭告郊廟。辛酉，官軍破賊姚黃於夷陵。壬戌，太原陽曲地震。丁卯，以覺羅科爾坤爲吏部尚書。庚午，免麟遊荒賦。壬申，以梁淸標爲兵部尚書。丁丑，尚可喜復揭陽、普寧、澄海三縣。

五月辛卯，免大寧荒賦。癸巳，幸南苑。己亥，以羅託爲鑲藍旗滿洲固山額眞。覺羅郎球免。命明安達禮爲理藩院尚書。以張懸錫爲宣大總督。免荊門、京山等十一州縣，襄陽衞上年災賦。

閏五月戊申，幸瀛臺。丙辰，廣西都康等府土官來降。己未，乾清宮、坤寧宮、交泰殿及景仁、永壽、承乾、翊坤、鍾粹、儲秀宮成。以郎廷佐爲江南江西總督，劉漢祚爲福建巡撫。丙寅，以張朝璘爲江西巡撫。

六月己丑，諭曰：「滿洲家人皆征戰所得，故立嚴法以儆逋逃。比年株連無已，朕心惻焉。念此僕隸，亦皆人子。苟以恩結，寧不知感。若任情困辱，雖嚴何益。嗣後宜體朕意。」壬辰，莒州地震有聲。庚子，免桃源上年荒賦。辛丑，容美土司田吉麟降。癸卯，命固山額眞郎賽駐防福建。撤直省督催稅糧滿官。寧化賊帥黃素禾來降。

秋七月丁未朔，享太廟。戊申，官軍敗明桂王將龍韜於廣西，斬之。己酉，和碩襄親王博穆博果爾薨。庚戌，鄭成功將黃梧等以海澄來降。壬子，上初御乾清宮。癸丑，大赦。戊午，以佟延年爲甘肅巡撫。

八月戊寅，免廣信、饒州、吉安上年災賦。己丑，免莆田、仙遊、興平衞十一、十二兩年災賦。辛卯，賑畿輔。壬辰，封黃梧爲海澄公。停滿官榷關。癸巳，鄭成功軍陷閩安鎭，進圍福州，官軍擊却之。丁酉，免順天比年災賦。己亥，免靖遠、洮岷等衞災賦。辛丑，命三年大閱，著爲令。乙巳，免大同上年災賦。

九月丙午，官軍敗鄭成功將於夏關，又敗之於衡水洋，遂復舟山。癸亥，鄭成功將官顧忠來降。壬申，追封和碩肅親王豪格爲和碩武肅親王。

冬十月丁丑，以蔣國柱爲安徽巡撫，提督操江。戊寅，設登聞鼓。己卯，免宣府災賦，延綏鎮神木縣十之三。庚辰，四川賊帥鄧希明、張元凱率衆降。甲午，以胡全才爲湖廣總督。乙未，幸南苑。丙申，以張尙撫治鄖陽。辛丑，官軍復辰州。壬寅，免和順縣災賦十之三。永順土司彭弘澍率所屬三州六司三百八十峒來降。癸卯，命陳之遴還京。

十一月丙午，還宮。丁未，興京陵工成。庚戌，祀天於圜丘。辛亥，幸南苑。申嚴左道之禁。戊午，免清水縣、鳳翔所災賦。丙寅，以張長庚爲湖廣巡撫。免海州荒賦。辛未，免洛川災賦。

十二月己卯，册內大臣鄂碩女董鄂氏爲皇貴妃，頒恩赦。戊子，還宮。己丑，封岔挫監挫爲闡化王。乙未，以李蔭祖爲湖廣總督。丁酉，加上皇太后尊號曰昭聖慈壽恭簡安懿章慶皇太后。戊戌，頒恩赦。

是年，土謝圖親王巴達禮、卓禮克圖親王吳克善、達爾漢巴圖魯郡王滿朱習禮、固倫額駙阿布鼐親王來朝。朝鮮，荷蘭，吐魯番，烏斯藏闡化王，喀爾喀部索特拔、宜爾登諾顏、喇嘛塔爾多爾濟達爾漢諾顏、車臣汗、土謝圖汗，土謝圖汗下丹津喇嘛、戴青、額爾德尼喇嘛，厄魯特部達賴吳巴什台吉、訥穆齊台吉、阿巴賴諾顏、察罕台吉、馬賴台吉、什虎兒戴青、額爾德尼台吉、顧實汗下色稜諾顏，索倫部達爾巴均來貢。喀爾喀土謝圖汗、宜爾登諾顏再至。

十四年春正月辛亥，祈穀於上帝，以太祖武皇帝配。癸丑，以魏裔介爲左都御史。甲寅，宜爾德師還。乙卯，以張懸錫爲直隸山東河南總督。官軍敗鄭成功將於烏龍江，又敗之於惠安縣。戊午，諭曰：「制科取士，計吏薦賢，皆朝廷公典。臣子乃以市恩，甚無謂也。師生之稱，必道德相成，授受有自，方足當之。豈可攀援權勢，無端親暱。考官所得，及薦舉屬吏，輒號門生。賄賂公行，徑竇百出，鑽營黨附，相煽成風。朕欲大小臣工杜絕弊私，恪守職事，犯者論罪。」修金陵寢。庚申，以盧崇峻爲宣大總督。甲子，諭曰：「我國家之興，治兵有法。今八旗人民，怠於武事，遂至軍旅隳敝，不及曩時。皆由限年定額，考取生童，鄉會兩試，即得錄用，及各衙門考取他赤哈哈番、筆帖式，徒以文字得官，遷轉甚速，以故人樂趨之。其一切停止。」丁卯，封猛峨、塔爾納爲多羅郡王，多爾博爲多羅貝勒，皇貴妃父鄂碩爲三等伯。

二月戊寅，祭社稷。命儒臣纂修易經。癸未，故明崇陽王朱蘊鈐等來降。丁酉，祭歷代帝王廟。己亥，寬隱匿逃人律。以賽音達理爲正白旗漢軍固山額眞。壬寅，山西雲鎭地震有聲。癸卯，免沔陽、益陽上年災賦。

三月己酉，奉太宗文皇帝配享圜丘及祈穀壇。多羅郡王塔爾納薨。壬子，奉太祖武皇帝、太宗文皇帝配享方澤。癸丑，以配享禮成，大赦天下。甲寅，詔求遺書。丙辰，復孔子位號曰至聖先師。丁卯，定遠大將軍濟度師還。

夏四月甲戌，興寧縣雷連十二峒瑤官龐國安等來降。丁丑，流鄭芝龍於寧古塔。癸未，四川保寧府威、茂二州地大震。乙酉，以濟席哈爲正紅旗滿洲都統。丁亥，以久旱，恤刑獄。辛卯，禱雨於郊壇，未還宮，大雨。丁酉，幸南苑。戊戌，置盛京奉天府。

五月癸卯朔，日有食之。丙午，以道喇爲正紅旗蒙古固山額眞。甲寅，封濟度爲和碩簡親王。丁巳，以覺羅伊圖爲兵部尙書。戊午，還宮。

六月辛巳，免彰德、衞輝二府上年災賦。壬午，免武陵縣上年災賦。辛丑，洪承疇以疾解任。

秋七月丙辰，削左都御史魏裔介職，仍戴罪辦事。庚申，以朱之錫爲河道總督。

八月壬申，命敦拜爲總管，駐防盛京。己丑，免山西荒地逃丁徭賦。丙申，鄭成功犯台州，紹台道蔡瓊枝叛，降於賊。丁酉，賚八旗貧丁。

九月辛丑，以亢得時爲漕運總督，李國英爲川陝三邊總督。丙午，初御經筵。以賈漢復爲河南巡撫。癸丑，以高民瞻爲四川巡撫。停直省秋決。丙寅，官軍復閩安鎭。丁卯，京師地震有聲。戊辰，詔曰：「自古變不虛生，率由人事。朕親政七載，政事有乖，致災譴見告，地震有聲。朕躬修省，文武羣臣亦宜協心盡職。朕有闕失，輔臣陳奏毋隱。」

冬十月壬申，以開日講祭告先師孔子於弘德殿。免新樂上年災賦。癸酉，命固山額眞趙布泰駐防江寧。丙子，皇第四子生。修賦役全書。辛巳，幸南苑。乙酉，閱武。丁亥，修孔子廟。戊子，還宮。庚寅，改梁化鳳爲水師總兵官，駐防崇明。甲午，順天考官李振鄴、張我樸等坐受賄棄市。乙未，昭事殿、奉先殿成。

十一月壬寅，幸南苑。皇第五子常寧生。丙午，進安郡王岳樂爲親王。庚戌，免吉水等八縣災賦。戊午，免霸、寶坻等二十八州縣，保安等四衞災賦。辛酉，荆州賊田國欽等來降。壬戌，明桂王將孫可望來降。固山貝子吞齊喀以罪削爵。

十二月癸酉，復命洪承疇經略五省，同羅託等取貴州。免新建、豐城災賦。甲戌，封孫可望爲義王。癸未，命吳三桂自四川，趙布泰自廣西，羅託自湖南取貴州。丙戌，明桂王將譚新傳等降。丙申，以皇太后疾愈，賚旗兵，賑貧民。

是年，朝鮮，喀爾喀部畢席勒爾圖汗、冰圖台吉、額爾德尼韋徵諾顏、吳巴什諾顏、土謝圖汗下完書克諾顏，厄魯特部敖齊爾圖台吉子伊拉古克三、班第大胡土克圖、綽克圖台吉、巴圖魯台吉、達賴烏巴什台吉，索倫部馬魯喀、虎爾格吳爾達爾漢，東夷託科羅氏、南迪歐，達賴喇嘛、班禪胡土克圖均來貢。朝鮮三至。

十五年春正月庚子，大赦。詔曰：「帝王孝治天下，禮莫大乎事親。比者皇太后聖躬違和，朕夙夜憂懼。賴荷天眷，今已大安。遘茲大慶，宜沛殊恩。其自王公以下，中外臣僚，並加恩賚。直省逋賦，悉與豁免。吏民一切詿誤，咸赦除之。」壬寅，停祭堂子。以多羅信郡王多尼爲安遠靖寇大將軍，率師征雲南。戊午，祀圜丘，己未，祀方澤，辛酉，祀太廟社稷，以太后疾愈故。皇第四子薨。丙寅，以周召南爲延綏巡撫。

二月甲戌，賑畿輔。甲申，免武清、漷上年災賦。己丑，減遼陽稅額。辛卯，川東賊帥張京等來降。甲午，命部院官各條陳事宜。乙未，御經筵。

三月辛丑，李定國黨閆維龍等陷橫州，官軍擊走之。甲辰，內監吳良輔以受賄伏誅。壬子，免襄陽、鄖陽荒賦。戊午，追封科爾沁巴圖魯王女爲悼妃。甲子，追封皇第四子爲和碩榮親王。

夏四月辛未，賜孫承恩等進士及第出身有差。丙子，官軍敗賊於合州，克重慶。癸未，免江夏等七縣十三年災賦。丙戌，較射於景山。辛卯，免淳化荒賦。大學士王永吉以罪免。壬辰，大學士陳之遴復以罪流盛京。

五月丁酉朔，日有食之。癸卯，調衞周祚爲吏部尚書。戊申，以劉昌爲工部尚書。更定銓選法。辛亥，鄭成功將犯澄海，遊擊劉進忠以城叛，降於成功。壬子，免山東十一年以前竈丁逋課。己未，較射於景山。辛酉，裁詹事府官。壬戌，廣西賊將賀九儀犯賓州，官兵擊敗之。癸亥，以胡世安、衞周祚、李霨爲內院大學士。甲子，官軍復沅靖，進取貴陽、平越、鎭遠等府，南丹、那地、獨山等州，撫寧土司俱降。

六月戊辰，吳三桂等敗李定國將劉正國於三坡，克遵義，拔開州。辛未，以趙廷臣爲貴州巡撫。壬申，以佟國器爲浙江巡撫，蘇弘祖爲南贛巡撫。丙子，官軍敗海寇於白沙。辛巳，以李棲鳳爲兩廣總督。甲申，以王崇簡爲禮部尚書。壬辰，免靖、沅陵等十五州縣及平溪九衞所額賦。癸巳，鄭成功犯溫州，陷平陽、瑞安。

秋七月己亥，裁宣大總督。己酉，以潘朝選爲保定巡撫。庚戌，沙爾虎達擊羅刹，敗之。改內三院大學士爲殿閣大學士。設翰林院及掌院學士官。增各道御史三十人。己未，免桂陽、衡陽等十州縣上年災賦。甲子，以巴哈、費揚古、郭邁、屠祿會、馬爾濟哈、鄂莫克圖、坤巴圖魯、鄔布格德墨爾根袍、喀蘭圖、鄂塞、博洛塞冷、巴特瑪、巴泰俱爲內大臣，趙國祚爲浙江總督，李率泰專督福建。

八月癸酉，以李顯貴爲鑲白旗漢軍固山額眞。丙子，敕諭多尼等，授以方略。李定國將王興及水西宣慰使安坤等來降。癸巳，御經筵。

九月丁酉，以孫塔爲鑲藍旗蒙古固山額眞。庚戌，更定理藩院大辟條例。己酉，以能圖爲左都御史。壬子，賜鑲黃、正黃、正白三旗官校金。甲寅，改內院大學士覺羅巴哈納、金之俊爲中和殿大學士，額色黑、成克鞏爲保和殿大學士，蔣赫德、劉正宗爲文華殿大學士，洪承疇、傅以漸、胡世安爲武英殿大學士，衞周祚爲文淵閣大學士，李霨爲東閣大學士。己未，免福州、興化、建寧三府，福寧州十二、十三兩年荒賦。癸亥，發帑賜出征軍士家。

冬十月壬午，以祖重光爲順天巡撫。荆州、襄陽、安陸霪雨，江溢，漂沒萬餘人。

十一月甲午朔，海寇犯洛陽內港，官軍擊敗之。乙未，免鄖陽、襄陽荒賦。庚子，定宮中女官員額品級。辛丑，免林縣災賦十之三。江南考官方猶、錢開宗等坐納賄棄市。

十二月壬申，以索渾爲鑲白旗滿洲固山額眞。甲戌，免五臺災賦。壬午，故明宗室朱議瀫率衆降。乙酉，以郞赫爲禮部尙書。免山陰等八縣上年災賦。戊子，以明安達禮爲安南將軍，率師駐防貴州。己丑，諭曰：「川、湖、雲、貴之人，皆朕臣庶，寇亂以來，久罹湯火。今大軍所至，有來歸者，加意拊循，令其得所。能効力建功者，不靳爵賞。」

是年，朝鮮，喀爾喀部賓爾格齊諾顏、噶爾當台吉、土謝圖汗、畢席勒爾圖汗、丹津喇嘛，厄魯特部阿巴賴諾顏，車臣台吉下車臣俄木布、鄂齊爾圖台吉，索倫部達把代，庫爾喀部塔爾善，使犬國頭目替爾庫，達賴喇嘛俱來貢。朝鮮、喀爾喀土謝圖汗、厄魯特阿巴賴諾顏再至。

十六年春正月甲午，桂王將譚文犯重慶，其弟譚詣殺之，及譚弘等來降。丁酉，以徐永正爲福建巡撫。庚子，多尼克雲南，以捷聞。初，多尼、吳三桂、趙布泰會師於平越府之楊老堡，分三路取雲南。多尼自貴陽入，渡盤江至松嶺衞，與白文選遇，大敗之。三桂自遵義至七星關，不得進，乃由水西間道趨烏撒。趙布泰自都勻至盤江之羅顏渡，敗守將李成爵於山谷口，又敗李定國於雙河口，所向皆捷，遂俱抵雲南，入省城。李定國、白文選奉桂王奔永昌。癸卯，以林天擎爲雲南巡撫。甲辰，以巴海爲昂邦章京，駐防寧古塔。辛亥，賜外藩蒙古諸王貧乏者馬牛羊。癸丑，以趙廷臣爲雲貴總督，卞三元爲貴州巡撫。

二月丙寅，免潼關衞辛莊等屯上年災賦。丁卯，海寇犯溫州，官軍擊敗之。庚午，以雲、貴蕩平，命今秋舉會試。辛未，免荆州、潛江等九州縣及沔陽、安陸二衞上年災賦。丙子，命羅託等班師，明安達禮駐防荆州。壬午，以許文秀爲山東巡撫。

三月丙申，以蔣國柱爲江寧巡撫。己亥，以張仲第爲延綏巡撫。戊申，以朱衣助爲安徽巡撫。鄭成功犯浙江太平縣，官軍擊敗之。己酉，御經筵。甲寅，命吳三桂鎭雲南，尚可喜鎭廣東，耿繼茂鎭四川。丁巳，免襄陽等六縣災賦。

閏三月壬戌，大學士胡世安以疾解任。丁卯，定犯贓例，滿十兩者流席北，應杖責者不准折贖。甲申，免鍾祥縣上年災賦。圖海有罪，免。丙戌，封譚弘爲慕義侯，譚詣爲嚮化侯。丁亥，以張自德爲陝西巡撫。

夏四月甲寅，多尼、吳三桂軍克鎭南州，白文選縱火燒瀾滄江鐵橋遁走。我軍進克永昌，李定國奉桂王走騰越，伏兵於磨盤山，我軍力戰，復克騰越。

五月壬戌，廣西南寧、太平、思恩諸府平。己巳，以劉秉政爲寧夏巡撫。晉封滿朱習禮爲和碩達爾漢巴圖魯親王。戊寅，官軍擊成功於定關，敗之，斬獲甚衆。辛巳，發內帑銀三十萬兩，以其半賑雲、貴窮黎，其半給征兵餉。

六月庚子，朝鮮國王李淏薨。壬子，鄭成功陷鎭江府。

秋七月丁卯，以達素爲安南將軍，同索洪、賴塔等率師征鄭成功。丙子，鄭成功犯江寧。庚辰，幸南苑。甲申，還宮。

八月己丑朔，江南官軍破鄭成功於高山，擒提督甘煇等，燒敵船五百餘艘。成功敗遁，我軍追至瓜州，敵兵大潰。先是，成功擁師十餘萬，戰艦數千，抵江寧城外，列八十三營，絡繹不絕，設大礮、地雷、雲梯、木柵，爲久困之計，軍容甚盛。我軍噶褚哈、馬爾賽等自荆州以舟師來援，會蘇松水師總兵官梁化鳳及遊擊徐登第、參將張國俊等各以軍至，總督郎廷佐合軍會戰，水陸並進，遂以捷聞。庚寅，御經筵。癸巳，幸南苑。以劉之源爲鎭海大將軍，同梅勒章京張元勳等駐防鎭江。以蔡士英爲鳳陽巡撫，總督漕運；宜永貴爲安徽巡撫，提督操江。丙申，安南國都將武公悉遣使納款於洪承疇軍前。戊戌，還宮。甲辰，鄭成功復犯崇明，官軍擊敗之。乙巳，幸南苑。丙午，還宮。

九月庚申，免台州四年至十年被寇稅賦。乙亥，賜陸元文等進士及第出身有差。丁丑，以杜立德爲刑部尚書。戊寅，予故朝鮮國王李淏謚，封世子棩爲國王。庚辰，以海爾圖爲鑲藍旗漢軍固山額眞。辛巳，尊興京祖陵爲永陵。甲申，幸南苑。

冬十月庚戌，洪承疇以疾解經略任。甲寅，奈曼部達爾漢郡王阿漢以罪削爵爲庶人。

十一月己未，論故巽親王滿達海、端重親王博洛、敬謹親王尼堪前罪，削巽親王、端重親王爵，降其子爲多羅貝勒。敬謹親王獨免。壬戌，以公渥赫、公朴爾盆爲內大臣。丙寅，上獵於近畿。壬申，次昌平州，上酹酒明崇禎帝陵，遣學士麻勒吉祭王承恩墓。甲戌，遣官祭明帝諸陵，並增陵戶，加修葺，禁樵採。戊寅，皇第六子奇授生。己卯，次湯泉。甲申，次三屯營。追謚明崇禎帝爲莊烈愍皇帝。丙戌，吳三桂取沅江。

十二月戊戌，還京。乙巳，定世職承襲例。庚戌，加公主封號。壬子，命耿繼茂移駐廣西。

是年，朝鮮，喀爾喀部丹津喇嘛、土謝圖汗、車臣汗、畢席勒爾圖汗、魯布臧諾顏、車臣濟農、昆都倫託音、土謝圖汗下多爾濟台吉，厄魯特部阿布賴諾顏、達來吳霸西諾顏、俄齊爾圖台吉，黑龍江能吉勒屯頭目韓批理，索倫部胡爾格烏爾達爾漢俱來貢。朝鮮，喀爾喀部土謝圖汗、丹津喇嘛再至。

十七年春正月丙寅，以朱國治爲江寧巡撫。庚辰，京師文廟成。以能圖爲刑部尚書。辛巳，詔曰：「自古帝王，統御寰區，治效已臻，則樂以天下；化理未奏，則罪在朕躬。敬天勤民，道不越此。朕纘承祖宗鴻緒，兢兢圖治，十有七年。乃民生猶未盡遂，貪吏猶未盡除，滇、黔伏戎未靖，征調時聞。反復思維，朕實不德，負上天之簡畀，忝祖宗之寄託，虛太后教育之恩，孤四海萬民之望。每懷及此，罔敢卽安。茲以本年正月，祭告天地、太廟、社稷，抒忱引責。自今以後，元旦、冬至及朕壽令節慶賀表章，俱行停止。特頒恩赦，官民除十惡死罪外，悉減一等，軍流以下，咸赦除之。直省逋賦，槪予豁免。有功者錄，孝義者旌。誕告中外，咸使聞知。」免洮州衞上年災賦。甲申，免莒、寧陽十二州縣上年災賦。

二月戊子，詔京官大學士、尚書自陳。其三品以下，親加甄別。吳三桂軍破賊於普洱。征南將軍趙布泰師還。壬辰，尚書劉昌自陳年老，致仕。癸巳，免貴陽等六府及土司上年災賦。復設鳳陽巡撫，駐泰州。戊戌，甄察直省督撫及京職三品以上漢官，石申、馮溥等録敍黜降有差。壬寅，以林起龍爲鳳陽巡撫。免淮、揚、鳳三府，徐州上年災賦。定每年孟春合祭天地日月及諸神於大享殿。癸卯，諭禮部：「向來孟春祈穀禮於大享殿舉行，今旣行合祭禮於大享殿，以後祈穀禮於圜丘舉行。」壬子，免梁城所上年災賦。

三月癸亥，定平西、靖南二藩兵制。甲子，以史紀功爲浙江巡撫。辛未，諭禮部：「朕載稽舊制，歲終祫祭之外，有奉先殿合祭之禮。自後元旦、皇太后萬壽及朕壽節，合祀於奉先殿。其詳議禮儀以聞。」論陷鎭江罪，革巡撫蔣國柱、提督管效忠職，免死爲奴，協領費雅柱等棄市。甲戌，定固山額眞漢稱曰都統，梅勒章京曰副都統，甲喇章京曰參領，牛彔章京曰佐領，昂邦章京曰總管。滿仍其舊。以袁懋功爲雲南巡撫。丙子，御經筵。癸未，定王、貝勒、貝子、公妻女封號。甲申，更定民公、侯、伯以下，章京以上盔纓制。

夏四月丙戌，免寶坻、豐潤、武清上年災賦。甲午，以張長庚爲湖廣總督。丙申，以劉祚遠爲保定巡撫，張椿爲陝西巡撫。辛丑，詔定匿災不報罪。癸卯，以白秉貞撫治鄖陽。丙午，皇第七子隆禧生。己酉，合祀天地於大享殿。

五月乙卯朔，以覺羅伊圖爲吏部尙書。庚申，免綏德、膚施五州縣上年災賦。甲子，以阿思哈爲兵部尙書，蘇納海爲工部尙書。甲戌，以佟壯年爲正藍旗漢軍都統，郭爾泰爲鑲白旗蒙古都統。免沅州、鎭遠二衞上年災賦。己卯，詔曰：「前者屢詔引咎責躬，由今思之，皆具文而鮮實益。且十二、十三年間，時有過舉，經言官指陳，雖加處分，而此心介然未釋。今上天示儆，亢旱癘疫，災眚疊至。寇盜未息，民生困悴。用是深自刻責，夙夜靡寧。從前以言獲罪者，吏部列名具奏。凡國計民生利害，及朕躬闕失，各直言無隱。」庚辰，以張天福爲正黃旗漢軍都統。壬午，覺羅巴哈納等以旱引罪自陳。上曰：「朕以旱災迭見，下詔責躬。卿等合辭引罪，是仍視爲具文，非朕實圖改過意也。卿等職司票擬，僅守成規，未能各出所見，佐朕不逮。是皆朕不能委任大臣之咎。自後專加委任，其殫力贊襄，秉公持正，以副朕懷。」多羅信郡王多尼師還。癸未，雲南土司那嵛來降。

六月乙酉，始命翰林官於景運門入直。以阿思哈兼攝左都御史事。戊子，遣官省獄。以楊茂勳爲湖廣巡撫。免澧、巴陵十二州縣及岳州等衞上年災賦。己丑，增祀商中宗、高宗、周成王、康王、漢文帝、宋仁宗、明孝宗於歷代帝王廟。罷遼太祖、金太祖、元太祖廟祀及宋臣潘美、張浚從祀。以蘇納海爲兵部尙書。癸巳，以穆里瑪爲工部尙書，白色純署河道總督。丙申，上以禱雨步至南郊齋宿。是日，大雨。戊戌，祀天於圜丘，又雨。己亥，大學士劉正宗、成克鞏、魏裔介以罪免。辛丑，命修舉天下名山大川、古帝王聖賢祀典。

秋七月甲寅朔，以霍達兼攝左都御史事。和碩簡親王濟度薨。戊午，編降兵爲忠勇、義勇等十營，隸吳三桂，以降將馬寶等統之。丁卯，移祀北岳於渾源州。己巳，免荆州、祁陽十三州縣及衡州等衞上年災賦。庚午，免均、保康七州縣及鄖、襄二衞上年荒賦。以楊義爲工部尚書。丁丑，命耿繼茂移駐福建。寧古塔總管巴海敗羅刹於使犬部地，招撫費牙喀十五村一百二十餘戶。改徙席北流犯於寧古塔。庚辰，停遣御史巡按直省。壬午，以羅託爲安南將軍，率師征鄭成功。癸未，能圖免。

八月丁亥，以彭有義爲河南巡撫。己丑，免化、茂名四州縣及高州所上年災賦。庚寅，免武岡上年災賦。丙申，雲南車里土司刀木禱來降。戊戌，以沈永忠爲掛印將軍，鎭守廣東。辛丑，以愛星阿爲定西將軍，征李定國。壬寅，皇貴妃董鄂氏薨，輟朝五日。甲辰，追封董鄂氏爲皇后。己酉，降將郝承裔叛，陷邛州，圍嘉定，官軍擊敗之。辛亥，以穆里瑪爲鑲黃旗滿洲都統。

九月癸丑朔，安南國王黎維祺奉表來降。甲子，以佟鳳彩爲四川巡撫。丁卯，僞將鄧耀據海康，官軍擊走之。壬申，以王登聯爲保定巡撫。甲戌，免保昌六縣及南、韶二所十四年災賦。戊寅，幸昌平，觀故明諸陵。己卯，還宮。

冬十月丁亥，以覺羅雅布蘭爲刑部尙書。戊子，罷朝鮮貢鷹。辛卯，幸近郊。甲午，還宮。己亥，以郭科爲工部尙書。丁未，免睢、商丘十一州縣及歸德、睢陽二衞上年災賦。

十一月甲寅，免趙、柏鄉四州縣及眞定衞上年災賦。乙卯，免寧、上饒四十六州縣上年災賦。丁巳，撤直省恤刑官。安南將軍明安達禮師還。辛酉，大學士劉正宗以罪免。壬戌，復遣御史巡按直省。乙丑，敬謹親王尼思哈薨。戊寅，免睢、虞城六州縣災賦。庚辰，免五河、安東上年災賦。

十二月癸巳，免邳、宿遷四州縣災賦。戊戌，免慶都災賦。甲辰，皇第八子永幹生。

是歲，朝鮮，喀爾喀部丹津喇嘛，土謝圖汗下萬舒克諾顏、七旗，厄魯特部鄂齊里汗，達賴喇嘛，班禪胡土克圖，阿里祿克山托因，虎爾哈部宜訥克，俄羅斯部察罕汗，使鹿索倫部頭目布勒、蘇定噶、索朗阿達爾漢子查木蘇來貢。朝鮮再至。

十八年春正月壬子，上不豫。丙辰，大漸。赦死罪以下。丁巳，崩於養心殿，年二十四。遺詔曰：「朕以涼德，承嗣丕基，十八年於茲矣。自親政以來，紀綱法度，用人行政，不能仰法太祖、太宗謨烈，因循悠忽，苟且目前。且漸習漢俗，於淳樸舊制，日有更張。以致國治未臻，民生未遂，是朕之罪一也。朕自弱齡，卽遇皇考太宗皇帝上賓，教訓撫養，惟聖母皇太后慈育是依。隆恩罔極，高厚莫酬，朝夕趨承，冀盡孝養。今不幸子道不終，誠悃未遂，是朕之罪一也。皇考賓天，朕止六歲，不能服衰絰行三年喪，終天抱憾。惟侍奉皇太后順志承顏，且冀萬年之後，庶盡子職，少抒前憾。今永違膝下，反上厪聖母哀痛，是朕之罪一也。宗室諸王貝勒等，皆太祖、太宗子孫，爲國藩翰，理宜優遇，以示展親。朕於諸王貝勒，晉接旣疏，恩惠復鮮，情誼睽隔，友愛之道未周，是朕之罪一也。滿洲諸臣，或歷世竭忠，或累年效力，宜加倚託，盡厥猷爲。朕不能信任，有才莫展。且明季失國，多由偏用文臣。朕不以爲戒，委任漢官，卽部院印信，間亦令漢官掌管。致滿臣無心任事，精力懈弛，是朕之罪一也。朕夙性好高，不能虛己延納。於用人之際，務求其德與己侔，未能隨才器使，致每歎乏人。若舍短錄長，則人有微技，亦獲見用，豈遂至於舉世無才，是朕之罪一也。設官分職，惟德是用，進退黜陟，不可忽視。朕於廷臣，明知其不肖，不卽罷斥，仍復優容姑息。如劉正宗者，偏私躁忌，朕已洞悉於心，乃容其久任政地。可謂見賢而不能舉，見不肖而不能退，是朕之罪一也。國用浩繁，兵餉不足。而金花錢糧，盡給宮中之費，未嘗節省發施。及度支告匱，每令諸王大臣會議，未能別有奇策，止議裁減俸祿，以贍軍餉。厚己薄人，益上損下，是朕之罪一也。經營殿宇，造作器具，務極精工。無益之地，糜費甚多。乃不自省察，罔體民艱，是朕之罪一也。端敬皇后於皇太后克盡孝道，輔佐朕躬，內政聿修。朕仰奉慈綸，追念賢淑，喪祭典禮，過從優厚。不能以禮止情，諸事太過，踰濫不經，是朕之罪一也。祖宗創業，未嘗任用中官。且明朝亡國，亦因委用宦寺。朕明知其弊，不以爲戒。設立內十三衙門，委用任使，與明無異。致營私作弊，更踰往時，是朕之罪一也。朕性耽閒靜，常圖安逸，燕處深宮，御朝絕少。致與廷臣接見稀疏，上下情誼否塞，是朕之罪一也。人之行事，孰能無過？在朕日理萬幾，豈能一無違錯？惟聽言納諫，則有過必知。朕每自恃聰明，不能聽納。古云：『良賈深藏若虛，君子盛德，容貌若愚。』朕於斯言，大相違背。以致臣工緘默，不肯進言，是朕之罪一也。朕既知有過，每自刻責生悔。乃徒尚虛文，未能省改，過端日積，愆戾愈多，是朕之罪一也。太祖、太宗創垂基業，所關至重。元良儲嗣，不可久虛。朕子玄燁，佟氏妃所生，岐嶷穎慧，克承宗祧，茲立爲皇太子。卽遵典制，持服二十七日，釋服卽皇帝位。特命內大臣索尼、蘇克薩哈、遏必隆、鼇拜爲輔臣。伊等皆勳舊重臣，朕以腹心寄託。其勉矢忠藎，保翊沖主，佐理政務。布告中外，咸使聞知。」

三月癸酉，上尊謚曰體天隆運英睿欽文大德弘功至仁純孝章皇帝，廟號世祖，葬孝陵。累上尊謚曰體天隆運定統建極英睿欽文顯武大德弘功至仁純孝章皇帝。

論曰：順治之初，睿王攝政。入關定鼎，奄宅區夏。然兵事方殷，休養生息，未遑及之也。迨帝親總萬幾，勤政愛民，孜孜求治。清賦役以革橫征，定律令以滌冤濫。蠲租貸賦，史不絕書。踐阼十有八年，登水火之民於袵席。雖景命不融，而丕基已鞏。至於彌留之際，省躬自責，布告臣民。禹、湯罪己，不啻過之。書曰：「亶聰明作元后，元后爲民父母。」其世祖之謂矣。

清史稿卷六

本紀六

聖祖本紀一

聖祖合天弘運文武睿哲恭儉寬裕孝敬誠信功德大成仁皇帝，諱玄燁，世祖第三子也。母孝康章皇后佟佳氏，順治十一年三月戊申誕上於景仁宮。天表英俊，岳立聲洪。六齡，偕兄弟問安。世祖問所欲。皇二子福全言：「願爲賢王。」帝言：「願效法父皇。」世祖異焉。

順治十八年正月丙辰，世祖崩，帝卽位，年八歲，改元康熙。遺詔索尼、蘇克薩哈、遏必隆、鰲拜四大臣輔政。

二月癸未，上釋服。乙未，誅有罪內監吳良輔，罷內官。丙申，以嗣簡親王濟度子德塞襲爵。

三月丙寅，詔曰：「國家法度，代有不同。太祖、太宗創制定法，垂裕後昆。今或滿、漢參差，或前後更易。其詳考成憲，勒爲典章，集議以聞。」

四月，予殉葬侍衞傅達理祭葬。甲申，命湖廣總督駐荆州。乙酉，命將軍線國安統定南部軍鎭廣西。丙戌，以拉哈達爲工部尚書。癸卯，安南國王黎維祺遣使入貢。丙午，大學士洪承疇乞休，允之，予三等輕車都尉世職。戊申，賜馬世俊等三百八十三人進士及第出身有差。

五月，罷各省巡按官。己巳，以高景爲工部尚書，劉良佐爲江安提督。乙亥，安南叛臣莫敬耀來歸，封歸化將軍。

六月己卯，江蘇巡撫朱國治疏言蘇省逋賦紳衿一萬三千五百十七人，下部斥黜有差。辛巳，黑龍江飛牙喀部十屯來歸。庚寅，以嗣信郡王鐸尼子鄂扎襲爵。癸巳，大學士傅以漸乞休，允之。丁酉，罷內閣，復內三院。戊戌，吳三桂進馴象五，却之。詔停直省進獻。

閏七月庚辰，以車克爲吏部尚書，阿思哈爲戶部尚書。甲午，以傅維鱗爲工部尚書。

壬寅，予蘇松提督梁化鳳男爵。

八月甲寅，達賴喇嘛請通市，許之。

九月丁未，以卞三元爲雲南總督，李棲鳳爲廣東總督，郎廷佐爲江南總督，梁化鳳爲江南提督。

十月己酉，以林起龍爲漕運總督。誅降將鄭芝龍及其子世恩、世廕。辛酉，裁順天巡撫。山東民于七作亂，逮問巡撫許文秀，總兵李永盛、范承宗，命靖東將軍濟世哈討平之。十一月丙子朔，上親祀天於圜丘。己亥，世祖章皇帝升祔太廟。甲辰，湖南巡按御史仵劭昕坐贓棄市。

十二月丙午，平西王吳三桂、定西將軍愛星阿會報大軍入緬，緬人執明永曆帝朱由榔以獻。明將白文選降。班師。丁卯，宗人府進玉牒。

是歲免直隸、江南、河南、浙江、湖廣、陝西各州縣被災額賦有差。朝鮮遣使進香入貢。

康熙元年壬寅春正月乙亥朔。乙酉，享太廟。庚寅，錄大學士范文程等佐命功，官其子承謨等俱內院學士。

二月壬子，太皇太后萬壽節，上率羣臣朝賀。

三月，以滇南平，告廟祭陵，赦天下。辛卯，萬壽節。己亥，遣官安輯浙江、福建、廣東新附官民。

夏四月丙辰，上太祖、太宗尊謚。

五月戊寅，夏至，上親祭地於方澤。

六月丁未，命禮部考定貴賤等威。

秋七月壬申朔，以車克爲大學士，寧古禮爲戶部尙書，張杰爲浙江提督，施琅爲福建提督。

八月辛丑朔，大學士金之俊罷。

九月，裁延綏巡撫。

冬十月壬寅，以成克鞏爲大學士。癸卯，尊皇太后爲太皇太后。尊皇后爲仁憲皇太后，母后爲慈和皇太后。

十一月辛巳，冬至，祀天於圜丘，免朝賀。

十二月辛酉，命吳三桂總管雲南、貴州兩省。

是歲，天下戶丁一千九百一十三萬七千六百五十二，徵銀二千五百七十二萬四千一百二十四兩零。鹽課銀二百七十二萬一千二百一十二兩零。鑄錢二萬九千萬有奇。免直隸、江南各州縣災賦有差。朝鮮入貢。

二年癸卯春正月己亥，廣東總督盧崇峻請封民船濟師，斥之。

二月庚戌，慈和皇太后佟佳氏崩。

三月，荷蘭國遣使入貢，請助師討臺灣，優賚之。

五月丙子，以孫廷銓爲大學士。乙酉，雲南開局鑄錢。丙戌，詔天下錢糧統歸戶部，部寺應用，俱向戶部關領，著爲令。戊子，以魏裔介爲吏部尙書。甲午，恭上大行慈和皇太后尊謚曰孝康慈和莊懿恭惠崇天育聖皇后。

六月，葬世祖章皇帝於孝陵，孝康皇后、端敬皇后祔焉。戊申，以龔鼎孳爲左都御史。乙卯，故明將李定國子嗣興來降。乙丑，以哈爾庫爲浙江提督。

八月癸卯，詔鄉、會試停制義，改用策論，復八旗繙譯鄉試。甲寅，命穆里瑪爲靖西將軍，圖海爲定西將軍，率禁旅會四川、湖廣、陝西總督討鄖陽逋賊李來亨、郝搖旗等。

冬十月壬寅，耿繼茂、施琅會荷蘭師船勦海寇，克廈門，取浯嶼、金門二島，鄭錦遁於臺灣。

十一月，詔免諸國貢使土物稅。乙酉，冬至，祀天於圜丘。

十二月壬戌，祫祭太廟。

是歲，免直隸、江南、江西、河南、陝西、浙江、湖廣、四川、雲南、貴州等省二百七十餘州縣災賦。朝鮮入貢進香。

三年甲辰春正月，賜朝正外藩銀幣鞍馬。

二月壬寅，巡鹽御史張吉午請增長蘆鹽引。斥之。

三月丙子，耿繼茂等拔銅山。丙戌，賜嚴我斯等一百九十九人進士及第出身有差。

夏四月己亥，輔臣等誣奏內大臣飛揚古子侍衞倭赫擅騎御馬，飛揚古怨望，幷棄市，籍其家，鰲拜以予其弟穆里瑪。遣尚書喀蘭圖赴科爾沁四十七旗涖盟。戊申，裁鄖陽撫治。

五月甲子，詔州縣私派累民，上官容隱者併罪之。

六月庚申，詔免順治十五年以前逋賦。

閏六月乙酉，以王弘祚爲刑部尚書。丙戌，以漢軍京官歸入漢缺升轉。

秋七月丁未，以施琅爲靖海將軍，征臺灣。

八月甲戌，浙江總督趙廷臣疏報擒獲明臣張煌言。己卯，穆里瑪、圖海疏報進勦鄖陽茅麓山李來亨、郝搖旗，俱自焚，賊平。

九月癸丑，發倉粟賑給八旗莊田。乙卯，以查克旦爲領侍衞內大臣。

十一月壬辰，冬至，祀天於圜丘。丁未，以魏裔介爲大學士，杜立德爲吏部尚書，王弘祚爲戶部尚書，龔鼎孳爲刑部尚書。

十二月戊午朔，日有食之。丙戌，祫祭太廟。是月，彗星見張宿、井宿、胃宿、奎宿，金星見，給事中楊雍建請修省。

是歲，免直隸、江南、江西、山東、陝西、浙江、福建、湖廣、貴州等省一百二十一州縣被災額賦有差。朝鮮入貢。

四年乙巳春正月壬辰，以郝惟訥爲左都御史。己亥，停榷關溢額獎敍。辛丑，封承澤親王碩色子博翁果諾爲惠郡王。致仕大學士洪承疇卒，予祭葬，謚文襄。

二月乙丑，太皇太后聖壽，免朝賀。己巳，吳三桂疏報勦平水西烏撒土司，擒其酋安坤、安重聖。丙戌，以星變詔臣工上言闕失。御史董文驥疏言大臣更易先皇帝制度，非是，宜一切復舊。

三月戊子，京師地震有聲。辛卯，金星晝見。以星變地震肆赦，免逋賦。山西旱，有司不以聞，下吏部議罪，免其積逋及本年額賦。壬辰，詔禁州縣預徵隔年稅糧。丙申，詔曰：「郡縣災荒，有司奏請蠲賦，而小民先期已完，是澤不下逮也。自今被災者，預緩徵額賦十之三。」甲辰，萬壽節，免朝賀。丙午，修歷代帝王廟。太常寺少卿錢綎請簡老成耆德博通經史者數人，出入侍從，以備顧問。

夏四月丙寅，詔凡災傷免賦者並免丁徭。戊辰，詔卿貳督撫員缺，仍廷推。

五月丁未，置直隸總督，兼轄山東、河南。裁貴州總督歸雲南，廣西總督歸廣東，江西總督歸江南，山西總督歸陝西，鳳陽、寧夏、南贛巡撫悉裁之。

六月乙丑，詔父子兄弟同役，給復一年。

秋七月己酉，吏部以山西徵糧如額，請議敍。詔曰：「曩以太原諸處旱災饑饉，督撫不以聞，議罪。會赦得原。豈可仍以催科報最。惟未被災之地方官，仍予紀錄。」

八月庚午，詔贓官遇赦免罪者，不許復職。

九月辛卯，册赫舍里氏爲皇后，輔臣索尼之孫女也。上太皇太后、皇太后尊號，加恩中外。

冬十月癸亥，上幸南苑校射行圍。甲戌，還宮。

十一月丁酉，祀天於圜丘。

十二月庚辰，祫祭太廟。

是歲，免直隸、江南、江西、山東、河南、浙江、廣東、貴州等省一百二十一州縣衞災賦有差。朝鮮、琉球、暹羅入貢。索倫、飛牙喀人來歸。

五年丙午春正月庚寅，以廣東旱，發倉穀七萬石賑之。以承澤親王碩色子恩克布嗣爵。

二月壬子朔，置平遠、大定、黔西三府。丁巳，以十二月中氣不應，詔求明曆法者。乙丑，詔自今漢軍官丁憂，准解任持三年喪。

三月，以胡拜爲直隸總督。

五月丙午，以孫延齡爲廣西將軍，接統定南部軍駐桂林。

六月庚戌朔，日有食之。癸酉，傅維鱗病免，以郝惟訥爲工部尚書。辛未，詔崇文門凡貨物出京者弛其稅。

秋七月庚辰朔，以朱之弼爲左都御史。辛巳，琉球來貢，並補進漂失前貢。上嘉其恭順，命還之，自今非其國產勿以貢。

八月己酉，給事中張維赤疏請親政。

九月丁亥，上行圍南苑。癸卯，還宮。禮部尚書沙澄免。以梁清標爲禮部尚書，龔鼎孳爲兵部尚書，郝惟訥爲刑部尚書，朱之弼爲工部尚書。

冬十月，詔起范承謨爲秘書院學士。

十一月丙申，輔臣鰲拜以改撥圈地，誣奏大學士管戶部尚書蘇納海、直隸總督朱昌祚、巡撫王登聯等罪，逮下獄。四大臣之輔政也，皆以勳舊。索尼年老，遏必隆闇弱，蘇克薩哈望淺，心非鰲拜所爲而不能爭。鰲拜橫暴，又宿將多戰功，敍名在末，而遇事專橫，屢興大獄，雖同列亦側目焉。

十二月丙寅，鰲拜矯旨殺蘇納海、朱昌祚、王登聯。甲戌，祫祭太廟。是歲，免直隸、江南、江西、河南、陝西、浙江、湖廣等省八十六州縣災賦有差。朝鮮、琉球入貢。

六年丁未春正月己丑，封世祖第二子福全爲裕親王。丁酉，上幸南苑行圍。以明安達禮爲禮部尚書。

二月癸亥，晉封故親王尼堪子貝勒蘭布爲郡王。丁卯，以宗室公班布爾善爲大學士。起圖海復爲大學士。錫故總督李率泰一等男爵。

三月己亥，賜繆彤等一百五十人進士及第出身有差。

夏四月甲戌，加索尼一等公。甲子，江南民人沈天甫撰逆詩誣告人，誅之。被誣者皆不論。御史田六善言奸民告訐，於南人不曰「通海」，則曰「逆書」，北人不曰「于七黨」，則曰「逃人」，請鞫誣反坐。從之。

五月辛酉，吳三桂疏辭總理雲南、貴州兩省事。從之。

六月己亥，禁採辦楠木官役生事累民。

秋七月己酉，上親政，御太和殿受賀，加恩中外，罪非殊死，咸赦除之。是日，始御乾清門聽政。甲寅，命武職官一體引見。己未，輔臣鰲拜擅殺輔臣蘇克薩哈及其子姓。癸亥，賜輔臣遏必隆、鰲拜加一等公。

九月丙午，命修世祖實錄。

冬十月己卯，盛京地震有聲。

十一月丁未，冬至，祀天於圜丘。奉世祖章皇帝配饗。丁巳，加上太皇太后、皇太后徽號。

十二月丙戌，以塞白理爲廣東水師提督。戊子，以馬爾賽爲戶部增設尙書。戊戌，祫祭太廟。

是歲，免直隸、江南、江西、山東、山西、陝西、甘肅、浙江、福建、湖廣等省一百六十州縣災賦有差。朝鮮、荷蘭入貢。

七年戊申春正月戊申，以莫洛爲山西陝西總督，劉兆麒爲四川總督。戊午，加鰲拜、遏必隆太師。

二月辛卯，上幸南苑。

三月丁未，詔部院官才能卓越，升轉毋拘常調。

夏四月庚辰，浙江嘉善民郁之章有罪遣戍，其子褒、廣叩閽請代。上並宥之。

五月壬子，以星變地震，下詔修省，諭戒臣工。

六月癸酉，金星晝見。丁亥，平南王尚可喜遣子之信入侍。

秋七月戊午，前漕運總督吳維華請徵市鎮間架錢，洲田招民出錢佃種。上惡其言利，下刑部議罪。庚申，以夸岱爲滿洲都統。

八月壬申，戶部尚書王弘祚坐失察書吏僞印盜帑免。

九月庚子，以吳瑪護爲奉天將軍，額楚爲江寧將軍，瓦爾喀爲西安將軍。壬寅，上將巡邊，侍讀學士熊賜履、給事中趙之符疏諫。上爲止行，仍令遇事直陳。

冬十月，定八旗武職人員居喪百日，釋縞任事，仍持服三年。庚午，上幸南苑。

十一月癸丑，冬至，祀天於圜丘。

十二月癸酉，以麻勒吉爲江南總督，甘文焜爲雲南貴州總督，范承謨爲浙江巡撫。癸巳，祫祭太廟。

是歲，免奉天、直隸、江南、山東、河南、浙江、陝西、甘肅等省二百十六州縣災賦有差。

朝鮮、安南、暹羅入貢。

八年己酉春正月戊申，修乾清宮，上移御武英殿。

二月庚午，命行南懷仁推算曆法。庚午，上巡近畿。

三月辛丑，以直隸廢藩田地予民。

夏四月癸酉，衞周祚免，以杜立德爲大學士。丁丑，上幸太學，釋奠先師孔子，講周易、尚書。丁巳，給事中劉如漢請舉行經筵。上嘉納之。

五月乙未，以黃機爲吏部尚書，郝惟訥爲戶部尚書，龔鼎孳爲禮部尚書，起王弘祚爲兵部尚書。戊申，詔逮輔臣鰲拜交廷鞫。上久悉鰲拜專橫亂政，特慮其多力難制，乃選侍衞、拜唐阿年少有力者爲撲擊之戲。是日，鰲拜入見，即令侍衞等掊而縶之。於是有善撲營之制，以近臣領之。庚申，王大臣議鰲拜獄上，列陳大罪三十，請族誅。詔曰：「鰲拜愚悖無知，誠合夷族。特念效力年久，迭立戰功，貸其死，籍沒拘禁。」其弟穆里瑪、塞本得，從子訥莫，其黨大學士班布爾善，尚書阿思哈、噶褚哈、濟世，侍郎泰璧圖，學士吳格塞皆誅死。餘坐譴黜。其弟巴哈宿衞淳謹，卓布泰有軍功，免從坐。嗣敬謹親王蘭布降鎮國公。褫遏必隆太師、一等公。

六月丁卯，詔曰：「朕夙夜求治，念切民依。邇年水旱頻仍，盜賊未息，兼以貪吏朘削，民力益殫，朕甚憫焉。部院科道諸臣，其以民間疾苦，作何裨益，各抒所見以聞。」戊辰，敕改造觀象臺儀器。壬申，詔復輔臣蘇克薩哈官及世職，其從子白爾圖立功邊徼，被枉尤酷，復其世職，均令其子承襲。戊寅，詔滿兵有規占民間房地者，永行禁止，仍還諸民。以米思翰爲戶部尚書。戊子，詔宗人有罪，遽絕屬籍，心有不忍。自順治十八年以來，宗人削籍者，宗人府詳察以聞。

秋七月壬辰朔，裁直隸山東河南總督。壬寅，詔復大學士蘇納海、總督朱昌祚、巡撫王登聯原官，並予謚。

八月甲申，以索額圖爲大學士，明珠爲左都御史。

九月甲午，京師地震有聲。丁未，以勒貝爲滿洲都統，塞白理爲浙江提督，畢力克圖爲蒙古都統。

冬十月甲子，上幸南苑，詔行在勿得借用民物。盧溝橋成，上爲文勒之石。

十一月己亥，先是山西陝西總督莫洛、陝西巡撫白清額均坐鰲拜黨罷。至是，西安百姓叩閽稱其清廉，乞還任。詔特許之。壬子，太和殿、乾清宮成，上御太和殿受賀，入居乾清宮。

十二月己卯，顯親王福壽薨。丁亥，祫祭太廟。

是歲，免直隸、江南、河南、山西、陝西、湖廣等省四十五州縣災賦有差。朝鮮、琉球入貢。

九年庚戌春正月丙申，予宋儒程顥、程頤後裔五經博士。丁酉，饗太廟。辛丑，祈穀於上帝，奉太祖高皇帝、太宗文皇帝、世祖章皇帝配饗。起遏必隆公爵，宿衞內廷。己酉，詔明藩田賦視民田輸納。壬子，上幸南苑。

二月癸酉，以金光祖爲廣東廣西總督，馬雄鎭爲廣西巡撫。癸未，詔尙陽堡、寧古塔流徙人犯，値十月至正月俱停發。

三月辛酉，賜蔡啓僔等二百九十二人進士及第出身有差。

夏四月己丑，以蔡毓榮爲四川湖廣總督。己亥，上幸南苑。

五月丙辰朔，加上孝康章皇后尊謚，升祔太廟，頒發恩詔，訪隱逸，賜高年，赦殊死以下。丙子，纂修會典。

六月丙戌朔，以席卜臣爲蒙古都統。丁酉，以故顯親王福壽子丹臻襲爵。己酉，命大學士會刑部錄囚。

秋七月丁巳，以王輔臣爲陝西提督。丁巳，奉祀孝康章皇后於奉先殿。八月戊子，祭社稷壇。詔都察院糾察陪祀王大臣班行不肅者。乙未，復內閣，復翰林院。丁酉，上奉太皇太后、皇太后有事於孝陵。壬子，車駕還宮。

九月庚申，以簡親王濟度子喇布襲爵。

冬十月庚巳，頒聖諭十六條。甲午，改內三院，復中和殿、保和殿、文華殿大學士。丁酉，諭禮部舉經筵。

十一月癸酉，以艾元徵爲左都御史。壬午，以中和殿大學士魏裔介兼禮部尚書。

十二月癸卯，以莫洛爲刑部尚書。辛亥，祫祭太廟。

是歲，免河南、湖廣、江南、福建、廣東、雲南等省二百五十三州縣衞災賦有差。朝鮮入貢。

十年辛亥春正月丁卯，蒙古蘇尼特部、四子部大雪饑寒，遣官賑之。癸酉，封世祖第五子常寧爲恭親王。庚辰，大學士魏裔介罷。以曹申吉爲貴州巡撫。

二月丁酉，以馮溥爲大學士，以梁清標爲刑部尚書。乙巳，召宗人覺羅年七十以上趙班等四人入見，賜朝服銀幣。戊申，命編纂孝經衍義。庚戌，以尼雅翰爲滿洲都統。

三月壬子朔，誥誡年幼諸王讀書習騎射，勿恃貴縱恣。癸丑，置日講官。庚午，以無雨風霾，下詔修省。

夏四月乙酉，命纂修太祖、太宗聖訓。詔宗人閒散及幼孤者，量予養贍，著爲令。丙戌，詔清理庶獄，減矜疑一等。辛卯，始開日講。壬辰，上詣天壇禱雨。甲午，雨。

五月庚申，理藩院尚書喀蘭圖乞休，加太子太保，以內大臣奉朝請。癸酉，上幸南苑。

六月丁亥，以靳輔爲安徽巡撫。甲午，金星晝見。是月，靖南王耿繼茂卒，子精忠襲封，仍鎮福建。

八月己卯朔，日有食之。丁未，上御經筵。戊申，以王之鼎爲江南提督。

九月庚戌，上以寰宇一統，告成於二陵。辛亥，上奉太皇太后、皇太后啓鑾。蒙古科爾沁、喀喇沁、土默特、敖漢諸部王、貝勒、公朝行在。丁卯，謁福陵、昭陵。戊辰，祭福陵，行告成禮。庚午，祭昭陵，行告成禮。辛未，上幸盛京，御清寧宮，賜百官宴，八十以上召前賜酒。大賚奉天、寧古塔甲士及於傷廢老病者白金，民間高年亦如之。曲赦死罪減一等，軍流以下釋之。山海關外蹕路所經，勿出今年明年租賦。遣官祭諸王諸大臣墓。壬申，上自盛京東巡。

冬十月辛巳，駐蹕愛新。召寧古塔將軍巴海，諭以新附瓦爾喀、虎爾哈宜善撫之。己丑，上迴蹕盛京，再賜老人金。辛卯，謁福陵、昭陵。命文武官較射。命來朝外藩較射。壬辰，上奉太皇太后、皇太后迴鑾。

十一月庚戌，還京。壬申，以明珠爲兵部尚書。

十二月丙午，祫祭太廟。

是歲，免直隸、江南、江西、浙江、山東、河南、陝西、湖廣等省三百二州縣衞災賦逋賦有差。朝鮮、琉球入貢。

十一年壬子春正月辛未，上奉太皇太后幸赤城湯泉，過八達嶺，親扶慈輦，步行下山。

二月戊寅，奉太皇太后至湯泉。辛卯，上迴京。丙申，親耕耤田。丁酉，朝日於東郊。戊戌，上詣赤城。

三月戊辰，上奉太皇太后還宮。

夏四月乙巳，命侍衞吳丹、學士郭廷祚巡視河工。

五月乙丑，世祖實錄成。丙寅，上出德勝門觀麥。

六月庚寅，命更定賦役全書。

秋七月己酉，論征緬甸、雲南、貴州功，予何建忠等一百二十七人世職。丙辰，上觀禾。

御史孟雄飛疏言孫可望窮蹙來歸，濫膺王封。及伊身死，已襲二次。今孫徵淳死，宜令降襲。詔降襲慕義公。

閏七月，復封尙善爲貝勒。丁亥，詔治獄勿用嚴刑輕斃人命，違者罪之。

八月壬子，上幸南苑行圍。癸丑，詔曰：「帝王致治，在維持風化，辨別等威。比來官員服用奢僭，競相效尤。其議禁之。」庚申，上御經筵。壬戌，上奉太皇太后幸遵化湯泉。甲子，閱薊州官兵較射。丁卯，上謁孝陵。

九月丁丑，閱遵化兵、三屯營兵。

冬十月甲辰，上奉太皇太后還宮。壬子，命范承謨爲福建總督。

十一月辛丑，上幸南苑，建行宮。

十二月丁未，裕親王福全、莊親王博果鐸、惠郡王博翁果諾、溫郡王孟峨疏辭議政。允之。戊午，上召講官諭曰：「有人請令言官風聞言事。朕思切中事理之言，患其不多。若借端生事，傾陷擾亂，深足害政。與民休息，道在不擾。虛耗元氣，則民生蹙矣。」己未，康親王傑書、安親王岳樂疏辭議政。不許。庚午，祫祭太廟。

是歲，免直隸、江南、浙江、山東、山西、河南、湖廣等省一百四十一州縣衞災賦有差。朝鮮入貢。

十二年癸丑春正月庚寅，上幸南苑，大閱。

二月辛亥，以吳正治爲左都御史。壬子，上御經筵，命講官日直。戊辰，賜八旗官學繙譯大學衍義。

三月丁丑，上視麥。壬午，平南王尚可喜請老，許之；請以其子之信嗣封鎮粵，不許，令其撤藩還駐遼東。癸巳，賜韓菼等一百六十六人進士及第出身有差。

夏四月丁巳，遣官封暹羅國王。

五月壬申，學士傅達禮等請以夏至輟講。上曰：「學問之道，宜無間斷。其勿輟。」

六月壬寅，起張朝珍爲湖廣巡撫，李之芳爲浙江總督。丁未，上御瀛臺，召羣臣觀荷賜宴。乙卯，禁八旗以奴僕殉葬。

秋七月庚午，平西王吳三桂疏請撤藩。許之。丙子，嗣靖南王耿精忠疏請撤藩。許之。壬午，命重修太宗實錄。

八月丁未，試漢科道官於保和殿，不稱職者罷。壬子，遣侍郎折爾肯、學士傅達禮往雲南，尚書梁清標往廣東，侍郎陳一炳往福建，經理撤藩。丁巳，諭禮部：「祭祀大典，必儀文詳備，乃可昭格。其稽古典禮酌議以聞。」

九月戊辰，禮部尙書龔鼎孳乞休。允之。乙亥，京師地震，詔修省。
冬十月壬寅，以王之鼎爲京口將軍。己酉，上幸南苑行圍。
十一月丁卯，故明宗室朱議滃以蓄髮論死。得旨免死入旗，給與妻室房地。庚午，詔民間墾荒田畝，以十年起科。
十二月壬子，以姚文然爲左都御史。吳三桂反，殺雲南巡撫朱國治，貴州提督李本深、巡撫曹申吉俱降賊，總督甘文焜死之。丙辰，反問至，命前鋒統領碩岱率禁旅守荆州。丁巳，召梁清標、陳一炳還，停撤二藩。命加孫延齡撫蠻將軍，線國安爲都統，鎭廣西。命西安將軍瓦爾喀進守四川。京師民楊起隆僞稱朱三太子，圖起事。事發覺，起隆逸去。捕誅其黨。詔奸民作亂已平，勿株連，民勿驚避。己未，命順承郡王勒爾錦爲寧南靖寇大將軍，討吳三桂。執三桂子額駙吳應熊下之獄。庚申，命副都統馬哈達帥師駐兗州，擴爾坤駐太原，備調遣。辛酉，命直省巡撫仍管軍務。壬戌，詔削吳三桂爵，宣示中外。命都統赫業爲安西將軍，會瓦爾喀守漢中。以倭內爲奉天將軍。吳三桂陷辰州。甲子，祫祭太廟。
是歲，免直隸、山東、安徽、浙江、湖廣等省二十六州縣衞災賦有差。朝鮮、安南入貢。
十三年甲寅春正月乙亥，勒爾錦師行。庚辰，吳三桂陷沅州。丁亥，偏沅巡撫盧震棄長沙遁。己丑，以提督佟國瑤守鄖陽。總兵吳之茂以四川叛，巡撫羅森、提督鄭蛟麟降之。命總兵徐治都還守夷陵。庚寅，封世祖第七子隆禧爲純親王。以席卜臣爲鎭西將軍，守西安。

二月乙未朔，太皇太后頒內帑犒軍。丁酉，欽天監新造儀象成。壬寅，賊犯澧州，守卒以城叛，提督桑峨退荆州，陷常德。命鎭南將軍尼雅翰率師守武昌。癸丑，上御經筵。以趙賴爲貴州提督。甲寅，吳三桂陷長沙，副將黃正卿叛應之，旁陷衡州。命都統覺羅朱滿守岳州，未至，岳州失。辛酉，命刑部尚書莫洛加大學士銜，經略陝西。孫延齡以廣西叛，殺都統王永年，執巡撫馬雄鎭幽之。

三月乙丑，命整飭驛站，每四百里置一筆帖式，接遞軍報，探發塘報。命左都御史多諾等軍前督餉。戊辰，吳三桂將犯夷陵，勒爾錦遣兵擊敗之。庚午，以額駙華善爲安南將軍，鎭京口。庚辰，耿精忠反，執福建總督范承謨幽之，巡撫劉秉政降賊。癸未，鄖陽副將洪福叛，提督佟國瑤擊敗之。壬辰，襄陽總兵楊來嘉以穀城叛。命希爾根爲定南將軍，尚書哈爾哈齊副之。命舒恕、桑遏、根特、席布率師赴江西。甲午，西安將軍瓦爾喀克陽平關。

夏四月癸卯，調西安副都統德業立守襄陽。丁未，吳三桂子應熊、孫世霖伏誅。初，三桂倉卒起兵，而名義不揚，中悔。至澧州，頗前却。至是，方食聞報，驚曰：「上少年乃能是耶？事決矣！」推食而起。詔削孫延齡職。以阿密達爲揚威將軍，駐江寧，賴塔爲平南將軍，赴杭州。甲寅，潮州總兵劉進忠以城叛。戊午，以根特爲平寇將軍，赴廣西討孫延齡。河北總兵蔡祿謀叛，命阿密達襲誅之。辛酉，詔削耿精忠爵。癸亥，詔以分調禁旅遣將分防情形寄示平南王尚可喜。

五月丙寅，皇子胤礽生，皇后赫舍里氏崩。戊寅，安西將軍赫業等敗吳之茂於劄闍堡，復朝天關。壬午，浙江平陽兵變，執總兵蔡朝佐，應耿精忠將曾養性，圍瑞安。命賴塔進兵討之。壬辰，副都統德業立敗洪福於武當。

六月丙午，命貝勒尚善爲安遠靖寇大將軍，率師赴岳州，貝子準達赴荆州。庚戌，總兵祖弘勳以溫州叛。金華副將牟大寅敗耿精忠將於常山。壬子，命將軍喇哈達守杭州。乙卯，命康親王傑書爲奉命大將軍赴浙江，貝勒洞鄂爲定西大將軍赴四川。浙江溫州、黃岩、太平諸營相繼叛。命喇哈達守台、寧。

七月辛未，以郎廷佐爲福建總督，段應舉爲提督。癸酉，賴塔敗耿精忠將於金華。是時精忠遣其大將馬九玉、曾養性犯浙江，白顯忠犯江西，所至土匪蠭應，江西尤甚。南瑞總兵楊富應賊，董衞國誅之。丁亥，貝勒察尼大戰賊將吳應麒於岳州七里山，敗之。

八月壬寅，平寇將軍根特卒於軍，以哈爾哈齊代之。海澄公黃梧卒，子芳度襲爵，守漳州。乙巳，金光祖報孫延齡陷梧州，督兵復之。丙午，上幸南苑。

九月壬戌，上御經筵，命每日進講如常。耿精忠將以土寇陷淸谿、徽州，江寧將軍額楚、統領巴爾堪擊走之，連戰入江西，復樂平等縣。命碩塔等駐安慶。辛未，麻城土寇鄒君升等作亂，知府于成龍討平之。命簡親王喇布爲揚威大將軍，率師赴江西，侍衞坤爲振武將軍副之。廣西提督馬雄叛，命安親王岳樂爲定遠平寇大將軍，率師赴廣東，宗室瓦山、覺羅畫特副之。

冬十月壬辰，喇布師行。丙申，岳樂師行。壬寅，上奉太皇太后幸南苑。辛亥，還宮。

十一月庚申朔，莫洛報吳之茂兵入朝天關，饟路中阻，洞鄂退守西安。命移西安軍守漢中，河南軍守西安。

十二月庚寅朔，傑書大敗曾養性於衢州，又敗之於台州。王輔臣叛，經略莫洛死之。上議親征。王大臣以京師根本重地，太皇太后年高，力諫乃止。徵盛京兵、蒙古兵分詣軍前。丁未，命尚可喜節制廣東軍事。戊午，祫祭太廟。

是歲，免直隸、江南、山東、河南、陝西等省七十八州縣災賦有差。朝鮮、琉球入貢。

十四年乙卯春正月辛酉，尚可喜報賊犯連州，官兵擊敗之。戊辰，晉封尚可喜平南親王，命其子之孝佩大將軍印討賊。

二月癸巳，下詔切責貝勒洞鄂退縮失機，飭令速定平涼、秦州以通棧道。乙巳，康親王傑書遣兵復處州，進復仙居。王輔臣陷蘭州。西寧總兵王進寶大戰於新城，圍蘭州。洞鄂復隴州關山關。

三月己未朔，叛將楊來嘉犯南漳，總兵劉成龍擊走之。戊辰，饒州賊犯祁門，巡檢張行健被執不屈，死之。丁丑，命張勇爲靖逆將軍，會總兵孫思克等討王輔臣。賊陷定邊城，命提督陳福駐寧夏討賊。丁亥，蒙古布爾尼反，命信郡王鄂扎爲撫遠大將軍，大學士圖海爲副將軍，討平之。戊子，以熊賜履爲大學士。

夏四月己丑，以勒德洪爲戶部尙書。署護軍統領郎甗等勦耿寇於五桂寨，斬級二萬，復餘干。乙未，封張勇靖逆侯，王進寶一等男。戊戌，以左都督許貞鎭撫州、建昌、廣信。戊申，王輔臣遣兵援秦州，官兵迎擊敗之。辛亥，上諭：「侍臣進講，朕乃覆講，互相討論，庶有發明。」癸丑，王進寶復臨洮，孫思克復靖遠。戊午，紹興知府許弘勳招撫降衆五萬人。

五月庚午，察哈爾左翼四旗來歸。庚辰，命畢力克圖援榆林。王輔臣兵陷延安、綏德。甲申，張勇復洮、河二州。

閏五月癸巳，上幸玉泉山觀禾。楊來嘉、洪福陷穀城。斬守城不力之副將馬郎阿以徇，削總兵金世霈職，隨軍效力。壬子，額楚復廣信。樂平土寇復陷饒州，將軍希爾根擊之，復饒州。

六月，畢力克圖復吳堡，復綏德。丁丑，命將軍舒恕援廣東。己卯，命振武將軍佛尼勒開棧道援漢中。庚辰，上幸南苑行圍。壬午，張勇攻鞏昌。江西官軍攻石峽，失利，副都統雅賴戰死。甲申，克蘭州。畢力克圖復延安。以軍興停陝西、湖廣鄉試。

七月乙巳，陳福勦定邊，斬賊將朱龍。庚戌，江西官兵復浮梁、樂平、宜黃、崇仁、樂安諸縣。

八月戊午，上幸南苑行圍。洞鄂、畢力克圖、阿密達會攻王輔臣，斬賊將郝天祥。傅喇塔復黃岩。壬申，上奉太皇太后幸湯泉。甲申，上還京，御經筵。

九月，上次昌平，詣明陵，致奠長陵，遣官分奠諸陵。丙申，上奉太皇太后還宮。辛丑，詔每歲正月停刑，著為令。

冬十月癸亥，康親王兵復太平、樂清諸縣。丙寅，上謁孝陵。戊辰，祭孝陵。乙亥，還宮。陳福及王輔臣戰於固原，不利，副將太必圖戰沒。論平布爾尼功，封賞有差，及助順蒙古王貝勒沙津以次各晉爵，罰助逆奈曼等部。

十一月癸巳，貝勒察尼復興山。丁酉，復設詹事府官。壬寅，叛將馬雄糾吳三桂兵犯高州，連陷廉州。命簡親王喇布自江西援廣東。是月，鄭錦攻陷漳州，海澄公黃芳度死之，戕其家。

十二月丙寅，立皇子胤礽爲皇太子，頒詔中外，加恩肆赦。乙亥，以勒爾錦師久無功，奪其參贊巴爾布以下職。寧夏兵變，提督陳福死之。壬午，祫祭太廟。

是歲，免湖廣、河南七府五州縣災賦有差。朝鮮入貢。

十五年丙辰春正月丁亥，以王進寶爲陝西提督，駐秦州。甲午，以建儲恭上太皇太后、皇太后徽號。乙未，升寧夏總兵官爲提督，以趙良棟爲之。辛丑，上幸南苑行圍。

二月丁巳，詔軍中克城禁殺掠。壬戌，命大學士圖海爲撫遠大將軍，統轄全秦，自貝勒洞鄂以下咸受節制。癸酉，上如鞏華城，諭扈從勿踐春田。乙亥，吳三桂將高大傑陷吉安。戊寅，安親王岳樂擊三桂將於萍鄉，敗之，復萍鄉。辛巳，上御經筵。贈死事副將張國彥太子太保，予世職。

三月癸未，贈海澄公黃芳度郡王。丙戌，王進寶、佛尼勒大敗吳之茂於北山。庚寅，傅喇塔圍溫州，曾養性、祖弘勳悉衆來犯，副都統紀爾他布擊走之。辛卯，岳州水師克君山。庚子，勒爾錦渡江與三桂之衆戰，迭敗之。乙巳，賜彭定求等二百九人進士及第出身有差。

己酉，勒爾錦與三桂之衆戰於太平街，不利，退守荆州。壬子，移趙賴提督江西。

夏四月辛丑，馬雄、祖澤清糾滇賊犯廣東。尚可喜老病不能軍，屢疏告急，援兵不時至。至是，賊逼廣州，尚之信劫其父以降賊。總督金光祖，巡撫佟養鉅、陳洪明，提督嚴自明俱從降。福建巡撫楊熙、總兵拜音達奪門出。舒恕、莽依圖退至江西。上聞廣東變作，命移兵益江西。

五月壬午朔，日有食之。乙酉，復設郧陽撫治，以楊茂勳任之。丙戌，鄂羅斯察漢汗使人來貢。己亥，撫遠大將軍圖海敗王輔臣於平涼。

六月壬子朔，王輔臣降，圖海以聞。詔復其官，授靖寇將軍，立功自効，諸將弁皆原之。己卯，耿繼善棄建昌遁。上諭傑書曰：「耿精忠自撤其兵，顯爲海寇所逼。其乘機速進。」

七月辛巳朔，賜鄂羅斯使臣鞍馬服物。大學士熊賜履免。以慕天顏爲江蘇巡撫。庚子，以姚文然爲刑部尚書，郎廷相爲福建總督。振武將軍佛尼勒會張勇、王進寶擊吳之茂於秦州，大敗之，賊衆宵遁。

八月甲寅，穆占復禮縣。壬戌，上奉太皇太后幸湯泉。乙亥，賴塔擊馬九玉於衢州，復江山，九玉棄軍遁。

九月庚辰朔，賴塔進擊馬九玉，破之，復常山。進攻仙霞關，賊將金應虎迎降，復浦城，連下建寧。癸未，張勇復階州。乙未，耿精忠戕前總督范承謨。山西巡撫達爾布有罪免。丙午，命穆占爲征南將軍，移軍湖廣。

冬十月辛酉，上奉太皇太后還宮。乙丑，康親王傑書師次延平，賊將耿繼美以城降。耿精忠遣子顯祚獻僞印乞降，傑書入福州，疏聞。上命復其爵，從征海寇自効。其將曾養性、叛將祖弘勳俱降。浙江官兵復溫、處二府。撤兗州屯兵。癸酉，命講官進講通鑑。

十一月丙戌，海寇犯福州，都統喇哈達擊敗之。丙申，官兵圍長沙。寧海將軍貝子傅拉塔卒於軍。

十二月壬子，遣耿昭忠爲鎭平將軍，駐福州，分統靖南藩軍。叛將嚴自明犯南康，舒恕擊走之。丁巳，尙之信使人詣簡親王軍前乞降，且乞師，疏聞。許之。吳三桂將吳世琮殺孫延齡，踞桂林。庚申，海澄公黃芳世自賊中脫歸。上嘉之，加太子太保，與其弟黃藍並赴康親王大軍討賊。建威將軍吳丹復山陽。辛未，頒賞諸軍軍士金帛。丙子，祫祭太廟。耿繼善棄邵武，海寇據之。副都統穆赫林擊之，賊將彭世勳以城降。

是歲，免直隸、江南、江西、陝西各省三十四州縣災賦有差。朝鮮入貢。

十六年丁巳春正月丙申，將軍額楚攻吉安失利，命侍郎班迪馳勘軍狀。

二月己未，上幸南苑行圍。甲子，大閱於南苑。免福建今年租賦，招集流亡。丙寅，以鄂內爲討逆將軍，赴岳州。丁卯，康親王傑書敗鄭錦於興、泉，賊棄漳州遁，復海澄。遣郎中色度勞軍岳州，察軍狀。辛未，以靳輔爲河道總督。癸酉，論花馬池勦寇功，蒙古鄂爾多斯貝勒索諾木等晉爵有差。乙亥，上御經筵。是月江西官軍復瑞金、鉛山。

三月甲申，以莽依圖爲鎭南將軍，督兵廣東。己丑，諭禮部：「帝王克謹天戒，凡有垂象，皆關治理。設立專官，謹司占候。今星辰凌犯，霜露非時，欽天監不以實告，有辜職掌。其察議以聞。」庚寅，命翰林長於詞賦書法者，以所業進呈。乙未，原任總兵劉進忠、苗之秀詣康親王軍降，命隨大軍勦賊。癸未，詔：「軍興以來，文武官身殉封疆，克全忠節，其有旅櫬不能歸，妻子不得養者，深堪軫惻。所在疆吏察明，妥爲資送，以昭褒忠至意。」甲辰，含譽星見，慶雲見。乙巳，吳三桂聚兵守長沙。命勒爾錦進臨江，圖海守漢中，喇布鎭吉安，莽依圖進韶州，額楚駐袁州，舒恕防贛州。

夏四月己未，康親王傑書疏言處州府慶元縣民人吳臣任等不肯從賊，結寨自固，守義殺賊，實爲可嘉。已交浙江督撫，效力者錄用，歸農者奬賞，其陣亡札委守備吳受南等並請恩卹。從之。辛酉，上幸霸州行圍。以伊桑阿爲工部尙書，宋德宜爲左都御史。丁卯，提督趙賴敗土寇於泰和，擒賊目蕭元。戊辰，予死事溫處道陳丹赤等官廕。辛未，上製大德景福頌，書屏，上太皇太后。乙亥，莽依圖師至南安，嚴自明以城降，遂克南雄，入韶州。

五月己卯，尚之信降，命復其爵，隨大軍討賊。特擢謫戍知府傅弘烈爲廣西巡撫。先是，弘烈以首吳三桂反狀謫梧州。及兵起，弘烈上書陳方略，故有是命。旋加授撫蠻滅寇將軍，與莽依圖規取廣西。甲午，額魯特噶爾丹攻敗喀爾喀車臣汗，來獻軍實，却之。

六月丁巳，祖澤清以高州降。

秋七月庚子，鄭錦將劉國軒自惠州犯東莞，尚之信大敗之，賊將陳璉以惠州降。甲辰，上御便殿，召大學士等賜坐，論經史，因及前代朋黨之弊，諭加警戒。以明珠、覺羅勒德洪爲大學士。

八月丁未，明宗人朱統錩起兵陷貴溪、瀘溪。己未，上御經筵。丙寅，册立貴妃鈕祜祿氏爲皇后，佟佳氏爲貴妃。戊辰，傅弘烈等復梧州。

九月丙子，命宗室公溫齊、提督周卜世赴湖廣協勦。癸未，命額駙華善率師益簡親王軍，科爾科代接駐江寧。丁亥，上發京師，謁孝陵，巡近邊。丙申，次喀拉河屯。庚子，次達希喀布秦昂阿，近邊蒙古敖漢部札穆蘇等朝行在，獻駝馬，賜金幣。吳三桂將胡國柱、馬寶寇韶州，將軍莽依圖、額楚夾擊破之，賊遁，追之過樂昌，復仁化。

冬十月甲辰，上次湯泉。癸丑，還宮。傅弘烈敗吳世琮於昭平，復潯州。福建按察使吳興祚敗朱統錩於光澤，其黨執統錩降。癸亥，始設南書房，命侍講學士張英、中書高士奇入直。

十一月己卯，吳三桂將韓大任陷萬安，護軍統領哈克山擊敗之。庚子，封長白山神，遣官望祭。是月，官兵復茶陵、攸縣。

十二月乙巳，海寇犯泉州，提督段應舉等禦之。辛亥，海寇犯欽州，游擊劉士貴擊敗之。命參贊勒貝、將軍額楚進取郴、永。己巳，以馮甦爲刑部侍郎。辛酉，金星晝見。辛未，祫祭太廟。

是歲，免直隸、江南、江西、陝西、湖廣等省七十州縣災賦有差。朝鮮入貢。

十七年戊午春正月己丑，副都統哈當、總兵許貞擊韓大任於寧都，大任遁之汀州，詣康親王軍前降，命執送京師。壬辰，以郭四海爲左都御史。乙未，詔曰：「一代之興，必有博學鴻儒振起文運，闡發經史，以備顧問。朕萬幾餘暇，思得博通之士，用資典學。其有學行兼優、文詞卓越之士，勿論已仕未仕，中外臣工各舉所知，朕將親試焉。」於是大學士李霨等薦曹溶等七十一人，命赴京齊集請旨。

二月甲辰，傅弘烈疏言吳三桂兵犯廣西，詔額楚、勒貝守梧州。己未，上御經筵，製四書講疏義序。丁卯，皇后鈕祜祿氏崩，諡曰孝昭皇后。辛未，莽依圖及吳世琮戰於平樂，失利，退守梧州。命尚之信及都統馬九玉會師守梧州。

三月丙子，湖廣官兵擊楊來嘉、洪福，敗之，復房縣。丁丑，海寇犯石門，黃芳世擊敗之。癸巳，祖澤清復叛應吳三桂。

閏三月癸卯，上巡近畿。乙丑，命內大臣喀代、尚書馬喇往科爾沁四十九旗涖盟。丁卯，吳三桂將林興珠詣安親王軍前降，詔封建義侯，隨軍勦賊。逮問副都統甘度海、阿進泰，以在江西勦賊失機也。

夏四月庚午，海寇蔡寅陷平和，進逼潮州。甲戌，祖澤清犯電白，尚之信、額楚擊之，澤清遁。庚寅，慶陽土賊袁本秀作亂，官兵擊斬之。

五月庚子朔，海澄公黃芳世卒於軍，命其弟芳泰襲爵。戊申，福建總督郎廷相、巡撫楊熙、提督段應舉俱免，以姚啓聖爲福建總督，吳興祚爲福建巡撫，楊捷爲福建水陸提督。甲寅，上幸西郊觀禾。額魯特部濟農爲噶爾丹所逼，入邊，張勇逐出之。

六月壬申，尚善遣林興珠敗三桂舟師於君山。丁亥，上以盛夏亢旱，步禱於天壇。是日，大雨。壬辰，吳三桂將犯永興，都統伯宜理布、統領哈克山與戰，敗歿。海寇犯廉州，總兵班紹明等擊走之。吳三桂兵犯郴州，副都統碩岱與戰，不利，奔永興。丁酉，詔曰：「軍興以來，將士披堅執銳，盛暑祁寒，備極勞苦，朕甚憫焉。其令兵部察軍中有負債責者，官爲償之，戰歿及被創者恤其家。」

秋七月，鄭錦陷海澄，前鋒統領希佛、副都統穆赫林、提督段應舉死之。甲辰，鄭錦犯泉州。甲寅，以安珠護爲奉天將軍。壬戌，以魏象樞爲左都御史。丙寅，召翰林院學士陳廷敬、侍讀學士葉方藹入直南書房。是月，吳三桂僭號於衡州。

八月己卯，安遠靖寇大將軍、貝勒尙善卒於軍，命貝勒察尼代之。庚午，西洋國王阿豐肅使臣入貢。癸未，上御經筵，以御製詩集賜陳廷敬等。乙未，吳三桂死，永興圍解。頒行康熙永年曆。丙申，詔曰：「逆賊倡亂，仰服天誅。詿誤之徒，宜從寬典。其有悔悟來歸者，咸與勿治。」

九月，上奉太皇太后幸湯泉，晉謁孝陵。姚啓聖、拉哈達大敗海寇於蜈蚣山，劉國軒遁，泉州圍解。

冬十月癸未，上巡近邊，次灤河，閱三屯營兵。己丑，將軍鄂內敗吳應麒於石口。丁酉，皇四子胤禛生，是爲世宗，母曰吳雅氏。

十一月己亥，拉哈達疏言海賊斷江東橋，兵援泉州難進。在籍侍讀學士李光地爲大軍嚮導，修通險路，接濟軍需，請議敍。得旨：「李光地前當變亂之初，密疏機宜。茲又迎接大兵，備辦糧米，深爲可嘉。卽升授學士。」辛酉，上奉太皇太后還宮。癸亥，命福建陸路提督楊捷加昭武將軍，王之鼎爲福建水師提督。

十二月丁亥，額楚、傅弘烈及吳世琮戰於藤縣，不利，退守梧州。乙未，祫祭太廟。

是歲，免直隸、江南、江西、湖廣等省七十州縣災賦有差。朝鮮、西洋入貢。

十八年己未春正月戊申，遣官分賑山東、河南。甲寅，貝勒察尼督水師圍岳州，賊將吳應麒遁，復岳州。上御午門宣捷。設隨征總兵官以處降將，旋裁之。壬戌，劉國軒犯長樂，總督姚啓聖偕紀爾他布、吳興祚擊敗之。甲子，岳樂復長沙。

二月丙寅，傅弘烈戰吳世琮於梧州，賊遁。己巳，詔數江西奸民從逆之罪，仍免其逋賦。甲戌，順承郡王勒爾錦督兵過江，分復松滋、枝江、宜都、澧州，叛將洪福以舟師降。戊寅，簡親王喇布遣前鋒統領希佛復衡州，賊將吳國貴、夏國相遁。庚辰，詔軍前王大臣議進取雲、貴事宜。以周有德爲雲貴總督，桑峨爲雲南提督，趙賴爲貴州提督，並隨王師進討。以楊雍建爲貴州巡撫。癸未，以夸扎爲蒙古都統。

三月丙申朔，御試博學鴻詞於保和殿，授彭孫遹等五十人侍讀、侍講、編修、檢討等官。修明史，以學士徐元文、葉方藹、庶子張玉書爲總裁。丁酉，上幸保定縣行圍。甲辰，以徐治都爲湖廣提督。將軍穆占擊吳國貴於永州，敗之，復永州、道州、永明。己酉，上還宮。戊午，賜歸允肅等百五十一人進士及第出身有差。庚申，岳州陣歿諸將喪至，遣侍衞迎奠。福建陣沒將士喪至亦如之。

夏四月丙寅，以楊茂勳爲四川總督，駐鄖陽。戊辰，以萬正色爲福建水師提督。己卯，旱甚，上步禱於天壇。是日，大雨。莽依圖擊吳世琮於潯州，敗走之。壬寅，上出阜成門觀禾。

五月庚戌，劉國軒犯江東橋，賴塔大戰敗之。

六月辛未，詔曰：「盛治之世，餘一餘三。蓋倉廩足而禮教興，水旱乃可無虞。比聞小民不知積蓄，一逢歉歲，率致流移。夫興儉化民，食時用禮，惟良有司是賴。督撫等其選吏教民，用副朕意。」己卯，以希佛爲蒙古都統。

秋七月甲午，靳輔疏報淮揚壩工成，涸出田地，招民種之。丁未，上視純親王隆禧疾。隆禧薨。乙卯，額楚敗吳世琮於南寧，世琮遁。庚申，京師地震，詔發內帑十萬賑卹，被震廬舍官修之。壬戌，召廷臣諭曰：「朕躬不德，政治未協，致茲地震示警。悚息靡寧，勤求致災之由。豈牧民之官苛取以行媚歟？大臣或朋黨比周引用私人歟？領兵官焚掠勿禁歟？蠲租給復不以實歟？問刑官聽訟或枉平民歟？王公大臣未能束其下致侵小民歟？有一於此，皆足致災。惟在大法而小廉，政平而訟理，庶幾仰格穹蒼，弭消沴戾。用是昭布朕心，願與中外大小臣工共勉之。」

八月癸亥朔，將軍穆占復新寧。甲子，傅弘烈復柳城、融縣。庚辰，提督趙國祚、將軍林興珠大破吳國貴於武岡，國貴死，復武岡州。

九月庚戌，以地震禱於天壇。辛亥，命簡親王喇布守桂林。甲寅，金光祖執叛鎮祖澤清送京，及其子良楩磔誅之。

冬十月辛未，詔將軍張勇、王進寶，提督趙良棟、孫思克取四川。王進寶、趙良棟行。癸未，王進寶克武關，復鳳縣。趙良棟復兩當。

十一月戊戌，王進寶擊叛將王屏藩，遁之廣元，復漢中。庚子，趙良棟復略陽，進克陽平關。丁酉，以許貞爲江西提督。

十二月壬戌，以蔡毓榮爲綏遠將軍，進定雲、貴。將軍佛尼勒、吳丹克梁河關，賊將韓晉卿遁，復興安、平利、紫陽、石泉、漢陰、洵陽、白河及鄖陽之竹山、竹溪。丁卯，上幸南苑。辛未，詔安親王岳樂率林興珠班師。壬午，授趙良棟勇略將軍。乙丑，祫祭太廟。

是歲，免順天、江南、山東、山西、河南、浙江、湖廣等省二百六十一州縣災賦有差。朝鮮、琉球、安南入貢。

十九年庚申春正月甲午，趙良棟復龍安府，進至綿竹，僞巡撫張文等迎降，遂入成都。詔以良棟爲雲貴總督。王進寶克朝天關，復廣元，王屛藩縊死，生擒吳之茂。壬子，上幸鞏華城，遣內大臣賜奠昭勳公圖賴墓。

二月辛酉朔，詔吳丹會趙良棟進取雲南，王進寶鎭四川，勒爾錦取重慶，徐治都守荆州。乙丑，佛尼勒收順慶府，潼川、中江、南部、蓬縣、廣安、西充諸縣悉下。丁卯，詔莽依圖督馬九玉、金光祖、高承蔭進兵雲南。己巳，上幸南苑。丙子，大閱。以于成龍爲直隸巡撫。徐治都大敗叛將楊來嘉，復巫山，進取夔州。楊茂勳復大昌、大寧。癸未，萬正色敗海寇於海壇。

三月辛卯，吳丹復重慶，達州、奉鄉諸州縣悉定。楊來嘉降，送京。乙未，以伊闢爲雲南巡撫。丁酉，安親王岳樂師旋，上勞於蘆溝橋。辛丑，馬承蔭誘執傅弘烈。先是，馬雄踞柳州，死，其子承蔭以柳州降。至是，復叛，執弘烈送貴陽，不屈，死之。平南將軍賴塔復銅山，命守潮州備承蔭。萬正色擊海寇於平海嶼，克之，進克湄州、南日、崇武諸嶼。朱天貴降。拉哈達擊劉國軒，敗之，遁廈門。僞將蘇堪迎降，進平玉洲、石馬、海澄、馬州等十九寨，復偕吳興祚取金門。己酉，察尼下辰龍關，蔡毓榮復銅仁。

夏四月庚申朔，以賴塔爲滿洲都統。癸亥，穆占、董衞國敗吳應麒，復沅州、靖州，進復黎平。丁卯，上以學士張英等供奉內廷，日備顧問，下部優敍，高士奇、杜訥均授翰林官。己巳，命南書房翰林每日晚講通鑑。丙子，上祈雨天壇，翌日，雨。己卯，頒行尚書講義。王進寶以病回固原，以其子總兵用予統軍駐保寧。庚辰，宗人府進玉牒。

五月壬辰，命甘肅巡撫治蘭州。乙巳，莽依圖會軍討馬承蔭，復降，命執送京師。己酉，山海關設關收稅。

六月甲子，蔡毓榮復思南。丁丑，命五城粥廠再展三月，遣太醫官三十員分治飢民疾疫。壬午，副都統馬爾哈齊、營總馬順德以縱兵殺人論罪。

秋七月甲午，停捐納官考選科道。褒卹福建總督范承謨、廣西巡撫馬雄鎭，贈官予謚廕。乙巳，以折爾肯爲左都御史。己酉，解順承郡王勒爾錦大將軍，撤還京。

八月戊辰，上御經筵。己巳，命賴塔移駐廣州，以博濟軍益之。戊寅，大學士索額圖免。壬午，將軍莽依圖卒於軍，以勒貝代之。甲申，尚之信以屬人王國光訐告其罪，擅殺之，詔賜之信死。其弟之節，其黨李天植，皆伏誅，家口護還京師。

閏八月乙未，命各將帥善撫綠旗軍士。壬子，以王永譽爲廣東將軍。

九月癸亥，吳世璠使其將夏國柱、馬寶潛寇四川，譚弘復叛應之，連陷瀘州、永寧，夔州土匪應之。命將軍吳丹、噶爾漢，提督范達理、徐治都分道討之。乙丑，以賴塔爲平南大將軍，率師進雲南。戊寅，吳丹復瀘州。

冬十月，仁懷失守，罷吳丹，以鄂克濟哈領其軍。戊戌，以阿密達爲蒙古都統。噶爾漢復巫山。壬寅，大將軍康親王傑書師旋，上郊勞之。戊申，彰泰、穆占敗吳世璠於鎮遠。噶爾漢擊譚弘於鐵開峽，敗之。是月，王大臣議上師行玩誤之王貝勒大臣罪。得旨，勒爾錦革去王爵，籍沒羈禁。尚善、察尼均革去貝勒。蘭布革去鎮國公。朱滿革去都統，立絞。餘各褫官、奪世職、鞭責、籍沒有差。

十一月丙辰朔，冬至，祀天於圜丘。彗星見，詔求直言。甲子，貝子彰泰進復平越，遂入貴陽。逆渠吳世璠及吳應麒等夜遁。安順、石阡、都勻三府皆下。庚午，以達哈里爲蒙古都統。丙子，川北總兵高孟敗彭時亨於南溪橋，復營山，進圍靈鷲寨，斬僞將魏卿武。甲申，提督周卜世復思南。

十二月壬辰，以徐元文爲左都御史。甲午，高孟復渠縣。乙未，提督桑峨大敗吳世璠於永寧，追至鐵索橋，賊焚橋遁。土官龍天祐、沙起龍造盤江浮橋濟大軍。壬寅，高孟復廣安州。庚戌，以郝浴爲廣西巡撫。癸丑，祫祭太廟。

是歲，免直隸、江南、山東、山西、陝西、江西、福建、湖廣等省一百八十六州縣災賦有差。朝鮮、琉球入貢。

二十年辛酉春正月壬申，叛將李本深降，械送京師。癸酉，總兵高孟復達州。甲戌，將軍噶爾漢復雲陽，譚弘死，進復忠州、萬縣、開縣。乙亥，命侍郎溫代治通州運河。丙子，將軍穆占、提督趙賴擊夏國相等，走之，復平遠。辛巳，增置講官。詔法司愼刑。是月，鄭錦死，其子克塽繼領所部。

二月己丑，貝子彰泰師至安南衞，擊賊將線緎於江西坡。賊列象陣拒戰。官兵分三隊奮擊，大破之。賊遁，公圖、達漢泰追擊，復敗之，復普安州、新興所。壬辰，副都統莽奕祿敗賊張足法等於三山。甲午，詔凡三藩往事爲民害者悉除之。蠲奉天鹽引。大將軍賴塔師至廣西，大破賊於黃草壩，復安籠，入曲靖。高孟復東鄉，敗彭時亨於月城寨。戊戌，增欽天監滿監副一員。都統希福、馬緝、碩塔復馬龍州、楊林城，入嵩明州，賊遁。穆占復黔西、大定，斬其僞將張維堅。乙巳，貝子彰泰、大將軍賴塔、將軍蔡毓榮先後入滇。賊將胡國柄、劉起龍迎拒，官軍分擊敗之，斬國柄、起龍。辛亥，謁孝陵。

三月甲辰，宣威將軍鄂克濟哈以失援建昌自劾。詔以覺羅紀哈里代之。辛酉，葬仁孝皇后、孝昭皇后於昌瑞山陵。詔行在批閱章奏，令大學士審校。壬戌，胡國柱犯建昌，將軍佛尼勒擊走之，復馬湖。癸亥，馬寶棄遵義，犯瀘、敍。詔佛尼勒、趙良棟急擊滇賊，勿令回援。丙寅，贈卹福建死事運使高天爵、知府張瑞午等官廕。戊辰，土官陸道清以永寧降。癸酉，上奉太皇太后幸遵化湯泉。

夏四月甲辰朔，王用予復納谿、江安、仁懷、合江。己酉，貝子彰泰遣使招撫諸路，武定、大理、臨安、永順、姚安皆降。壬子，上奉太皇太后還宮。

五月癸丑朔，提督周卜世取遵義，降僞官金仕俊等，復眞安州、仁懷、桐梓、綏陽等縣。己未，遣官察閱蒙古蘇尼特等旗被旱災狀。乙丑，詔行取州縣曾陷賊中者勿選科道。辛巳，大將軍貝子彰泰報抵雲南省城，僞將李發美以鶴慶、麗江二府降。

六月戊子，除山西、陝西房號銀。

秋七月丁巳，以禮部尙書郭四海兼管刑部。庚申，詔四川民田爲弁兵所占者察還之。辛酉，都統希福、提督桑峨擊馬寶於烏木山，大敗之。馬寶降，械送京師誅之。乙丑，趙良棟遣總兵李芳述擊敗胡國柱，復建昌，入雲南。戊辰，詔圖海率王輔臣還京。壬申，賜宴瀛臺，員外郎以上皆與焉，賜綵幣。己卯，以施琅爲福建水師提督，規取臺灣，改萬正色陸路提督。

八月辛巳朔，日有食之。乙巳，上御經筵。

九月辛亥，上巡幸畿甸。故平南王尚可喜喪至通州，賜銀八千兩，遣官奠茶果。戊午，上次雄縣，召見知州吳鑑，問渾河水決居民被災狀。丙寅，上還京。詔停本年秋決。壬申，復運丁工銀。

冬十月癸未，偏沅巡撫韓世琦敗賊將黃明於古州。甲申，額魯特噶爾丹入貢。乙酉，大學士圖海師旋，上嘉勞之。壬辰，詔撤平南、靖南兩藩弁兵還京。癸卯，詔免吐魯番貢犬馬。

十一月辛亥，詔從賊諸人，除顯抗王師外，餘俱削官放還。以諾邁爲漢軍都統。癸亥，定遠平寇大將軍貝子彰泰、平南大將軍都統賴塔、勇略將軍總督趙良棟、綏遠將軍總督蔡毓榮疏報王師於十月二十八日入雲南城，吳世璠自殺，傳首，吳三桂析骸，示中外，誅僞相方光琛，餘黨降，雲南平。是日，以昭告孝陵，車駕次薊州。丁卯，祭孝陵。辛未，召貝子彰泰、將軍趙良棟還京。乙亥，上獵於南山，發矢殪三虎。己卯，迴鑾。

十二月戊子，設滿洲將軍駐荆州，漢軍將軍駐漢中。癸巳，羣臣請上尊號。敕曰：「自逆賊倡亂，莠民響應，師旅疲於征調，閭閻敝於轉輸。加以水旱頻仍，災異疊見。此皆朕躬不德所致。賴宗社之靈，削平庶孽。方當登進賢良，與民休息，而乃侈然自足，爲無謂之潤色，能勿恧乎！其勿行。」補廣西鄉試。戊戌，大學士圖海卒。己亥，上御太和門受賀，宣捷中外。癸卯，加上太皇太后、皇太后徽號，頒發恩詔，賜宗室，賚外藩，予封贈，廣解額，舉隱逸，旌節孝，恤孤獨，罪非常赦不原者悉赦除之。以于成龍爲江南江西總督，吳興祚爲廣東廣西總督。丁未，祫祭太廟。

是歲，免直隸、江南、江西、山東、山西、浙江、福建等省七十五州縣災賦有差。丁戶一千七百二十三萬，徵銀二千二百一十八萬三千七百六十兩有奇。鹽、茶課銀二百三十九萬九千四百六十八兩。鑄錢二萬三千一百三十九萬。朝鮮、厄魯特入貢。

清史稿卷七

本紀七

聖祖本紀二

二十一年壬戌春正月壬戌，上元節，賜廷臣宴，觀燈，用柏梁體賦詩。上首唱云：「麗日和風被萬方。」廷臣以次屬賦。上爲製昇平嘉宴詩序，刊石於翰林院。丙寅，調蔡毓榮爲雲貴總督。戊辰，王大臣奏曰：「耿精忠累世王封，甘心叛逆，分擾浙、贛，及於皖、徽，設非師武臣力，蔓延曷極。李本深、劉進忠等多年提鎭，高官厚祿，不能革其鴞音，俯首從賊，抑有何益。均宜從嚴懲治，大爲之防，以爲世道人心之範。謹擬議請旨。」得旨：「耿精忠、曾養性、白顯中、劉進忠、李本深均磔死梟首。耿精忠之子耿繼祚，李本深之孫李象乾、李象坤，其姪李濟祥、李濟民，暨祖弘勳等俱處斬。爲賊詿誤之陳夢雷、李學詩、金境、田起蛟均減死一等。己巳，特封安親王岳樂子岳希爲僖郡王。

二月庚辰，以達都爲左都御史。癸未，以平濵遣官告祭嶽瀆、古帝陵、先師闕里。甲申，上御經筵。丙戌，以佟國維爲領侍衞內大臣。辛卯，上齋居景山，爲太皇太后祝釐。癸巳，上東巡，啓鑾。皇太子胤礽從。蒙古王貝勒等請上尊號，不許。以穆占爲蒙古都統。妖人朱方旦伏誅。戊戌，次山海關，遣大臣祭伯夷、叔齊廟。

三月壬子，上謁福陵、昭陵，駐蹕盛京。甲寅，告祭於福陵。丙辰，告祭於昭陵。大賚將軍以下，至守陵官、年老致仕官及甲兵廢閑者。曲赦盛京、寧古塔。蠲蹕路所過租稅。己未，上謁永陵，行告祭禮。上具啓太皇太后、皇太后進奉鰱魚、鰣魚。庚申，上由山道幸烏拉行圍。辛酉，望祭長白山。乙亥，泛舟松花江。

夏四月辛巳，上回鑾。賜寧古塔將軍、副都統宴，賚致仕官及甲士。乙巳，次中後所。流人王廷試子德麟叩閽乞代父戍，部議不准。上諭：「王德麟所言情甚可憫。遇朕來此，亦難得之遭。其父子俱讀書人，可均釋回。」

五月辛亥，上還京。壬子，詔寧古塔地方苦寒，流人改發遼陽。己未，大學士杜立德乞休，溫旨允之。丙寅，免吉林貢鷹，減省徭役。戊辰，以王熙爲大學士。

六月乙酉，以佟國瑤爲福州將軍。庚寅，以公倭赫爲蒙古都統。甲辰，大學士馮溥乞休，溫旨允之，差官護送，馳驛回籍。

秋七月庚戌，以杭艾爲左都御史。甲寅，命刑部尚書魏象樞、吏部侍郎科爾坤巡察畿輔，豪强虐民者拘執以聞。乙卯，以三逆蕩平宣示蒙古。

八月丙子，詔內閣學士參知政事。癸卯，譚弘之子譚天祕、譚天倫伏誅。

九月戊申，賜蔡升元等一百七十六人進士及第出身有差。甲子，詔每日御朝聽政，春夏以辰初，秋冬以辰正。

冬十月甲申，定遠大將軍貝子彰泰、征南大將軍都統賴塔凱旋，上郊勞之。己丑，以黃機、吳正治爲大學士。辛卯，詔重修太祖實錄，纂修三朝聖訓、平定三逆方略。

十一月甲寅，以李之芳爲兵部尚書，希福爲西安將軍，瓦岱爲江寧將軍。戊午，詔廣西建雙忠祠，祀巡撫馬雄鎭、傅弘烈。庚申，以趙賴爲漢軍都統。戊辰，以施維翰爲浙江總督，以噶爾漢爲滿洲都統。

十二月己卯，前廣西巡撫陳洪起從賊論死，命流寧古塔。癸未，以許貞爲廣東提督。戊子，錄達海之孫陳布祿爲刑部郎中。癸巳，論行軍失律罪，簡親王喇布奪爵，餘遣戍降黜有差。庚子，郎談使黑龍江還，上羅刹犯邊事狀。命寧古塔將軍巴海、副都統薩布素率師防之。建木城於黑龍江、呼馬爾，分軍屯田。

是歲，免直隸、江南、江西、山東、山西、浙江、湖廣等省七十八州縣衞被災額賦有差。

朝鮮、安南入貢。

二十二年癸亥春正月乙卯，宴賚廷臣。己未，上閱官校較射。

二月癸酉，帥顏保罷，以介山爲禮部尚書，喀爾圖爲刑部尚書。甲申，上幸五臺山。

三月戊申，還京。戊午，以噶爾漢爲荆州將軍，彭春爲滿洲都統。

夏四月乙亥，命提鎭諸臣以次入覲。庚辰，命巴海迴駐烏拉，薩布素、瓦禮祜帥師駐額蘇里備邊。辛卯，以公坡爾盆爲蒙古都統。

五月丙午，設漢軍火器營。甲子，命施琅征臺灣。

六月丁丑，上閱內庫，頒賚廷臣幣器。戊寅，以伊桑阿爲吏部尚書，杭艾爲戶部尚書。癸未，上奉太皇太后避暑古北口。

閏六月戊午，施琅克澎湖。庚申，諭飭刑官勘獄勿淹繫。

秋七月，車駕次胡圖克圖，賜隨圍蒙古王公冠服，兵士銀幣。甲午，上奉太皇太后還宮。

八月庚子，命經筵大典，大學士以下侍班。戊申，以哈占爲兵部尚書，科爾坤爲左都御史。戊辰，施琅疏報師入臺灣，鄭克塽率其屬劉國軒等迎降，臺灣平。詔錫克塽、國軒封爵，封施琅靖海侯，將士擢賚有差。

九月癸酉，以丁思孔爲偏沅巡撫。己卯，上奉太皇太后幸五臺山。壬辰，次長城嶺，太皇太后以道險迴鑾。上如五臺山。限額魯特入貢人數。

冬十月，上至五郎河行宮，奉太皇太后還京。丁未，羣臣以臺灣平，請上尊號，不許。癸亥，以薩布素爲新設黑龍江將軍。乙丑，詔沿海遷民歸復田里。

十一月癸未，授羅刹降人宜番等官。戊子，上以海寇平，祭告孝陵。癸巳，上巡幸邊界。

十二月甲辰，上還京。丁未，從逆土司陸道清伏誅。壬子，以紀爾他布爲蒙古都統。乙卯，易經日講成，上製序頒行。尙書朱之弼、左都御史徐元文以薦舉非人免。乙丑，祫祭太廟。

是歲，免山東、山西、甘肅、江西、湖廣、廣西等省二十州縣災賦有差。朝鮮、琉球入貢。

二十三年甲子春正月辛巳，上幸南苑行圍。丙戌，加封安親王岳樂子袁端爲勤郡王。壬辰，命整肅朝會禮儀。羅刹踞雅克薩、尼布潮二城，飭斷其貿易，薩布素以兵臨之。

二月乙巳，上御經筵。癸丑，上巡幸畿甸。丙寅，還駐南苑。大學士黄機罷。乙丑，給事中王承祖疏請東巡，命查典禮以聞。

三月壬申，以劉國軒爲天津總兵官，陛辭，賜白金二百、緞匹三十、內廐鞍馬一。丁亥，上製五臺山碑文，召示廷臣。諭之曰：「近人每一文出，不樂人點竄，此文之所以不工也。」

夏四月己酉，設臺灣府縣官，隸福建行省。壬子，刑部左侍郎宋文運乞休，命加太子少保致仕。庚申，諭凡一事經關兩部，俱會同具奏。乙丑，諭講官：「講章以精切明晰爲尙，毋取繁衍。朕閱張居正尙書、四書直解，義俱精實，無泛設之詞，可爲法也。」江南江西總督于成龍卒，予祭葬，謚清端。

五月丁卯，裁浙江總督。以公瓦山爲滿洲都統。己巳，修大淸會典。丙子，以孫思克爲甘肅提督。辛巳，命廷臣察舉淸廉官。九卿舉格爾古德、蘇赫、范承勳、趙崙、崔華、張鵬翮、陸隴其。癸未，起巴海爲蒙古都統。甲申，上幸古北口，詔蹕路所經勿踐田禾。乙未，惠郡王博翁果諾坐陪祀不謹削爵。王大臣議奏侍郎宜昌阿、巡撫金儁查看尙之信家產，隱蝕銀八十九萬，並害殺商人沈上達，應斬。郎中宋俄託、員外郎卓爾圖及審讞不實之侍郎禪塔海應絞。從之。詔追銀勿入內務府，交戶部充餉。

六月丁未，琉球請遣子弟入國子監讀書。許之。甲寅，暹羅國王森列拍臘照古龍拍臘馬呼陸坤司由提呀菩挨遣陪臣言貢船到虎跳門，阻滯日久，每致損壞。乞諭粵省官吏准其放入河下，早得登岸，貿易採辦，勿被攔阻。從之。諭一等侍衞阿南達曰：「朕視外旗蒙古與八旗一體。今巡行之次，見其衣食困苦，深用惻然。爾卽傳諭所過地方蒙古無告者，許其來見，詢其生計。」於是蒙古扶老攜幼，叩首行宮門。上詳問年齒生計，給與銀兩布疋。乙卯，上閱牧羣，賜從臣馬。刑部尚書魏象樞再疏乞休。允之。丁巳，以湯斌爲江蘇巡撫。

七月乙亥，以宋德宜爲大學士。辛巳，上駐蹕英尼湯泉。以佟佳爲蒙古都統。

八月戊申，上還京。甲寅，大學士李霨卒，遣官奠茶酒，賜祭葬，謚文勤。甘肅提督靖逆侯張勇卒，予祭葬，謚襄壯。

九月甲子朔，停本年秋決。丙寅，以張士甄爲刑部尚書，博濟爲滿洲都統。以錢貴，更鑄錢，減四分之一。聽民採銅鉛，勿稅。丁卯，改梁清標爲兵部尚書，余國柱爲戶部尚書。庚午，以蒙古都統阿拉尼兼理藩院尚書。癸酉，以陳廷敬爲左都御史，莽奕祿爲蒙古都統。丁亥，詔南巡車駕所過，賜復一年。辛卯，上啓鑾。

冬十月壬寅，上次泰安，登泰山，祀東嶽。辛亥，次桃源，閱河工，慰勞役夫，戒河吏勿侵漁。臨視天妃閘。與河臣靳輔論治河方略。壬子，上渡淮。甲寅，次高郵湖，登岸行十餘里，詢耆老疾苦。丙辰，上幸焦山、金山，渡揚子江，舟中顧侍臣曰：「此皆戰艦也。今以供巡幸，然艱難不可忘也。」丁巳，弛海禁。戊午，上駐蘇州。庚申，幸惠山。諭巡撫：百姓遠道來觀，其不能歸者資遣之。

十一月壬戌朔，上駐江寧。癸亥，詣明陵致奠。乙丑，迴鑾。泊舟燕子磯，讀書至三鼓。侍臣高士奇請曰：「聖躬過勞，宜少節養。」上曰：「朕自五齡受書，誦讀恆至夜分，樂此不爲疲也。」丁卯，命伊桑阿、薩穆哈視察海口。諭曰：「海口沙淤年久，遂至壅塞。必將水道疏通，始免昏墊。卽多用經費，亦所不惜。」辛未，臨閱高家堰。次宿遷。過白洋河，賜老人白金。戊寅，上次曲阜。己卯，上詣先師廟，入大成門，行九叩禮。至詩禮堂，講易經。上大成殿，瞻先聖像，觀禮器。至聖蹟殿，覽圖書。至杏壇，觀植檜。入承聖門，汲孔井水嘗之。顧問魯壁遺迹，博士孔毓圻占對甚詳，賜官助教。詣孔林墓前酹酒。書「萬世師表」額。留曲柄黃蓋。賜衍聖公孔毓埏以次日講諸經各一。免曲阜明年租賦。庚寅，上還京。以馬哈達爲滿洲都統。

十二月壬辰朔，以石文炳爲漢軍都統。癸卯，命公瓦山視師黑龍江，佟寶、佛可托副之，備羅刹。甲辰，賜公鄭克塽、伯劉國軒、馮錫范田宅，隸漢軍。丙午，命流人值冬令，過嚴寒時乃遣。丙辰，上謁陵，賜守陵官兵牛羊。己未，還宮。

是歲，免直隸、江南、江西、河南、湖廣等省二十六州縣災賦有差。朝鮮、暹羅入貢。

二十四年乙丑春正月癸酉，享太廟。諭曰：「贊禮郎讀祝，讀至朕名，聲輒不揚，失父前子名之義。自今俱令宣讀。」癸未，命公彭春赴黑龍江督察軍務。命侯林興珠率福建籐牌兵從之。以班達爾沙、佟寶、馬喇參軍事。乙丑，試翰詹官於保和殿，上親定甲乙，其不稱者改官。戊子，命蒙古科爾沁十旗所貢牛羊送黑龍江軍前。

二月庚子，命周公後裔東野氏為五經博士，予祀田。以額赫納為滿洲都統。癸卯，上御經筵。乙卯，上巡幸畿甸。庚申，還京。再賜劉國軒第宅。以范承勳為廣西巡撫。

三月壬戌，上撰孔子廟碑文成，親書立碑。重修賦役全書。辛巳，賜陸肯堂等一百二十一人進士及第出身有差。

夏四月辛卯，予宋儒周敦頤裔孫五經博士。丙申，授李之芳輕車都尉世職。戊戌，馬喇以所俘羅刹上獻，命軍前縱遣之。辛丑，詔以直隸連年旱災，逋賦六十餘萬盡免之，並免今年正賦三分之一。詔醫官博採醫林載籍，勒成一書。庚戌，設內務府官學。

五月癸未，詔厄魯特濟農違離本部，嚮化而來，宜加愛養，予之田宅。修政治典訓。甲申，以原廣西巡撫郝浴歷官廉潔，悉免應追帑金。彭春等攻雅克薩城，羅刹來援，林興珠率籐牌兵迎擊於江中，破之，沈其船，頭人額里克舍乞降。

六月庚寅朔，上巡幸塞外，啓鑾。戊戌，上還京。癸卯，詔曰：「鄂羅斯入我邊塞，侵擾鄂倫春、索倫、赫哲、飛牙喀等處人衆，盤踞雅克薩四十年。今克奏厥績，在事人員，咸與優敍。應於何地永駐官兵，卽會議具奏。」上試漢軍筆帖式、監生，曳白八百人，均斥革，令其讀書再試。乙巳，上巡幸塞外。

秋七月壬申，設吉林、黑龍江驛路，凡十九驛。

八月丙午，上駐蹕拜巴哈昂阿，賜朝行在蒙古王貝勒冠服銀幣。

九月戊午朔，上聞太皇太后違豫，回鑾。己未，上馳回京，趨侍醫藥，旋卽康復。辛巳，陝西提督王進寶卒，贈太子太保，予祭葬，諡忠勇。甲申，命副都統溫代、納秦駐防黑龍江，博定修築墨爾根城，增給夫役，兼令屯田。乙酉，以吳英爲四川提督。

冬十月甲午，上幸南苑。戊戌，厄魯特使人伊特木坐殺人棄市。己亥，以瓦代爲滿洲都統。庚子，定外藩王以下，歲貢羊一隻、酒一瓶。丙午，慶雲見。己酉，靳輔請下河涸出田畝，佃民收價償工費。上曰：「如是則累民矣。其勿取。」甲寅，以博霽爲江寧將軍。

十一月丁巳朔，日有食之。庚申，以莽奕祿爲滿洲都統，塔爾岱爲蒙古都統。甲戌，上大閱於盧溝橋。丙子，靳輔、于成龍遵召至京，會議治河方略。靳輔議開六河建長隄。于成龍請開濬海口故道。大學士以聞。上云：「二說俱有理，可詢高、寶七州縣京官，孰利民。」侍讀喬萊奏，從于成龍議，則工易成，而百姓有利。上令于成龍興工。旋以民情不便而止。

己卯，上賜鄂內、坤巴圖魯散秩大臣，聽其家居，二人皆太宗朝舊臣也。乙酉，詔曰：「日蝕於月朔，越十六日月食。一月之中，薄蝕互見。天象示儆，宜亟修省。廷臣集議以聞。」十二月庚寅，以察尼爲奉天將軍。己亥，謁孝陵。癸卯，上還宮。甲寅，祫祭太廟。是歲，免江南、江西、山東、山西、湖廣等省七十四州縣衞災賦有差。朝鮮、琉球、噶爾丹入貢。

二十五年丙寅春正月丙申，命馬喇督黑龍江屯田。鄂羅斯復據雅克薩，命薩布素率師逐之。

二月甲辰，重修太祖實錄成。丁未，詔曰：「國家削平逆孽，戡定遐荒，惟宜宣布德意，動其畏懷。近見雲、貴、川、廣大吏，不善撫綏，頗行苛虐，貪黷生事，假借邀功。朕思土司苗蠻，旣歸王化，有何杌陧，格鬬靡寧。其務推示誠信，化導安輯，以副朕撫馭遐荒至意。」停四川採運木植。己酉，文華殿成。壬子，告祭至聖先師於傳心殿。癸丑，上御經筵。以津進爲領侍衞內大臣。

三月戊午，命修棲流所。己未，命纂修一統志。甲戌，以湯斌爲禮部尙書，兼管詹事府。

夏四月乙酉朔，命阿拉尼往喀爾喀七旗蒞盟。庚寅，詔曰：「趙良棟前當逆賊盤踞漢中，首先入川，功績懋著。復領兵直抵雲南，攻克省城之後，獨能恪守法紀，廉潔自持，深爲可嘉。今已衰老解任，應復其勇略將軍、兵部尚書、總督以示眷注。」命郎談、班達爾沙、馬喇赴黑龍江參贊軍務。贈陝西死事平逆將軍畢力克圖、參贊阿爾瑚世職。甲午，詔求遺書。戊申，調萬正色雲南提督，以張雲翼爲福建陸路提督。辛亥，始令順天等屬旗莊屯丁，編查保甲，與民戶同。

閏四月辛未，以范承勳爲雲南貴州總督。

五月丁亥，詔毀天下淫祠。

六月乙亥，錄平南大將軍賴塔、都統趙賴以次功，各予世職有差。戊寅，以阿蘭泰爲左都御史。

秋七月己酉，錫荷蘭國王耀漢連氏甘勃氏文綺白金，命其使臣賫書致鄂羅斯。吏部奏定侍讀、庶子以下各官學問不及者，以同知、運判外轉。從之。辛亥，上巡幸塞外。

八月辛未，上駐蹕烏爾格蘇台。丙子，上還京。以索額圖爲領侍衞內大臣。丁丑，詔薩布素圍雅克薩城，遏其援師，以博定參軍事。戊辰，詔天下學宮崇祀先儒。庚辰，詔增孔林地十一頃有奇，從衍聖公孔毓埏請也，除其賦。

九月己丑，以班達爾沙爲蒙古都統。乙巳，以圖納爲四川陝西總督。丁未，以陳廷敬爲工部尙書，馬齊爲山西巡撫。己酉，鄂羅斯察漢汗使來請解雅克薩之圍。許之。是月，內大臣拉篤祜奉詔與羅卜藏濟農及噶爾丹定地而還。

冬十月丙辰，調張士甄爲禮部尙書，以胡昇猷爲刑部尙書。

十一月庚子，上謁孝陵。賞蒙古喀喇沁兵征浙江、福建有功者。

十二月癸丑，上還宮。丙辰，命侍郎薩海督察鳳凰城屯田。癸亥，諭：「糾儀御史糾察必以嚴，設朕躬不敬，亦當舉奏。」戊寅，祫祭太廟。

是歲，免直隸、江南、浙江、湖廣、甘肅等省二十七州縣被災額賦有差。朝鮮、安南、荷蘭、吐魯番入貢。

二十六年丁卯春正月戊子，遣醫官往治雅克薩軍士疾，羅刹願就醫者並醫之。丙申，蒙古土謝圖汗、車臣汗及濟農合疏請上尊號。不許。乙巳，大學士吳正治乞休。允之。

二月癸丑，上大閱於盧溝橋。原任湖廣總督蔡毓榮隱藏吳三桂孫女爲妾，匿取逆財，減死鞭一百，枷號三月，籍沒，並其子發黑龍江。原讞尙書禧佛等坐隱庇，黜革有差。甲寅，以余國柱爲大學士。庚申，命八旗都統、副都統更番入值紫禁城。丁卯，以張玉書爲刑部尚書。壬申，戶部奏滸墅關監督桑額溢徵銀二萬一千餘兩。得旨：「設立榷關，原為稽察奸宄。桑額多收額銀，乃私封便民橋，以致擾害商民。著嚴加議處。嗣後司榷官有額外橫徵者，該部其嚴飭之。」

三月己丑，以董訥為江南江西總督。癸巳，以王鴻緒為左都御史。癸卯，上御太和門視朝，諭大學士等詳議政務闕失，僉以無弊可陳對。上曰：「堯、舜之世，府修事和，然且兢兢業業，不敢謂已治已安。漢文帝亦古之賢主，賈誼猶指陳得失，直言切諫。今但云主聖臣賢，政治無闕，豈國家果無一事可言耶？大小臣工，各宜盡心職業，視國事如家事，有所見聞，入陳無隱。」以馬世濟為貴州巡撫。

夏四月己未，上諭大學士曰：「纂修明史諸臣，曾參看前明實錄否？若不參看實錄，虛實何由悉知。明史成日，應將實錄並存，令後世有所考證。」丙寅，以田雯為江蘇巡撫。癸酉，罷科道侍班。

五月己亥，宗人府奏平郡王納爾都打死無罪屬人，折傷手足，請革爵圈禁。得旨：「革爵，免圈禁。」庚辰，詔曰：「今茲仲夏，久旱多風，陰陽不調，災孰大焉。用是減膳撤樂，齋居默禱。雖降甘霖，尚未霑足。皆朕之涼德，不能上格天心。政令有不便於民者更之。罪非常赦不原者咸赦除之。」戊子，上召陳廷敬、湯斌十二人各試以文。諭曰：「朕閒與熊賜履講論經史，有疑必問。繼而張英、陳廷敬以次進講，大有裨益。德格勒每好評論時人學問，朕心以爲不然，故茲召試，茲判然矣。」壬辰，上製周公、孔子、孟子廟碑文，御書勒石。六月丁酉，上素服步行，祈雨於天壇。是夜，雨。辛丑，改祀北海於混同江。以楊素蘊爲安徽巡撫。

秋七月戊子，鄂羅斯遣使議和，命薩布素退兵。丙午，戶部請裁京員公費。得旨勿裁。八月己酉，上巡幸塞外。癸丑，次博洛和屯行圍。甲戌，賜外藩銀幣。九月己卯，上還京。辛巳，于成龍進嘉禾。上曰：「今夏乾旱，幸而得雨，未足爲瑞也。」壬午，以李之芳爲大學士。乙未，調湯斌爲工部尚書。起徐元文爲左都御史。

冬十月癸丑，上巡幸畿甸。甲子，上還駐暢春園。十一月甲申，以李正宗爲漢軍都統。丙申，太皇太后不豫。上詣慈寧宮侍疾。十二月乙巳朔，上爲太皇太后不豫，親製祝文，步行禱於天壇。癸亥，以王永譽爲漢軍都統。乙丑，湖廣巡撫張汧爲御史陳紫芝劾其貪婪，侍郎色楞額初按不實。至是，命于成龍、馬齊、開音布馳往提拏，究擬論死，陳紫芝內升。己巳，太皇太后崩。上哭踊視殮，割辮服衰，居慈寧宮廬次。甲戌除夕，羣臣請上還宮。不允。

是歲，免直隸、山東、山西、江西等省四州縣災賦有差。朝鮮入貢。

二十七年戊辰春正月戊子，上居乾清門外左幕次。乙未釋服。丁酉聽政。

二月壬子，大學士勒德洪、明珠、余國柱有罪免，李之芳罷御史，郭琇具疏論列也。尚書科爾昆、佛倫、熊一瀟俱罷。甲寅，以梁清標、伊桑阿爲大學士，李天馥爲工部尚書，張玉書爲兵部尚書，徐乾學爲刑部尚書。定宗室襲封年例。

三月乙亥，以馬齊爲左都御史。辛巳，上召廷臣及董訥、靳輔、于成龍、佛倫、熊一瀟等議河務。次日亦如之。乙酉，色楞額以按張汧獄欺罔論死，總督徐國相以徇庇，侍郎王遵訓等以濫舉，俱免官。己丑，以王新命爲河道總督。辛卯，裁湖廣總督。丁酉，論河工在事互訐諸臣，董訥、熊一瀟、靳輔、慕天顏、孫在豐俱削官，幷趙吉士、陳潢罪之。己亥，增遣督捕理事官張鵬翮、兵科給事中陳世安，會內大臣索額圖與鄂羅斯議約定界。壬寅，賜沈廷文等一百四十六人進士及第出身有差。李光地坐妄舉德格勒議處。得旨：「李光地前於臺灣一役有功，仍以學士用。」

夏四月癸卯朔，日有食之。戊申，以傅拉塔爲江南江西總督。己酉，上躬送太皇太后梓宮奉安暫安奉殿。其後起陵，是曰昭西陵。迴蹕至薊州除髮。甲寅，以厄魯特侵喀爾喀，使諭噶爾丹。戊辰，上還宮。庚午，命侍郎成其範、徐廷璽查閱河工。

五月己卯，吏部尚書陳廷敬、刑部尚書徐乾學以疾罷。甲午，以紀爾他布爲兵部尚書。丙申，上謁祭暫安奉殿。

六月甲辰，湖廣督標裁兵夏逢龍作亂，踞武昌，巡撫柯永昇投井死，署布政使糧道葉映榴罵賊遇害。命瓦岱佩振武將軍印討之。庚申，阿喇尼奏噶爾丹侵厄爾德尼招，哲卜尊丹巴、土謝圖汗遁。發兵防邊。戊辰，起熊賜履爲禮部尚書，徐元文爲左都御史。以翁叔元爲工部尚書。

秋七月癸酉，以輔國公化善爲蒙古都統。乙酉，湖廣提督徐治都大敗夏逢龍於應城，於鯉魚套焚賊舟，賊遁黃岡。丙戌，上巡幸塞外。戊子，南陽總兵史孔華復漢陽。庚寅，瓦岱復黃州，獲夏逢龍，磔誅之，賊平。壬午，雲南提督萬正色侵冒兵餉，按律論死。上念其前陷賊時抗志不屈，行間血戰勞績甚多，免死，革提督，仍留世職。壬辰，上駐喀爾必哈哈達，有峰舊名納哈里，高百數十丈，上發數矢皆過峰頂，賜今名。

八月癸卯，上駐巴顏溝行圍。葉映榴遺疏至，贈工部侍郎，下部優卹。乙卯，張玉書奏查閱河工，多用靳輔舊議。

九月壬申，遣彭春、諾敏率師駐歸化城防邊。是時喀爾喀爲噶爾丹攻破，徙近邊內。遣阿喇尼往宣諭之，並運米賑撫。辛卯，上還京。癸巳，復設湖廣總督，以丁思孔爲之。

冬十月癸卯，移楊素蘊爲湖廣巡撫。庚戌，以輔國公綽克託爲奉天將軍。乙卯，上大行太皇太后尊謚曰孝莊文皇后。辛酉，升祔太廟，頒詔中外。

十一月辛卯，荆州將軍噶爾漢等坐討賊逗遛奪職，鞭一百，官吏從賊受官者逮治，餘貸之。

十二月庚子，以希福爲蒙古都統。甲辰，建福陵、昭陵聖德神功碑，御製碑文。上謁孝莊山陵。乙巳，以尼雅翰爲西安將軍。己酉，進張玉書爲禮部尚書；徐元文刑部尚書，再進戶部尚書。丙寅，上還京。兵部、工部會疏福建前造砲船核減工料銀二萬餘兩，應著落故總督姚啓聖名下追賠。上以姚啓聖經營平臺甚有功績，毋庸著追。

是歲，免江南、江西、湖廣、雲南、貴州等省三十三州縣災賦有差。朝鮮、琉球入貢。

二十八年己巳春正月庚午，詔南巡臨閱河工。丙子啓鑾。詔所過勿令民治道。獻縣民獻嘉禾。壬午，詔免山東地丁額賦。甲申，上駐濟南。乙酉，望祀泰山。庚寅，次郯城，閱中河。壬辰，次清河。癸巳，詔免江南積欠二十餘萬。乙未，上駐揚州。詔曰：「朕觀風問俗，鹵薄不設，扈從僅三百人。頃駐揚州，民間結綵盈衢，雖出自愛敬之誠，不無少損物力。其前途經過郡邑，宜悉停止。」

二月辛丑，上駐蘇州。丁未，駐杭州。詔廣學額，賚軍士，復因公降謫官，賜扈從王大臣以次銀幣，賜駐防耆民金。辛亥，渡錢塘江，至會稽山麓。壬子，祭禹陵，親製祭文，書名，行九叩禮，製頌刊石，書額曰「地平天成」。癸丑，上還駐杭州。閱騎射，賜將軍以及官兵大酺。丁巳，次蘇州。故湖廣糧道葉映榴之子敷迎鑾，爲其父請謚。上書「忠節」二大字賜之。松江百姓建碑祈壽，獻進碑文。江南百姓籲留停蹕，獻土物爲御食，委積岸上。令取米一撮，果一枚，爲留一日。浙江巡撫金鋐有罪，削職遣戍。以張鵬翮爲浙江巡撫。增設武昌、荆州、常德、岳州水師。癸亥，上駐蹕江寧。甲子，祭明陵。賜江寧、京口駐防高年男婦白金。乙丑，上閱射，賜酺。上詣觀星臺，與學士李光地咨論星象，參宿在觜宿之先，恆星隨天而動，老人星合見江南，非隱見也。江寧士民籲留聖駕。爲留二日。

三月戊辰朔，發江寧。甲戌，閱高家堰，指授治河方略。丙戌，上還京。聞安親王岳樂之喪，先臨其第哭之，乃還宮。丁亥，命八旗科舉先試騎射。戊子，詔靳輔治河勞績昭然，可復原官。丁酉，增設八旗火器營，副都統領之。

閏三月壬子，予安親王岳樂祭葬立碑，謚曰和。己未，上謁陵。丙午，謁孝莊皇后山陵，謁孝陵。辛酉，上還京。

夏四月乙亥朔，上製孔子贊序及顏、曾、思、孟四贊，頒於學宮。壬辰，復命索額圖等赴尼布楚，與鄂羅斯定邊界。喀爾喀外蒙古內附告饑。命內大臣伯費揚古往賑撫之。命臺灣鑄錢。

五月乙巳，以阿蘭泰、徐元文爲大學士，顧八代爲禮部尙書，郭琇爲左都御史。壬戌，頒行孝經衍義。癸亥，命歸化城屯兵備邊。

六月乙亥，以佟寶爲寧古塔將軍。兩廣總督吳興祚以鼓鑄不實黜官。

秋七月，以石琳爲兩廣總督。癸卯，册立貴妃佟氏爲皇后。甲辰，皇后崩，諡曰孝懿。

八月癸酉，上巡幸邊外。戊寅，駐博洛和屯，賜居民銀米。

九月癸卯，上還京。戊午，以倭赫爲蒙古都統，額駙穆赫爲漢軍都統。

冬十月丙寅，以郎談爲滿洲都統。辛未，增設喀爾喀兩翼扎薩克，招集流亡，編置旗隊。癸酉，左都御史郭琇以致書本省巡撫請託降官。甲戌，葬孝懿皇后，上臨送。是月，岷州生番內附。

十一月丙申，上還宮。辛酉，孝懿皇后祔奉先殿。

十二月乙丑，詔免雲南二十一年至二十三年民欠。丙寅，上朝皇太后於慈寧新宮。戊辰，以張英爲工部尙書。乙亥，內大臣索額圖疏報與鄂羅斯立約，定尼布楚爲界，立碑界上，以五體文書碑。

是歲，免直隸、浙江、湖北等省十一州縣災賦有差。朝鮮入貢。

二十九年庚午春正月癸丑，上幸南苑。庚申，遣官賑蒙古喀爾喀。

二月甲子，以岳樂子馬爾渾嗣封安郡王。乙丑，遣大臣巡視直隸災區流民。五城粥廠寬期，倍發銀米，增置處所。己巳，上謁孝莊山陵，謁孝陵。庚午，大雨。癸酉，上還京。甲戌，上御經筵。戊子，起陳廷敬爲左都御史。

三月壬辰朔，除長蘆新增鹽課。乙未，詔修三朝國史。癸卯，命都統額赫納、護軍統領馬頼、前鋒統領碩鼐率師征厄魯特。先是，噶爾丹兵侵喀爾喀，迭詔諭解不從，兵近邊塞。至是，命額赫納等蒞邊禦之。辛亥，除雲南黑井加增鹽課。以張思恭爲京口將軍。

夏四月丁丑，以旱赦殊死以下繫囚。甲申，建子思子廟於闕里。大清會典成。

五月辛卯朔，命九卿保舉行取州縣堪爲科道者。

六月癸酉，大學士徐元文免。戊寅，噶爾丹追喀爾喀侵入邊。命內大臣蘇爾達赴科爾沁徵蒙古師備禦。命康親王傑書、恪愼郡王岳希師駐歸化城。

秋七月庚寅朔，以張英爲禮部尚書，以董元卿爲京口將軍。辛卯，噶爾丹入犯烏珠穆秦。命裕親王福全爲撫遠大將軍，皇子胤禔副之，出古北口。恭親王常寧爲安遠大將軍，簡親王喇布、信郡王鄂扎副之，出喜峯口。內大臣佟國綱、索額圖、明珠、彭春等俱參軍事，阿密達、阿拉尼、阿南達俱會軍前。己亥，以陳廷敬爲工部尚書，于成龍爲左都御史。癸卯，上親征，發京師。己酉，上駐博洛和屯，有疾迴鑾。

八月乙未朔，日有食之。撫遠大將軍裕親王福全大敗噶爾丹於烏闌布通，噶爾丹以喇嘛濟隆來請和，福全未卽進師。上切責之。乙丑，上還京。丙子，噶爾丹以誓書來獻。上曰：「此虜未足信也。其整師待之。」

九月癸巳，先是，烏闌布通之戰，內大臣公佟國綱戰歿於陣。至是，喪還，命皇子率大臣迎之。凡陣亡官咸賜奠賜卹有差。戊申，停今年秋決。壬子，弛民間養馬之禁。

冬十月己未，上疾少愈，召大學士諸臣至乾清宮輪對。乙亥，以鄂倫岱爲漢軍都統。辛巳，領翰林院學士張英失察編修楊瑄撰擬佟國綱祭文失當，削禮部尚書，楊瑄褫官戍邊入旗。

十一月己亥，以熊賜履爲禮部尚書。甲辰，達賴喇嘛請上尊號。不許，並卻其貢。己酉，裕親王福全等至京聽勘。王大臣議上。上薄其罪，輕罰之。將士仍敍功。

十二月丁丑，上謁陵，行孝莊文皇后三年致祭禮。庚辰還京。

是歲，免直隸、江南、浙江、甘肅等省三十二州縣衞災賦有差。朝鮮入貢。

三十年辛未春正月戊申，封阿祿科爾沁貝勒楚依爲郡王，以與厄魯特力戰受傷被執不屈而脫歸也。其十二旗陣亡台吉俱贈一等台吉，賜號達爾漢，子孫承襲。噶爾丹復掠喀爾喀。命瓦岱爲定北將軍，駐張家口，郎談爲安北將軍，駐大同，川陝總督會西安將軍駐兵寧夏備之。命在籍勇略將軍趙良棟參軍事。乙卯，以馬齊爲兵部尙書。

二月丁巳朔，日有食之。乙丑，上御經筵。命步軍統領領巡捕三營，兼轄五城督捕。戊午，厄魯特策旺阿拉布坦使來，噶爾丹之姪也，厚賚其使，比旋，遣郎中桑額護其行。

三月戊子，繙譯通鑑綱目成，上製序文。己酉，賜戴有祺等一百四十八人進士及第出身有差。

夏四月戊午，左都御史徐乾學致私書於山東巡撫錢鈺，事發，並褫職。丁卯，上以喀爾喀內附，躬蒞邊外撫綏。是日，啓鑾。

五月丙戌，上駐多羅諾爾。喀爾喀來朝。先是，喀爾喀土謝圖汗聽哲卜尊丹巴唆，殺其同族扎薩克圖汗得克得黑墨爾根阿海，內亂迭興，爲厄魯特所乘。至是，遣大臣按其事。土謝圖汗、哲卜尊丹巴具疏請罪。上赦之。以扎薩克圖汗，七旗之長，飭其弟策旺扎布襲汗號，封爲親王。丁亥，上御行幄，土謝圖汗、哲卜尊丹巴入覲，俯伏請罪。大臣宣赦，泣涕謝恩。賜茶賜宴賜坐，大合樂，九叩首而退。戊子，復召土謝圖汗、哲卜尊丹巴、策旺扎布、車臣汗及喀爾喀諸部濟農、偉徵、諾顏、阿玉錫諸大台吉三十五人賜宴。諭曰：「朕欲熟識爾等，故復饗宴。」賜之冠服。策旺扎布年幼，以皇子衣帽數珠賜之。以車臣汗之叔扎薩克濟農納穆扎爾前勸車臣汗領十萬衆歸順，身爲之倡，請照四十九旗一例，殊爲可嘉，許照舊扎薩克，去其濟農之號，封爲郡王。餘各封爵有差。傳諭喀爾喀曰：「爾等困窮至極，互相偸奪，朕已拯救愛養。今與四十九旗一體編設各處扎薩克，管轄稽察，其各遵守。如再妄行，則國法治之矣。」己丑，上御甲冑乘馬，徧閱各部。下馬親射，十矢九中。次大閱滿洲兵、漢軍兵、古北口兵，列陣鳴角，鳥鎗齊發，聲動山谷。衆喀爾喀環矚駭歎曰：「眞神威也！」科爾沁喀爾喀各蒙古王貝勒請上尊號。不許。庚寅，上按閱喀爾喀營寨，賚牛羊及其窮困者。辛卯，遣官往編喀爾喀佐領，予之遊牧。烏珠穆秦台吉車根等以降附厄魯特，按實罪之。壬辰，上迴鑾。癸卯，還京。辛亥，分會試中卷南左、南右、北左、北右、中左、中右，從御史江蘩之言也。壬子，羣臣請上尊號。不許。

六月乙卯，以李天馥爲吏部尙書，陳廷敬爲刑部尙書，高爾位爲工部尙書。

秋七月甲申，西安將軍尼雅翰奉詔督兵還巴圖爾額爾克濟農於察哈爾，濟農憚行遁去，尼雅翰追之不及，按問論死。命總督葛思泰追討之。朝鮮使人以買一統志發其國論罪。致仕大學士杜立德卒，予祭葬，謚文端。

閏七月丙辰，葛思泰疏報濟農之弟博濟在昌寧湖，經總兵柯彩派兵勦敗，生擒博濟及前禁之格隆等，均斬之。乙亥，上巡幸邊外。

九月辛酉，上迴鑾，道遵化，謁孝莊山陵，謁孝陵。乙丑，還京。庚午，以公阿靈阿爲蒙古都統。甲戌，命侍郎博濟、李光地、徐廷璽偕靳輔視河。

冬十月庚寅，謝爾素番盜殺參將朱震，西寧總兵官李芳述擒盜首華木爾加誅之。癸巳，以巴德渾爲滿洲都統，杭奕祿爲荆州將軍。丁未，甘肅提督孫思克討阿奇羅卜藏，斬之。先是，使於厄魯特之侍讀學士達虎還及嘉峪關，爲阿奇羅卜藏所害，命思克討之。至是，捷聞。

十一月丁巳，以索諾和、李振裕爲工部尚書，以伊勒愼爲滿洲都統。己未，詔曰：「朕崇尚德教，蠲滌煩苛，大小諸臣，咸被恩禮。卽因事罷退，仍令曲全鄉里。近來交爭私怨，糾結不已，頗有黨同伐異之習，豈欲釀明季門戶之禍耶？其各蠲私忿，共矢公忠。有怙終者，朕必窮治之。」是時徐元文、徐乾學、王鴻緒既罷，而傅臘塔等抉摘瑣隱，鉤連興獄，故特詔儆飭焉。甲戌，詔曰：「欽天監奏來歲正月朔日食。天象示儆，朕甚懼焉。其罷元日筵宴諸禮。諸臣宜精白供職，助朕修省。」

十二月甲申，詔曰：「朕撫馭區宇，惟以愛養蒼生，俾臻安阜爲念。比歲地丁額賦，迭經蠲免，而歲運漕米，尚在輸將，時切軫念。除河南已經蠲免外，其湖廣、江蘇、浙江、安徽、山東漕米，以次各免一年，用紓民力。」丁亥，移旗莊壯丁赴古北口外達爾河墾田。遣侍郎阿山、德珠等往陝西監賑。壬辰，諭督、撫、提、鎭保舉武職堪任用及曾立功者，在內八旗旗員，令都統等舉之。

是歲，免直隸、江南、江西、河南、山東、陝西、湖廣、雲南等省一百八十八州縣災賦有差。朝鮮、安南、琉球入貢。

三十一年壬申春正月辛亥朔，日有食之，免朝賀。甲寅，上御乾清門，出示太極圖、五音八聲八風圖，因言：「律呂新書徑一圍三之法，用之不合。徑一尺圍當三尺一寸四分一釐，積至百丈，所差至十四丈外矣。寧可用邪？惟隔八相生之說，試之悉合。」又論河道閘口流水，晝夜多寡，可以數計。又出示測日晷表，畫示正午日影至處，驗之不差。諸臣皆服。庚午，上幸南苑行圍。

二月辛巳，以靳輔爲河道總督。乙酉，以陝西旱災，發山西帑銀、襄陽米石賑之。丁亥，上巡幸畿甸。辛卯，陝西巡撫薩弼以賑災不實褫職。戊戌，上還京。己亥，上御經筵。

乙巳，以馬齊爲戶部尚書。

三月丙辰，遣內大臣阿爾迪、理藩院尚書班迪赴邊外設立蒙古驛站。乙丑，命府丞徐廷璽協理河工。加甘肅提督孫思克太子少保，予世職。致仕大學士馮溥卒，予祭葬，謚文敏。以阿席坦爲滿洲都統。置雲南永北鎮。

夏四月庚辰朔，以希福爲滿洲都統，護巴爲蒙古都統。己丑，發帑銀百萬賑陝西，尚書王騭、沙穆哈往視加賑。戊戌，上幸瀛臺，召近臣觀稻田及種竹。河道總督靳輔請建新莊、仲家淺各一閘，下部議行。

五月庚寅，諭戶部，山西平陽豐收，可遣官購買備荒。命王維珍董其事。癸卯，定喀爾喀部爲三路，土謝圖爲北路，車臣爲東路，扎薩克圖爲西路，屬部各從其分地晝爲左右翼。

六月庚辰，以宋犖爲江寧巡撫。乙未，蒙古科爾沁進獻錫伯、卦爾察、打虎爾一萬餘戶，給銀酬之。

秋七月乙亥，上巡幸塞外。

八月己丑，以翁叔元爲刑部尚書，以博濟爲西安將軍，李林隆爲固原提督，李芳述爲貴州提督。

九月戊申，噶爾丹屬人執我使臣馬迪戕之。庚戌，上還次湯泉。己未，還京。丁卯，上御經筵。壬申，上大閱於玉泉山。

冬十月己卯，詔曰：「秦省比歲凶荒，加以疾疫，多方賑濟，未甦積困。所有明年地丁稅糧，悉予蠲免。從前逋欠，一概豁除。用稱朕子惠元元至意。」庚辰，以李天馥爲大學士。壬午，上謁陵。曲赦陝西，非十惡及軍前獲譴者，皆免死減一等。以佛倫爲川陝總督，宗室董額爲滿洲都統。庚寅，上還京。癸巳，以熊賜履爲吏部尚書，張英爲禮部尚書。庚子，停直省進鮮茶暨賫送表箋。

十一月庚戌，以阿靈阿爲滿洲都統。甲寅，命熊賜履勘察淮、揚濱河涸田。丙寅，加孫思克振武將軍。以覺羅席特庫爲蒙古都統。

十二月壬午，河道總督靳輔卒，予祭葬，謚文襄。以于成龍爲河道總督，董訥爲左都御史。壬辰，以郎化麟爲漢軍都統。辛丑，以西安饑，運襄陽米平糶。加希福建威將軍，移戍右衞。召科爾沁蒙古王沙津入京，面授機宜，使誘噶爾丹。

是歲，免陝西、江南、四川等省十三州縣災賦有差。朝鮮入貢。

三十二年癸酉春正月甲子，詔朝鮮歲貢黃金木棉永行停止。

二月乙亥朔，發帑金，招商販米西安平市價。丙子，遣內大臣坡爾盆等往督歸化城三路屯田。詔修南河周橋隄工，往年靳輔與陳潢所經度者，至是閱河大臣繪圖進呈，特詔修之。策旺阿拉布坦遣使入貢，報告使臣馬迪被害及噶爾丹密事，以綵緞賚之。癸未，上御經筵。改宣府六廳十衞爲一府八縣。戊子，命郎談爲昭武將軍，偕阿南達、碩鼐帥師赴寧夏，將軍博濟、孫思克參軍事。庚寅，上巡幸畿甸，閱霸州苑家口隄工，諭巡撫郭世隆修之。庚子，上還京。貴州巡撫衞既齊疏報勦辦土司失實，奪職戍黑龍江。

三月丙午，遣皇子胤禔祭華山。丁未，移饒州府駐景德鎭。乙卯，置廣東運司、潮州運同。庚午，詔趙良棟係舊臣，可暫領寧夏總兵。

夏四月丙戌，喀爾喀台吉車凌扎布自鄂羅斯來歸，賚之袍服，賜克魯倫游牧。癸巳，命檢直省解送物料共九十九項，減去四十項免解。丁酉，以心裕爲蒙古都統。

五月庚戌，命內大臣伯費揚古爲安北將軍，駐歸化城。

六月乙亥，廣八旗鄉、會中額。

八月甲戌，免廣西、四川、貴州、雲南四省明年地丁稅糧。癸未，上巡幸塞外行圍。蒙古科爾沁諸部朝行在，賜冠服銀幣。

九月丁未，修盛京城。丙寅，琉球來貢，遣其質子還國。丁卯，上還京。

冬十月壬申，詔曰：「給事中彭鵬奏劾順天考官，請朕親訊，是大臣皆不可信矣。治天下當崇大體，若朕事事躬親，則庶務何由畢理乎？」壬辰，上大閱於玉泉山。丁酉，鄂羅斯察漢汗來貢。上諭大學士曰：「外藩朝貢，固屬盛事，傳至後世，未必不因而生事。惟中國安寧，則外患不生，當培養元氣爲根本耳。」

十一月辛丑，上奉皇太后謁孝莊山陵、孝陵。庚申，還宮。甲子，詔免順天、河間、保定、永平四府明年稅糧。

十二月辛未，以宗室公楊岱爲蒙古都統。丁亥，上幸南苑行圍。諭：「滿洲官兵近來不及從前之精銳，故比年親加校閱，問以行圍。頃見諸士卒行列整齊，進退嫻熟，該軍校等賞給一箇月錢糧，該管官賞給緞疋，以激戎行。」丁酉，祫祭太廟。

是歲，免直隸、江南、江西、浙江、山西、湖廣等省六十九州縣災賦有差。朝鮮、琉球入貢。

三十三年甲戌春正月乙卯，盛京歉收，命馬齊馳往，以倉穀支給兵丁，海運山東倉穀濟民食。丙辰，召見河道總督于成龍，問曰：「爾前言減水壩不宜開，靳輔糜費錢糧，今竟何如？」成龍曰：「臣前誠妄言。今所辦皆照靳輔而行。」上曰：「然則爾所言之非，靳輔所行之是，何以不明白陳奏，尚留待排陷耶？」因諭大學士曰：「于成龍前奏靳輔未曾種柳河隄，朕南巡時，指河干之柳問之，無辭以對。又奏靳輔放水淹民田，朕復至其地觀之，斷不至淹害麥田。而王騭、董訥等亦附和于成龍言之。」下部議，將于成龍革職枷責。上曰：「伊經手之工未完，應革職留任。」王騭休致，董訥革職。

二月辛未，上御經筵。癸酉，大學士請間三四日一御門聽政。上曰：「昨諭六十以上大臣間日奏事，乃優禮老臣耳。若朕躬豈敢暇逸，其每日聽政如常。」丁丑，以諾穆圖爲漢軍都統。庚辰，上巡幸畿甸。敕修通州至西沽兩岸隄工。

三月辛丑，上還京。禮部尚書沙穆哈以議皇太子祀奉先殿儀注不敬免官。辛酉，賜胡任輿等一百六十八人進士及第出身有差。以范承勳爲左都御史。

夏四月庚午，理藩院奏編審外藩蒙古四十九旗人丁二十二萬六千七百有奇。辛巳，以查木揚爲杭州將軍。

五月戊寅，步軍統領凱音布奏天壇新修之路，勿令行人來往。上曰：「修路以爲民也。若不許行，修之何益。後若毀壞，令步兵隨時葺治。」順天學政李光地丁母憂，令在京守制。甲辰，命翰林院、詹事府、國子監日輪四員入直南書房。辛亥，以紀爾他布爲滿洲都統，噶爾瑪爲蒙古都統。甲寅，詔修類函。丁巳，上巡幸畿甸，閱視河隄，諭扈從衞士魚貫而行，勿踐田禾。戊午，上閱龍潭口。己未，閱化家口、黃須口、八百戶口、王家甫口、筐兒港口、白駒場口，薄弱之處，咸令增修。庚申，閱桃花口、永安口、李家口、信艾口、柳灘口等處新隄。上曰：「觀新隄甚屬堅固，百姓可免數年水患矣。」壬戌，上還京。

閏五月庚午，上試翰林出身官於豐澤園。

六月辛丑，加湖廣提督徐治都鎭平將軍。丙辰，以范承勳爲江南江西總督。

秋七月丁卯，以蔣弘道爲左都御史，轉王士禛戶部左侍郎，王掞戶部右侍郎。巴圖爾額爾克濟農奏報降人祁齊克逃遁，遣兵追斬之。丁亥，上求文學之臣。大學士舉徐乾學、王鴻緒、高士奇及韓菼、唐孫華以對。上曰：「韓菼非謫降之人，當以原官召補。徐乾學、王鴻緒、高士奇可起用修書。並召徐秉義來。」他日試唐孫華詩佳，授禮部主事、翰林院行走。己丑，江南江西總督傅拉塔卒，贈太子太保，予祭葬，謚清端。庚寅，上巡幸塞外。

八月己未，上駐蹕拜巴哈昂阿。喀爾喀哲布尊丹巴來朝，賜之冠服。

九月己巳，廣八旗入學學額。己卯，上還京。壬午，以石文炳爲漢軍都統，以王繼文爲雲南貴州總督。

冬十月丙申，以吳赫爲四川陝西總督。乙巳，以金世榮爲福州將軍。

十一月丁卯，溫僖貴妃鈕祜祿氏薨。癸酉，以張旺爲江南提督。戊寅，起陳廷敬爲戶部尙書。

十二月庚戌，以覺羅席特庫爲滿洲都統，杜思噶爾爲蒙古都統。

是歲，免直隸、山東等省十二州縣災賦有差。朝鮮入貢。

三十四年乙亥春正月丁亥，以護巴爲滿洲都統。

二月己亥，以郭世隆爲浙江福建總督。丁巳，太和殿工成。休致大學士李之芳卒，予祭葬，謚文襄。

三月丙戌，以石文英爲漢軍都統。

夏四月丁酉，平陽府地震。甲辰，遣使册立班禪胡土克圖。己酉，追敍趙良棟平蜀、滇功，授一等子世職。其部將陞賞有差。己未，以李輝祖爲河南巡撫。

五月壬寅朔，遣尚書馬齊察賑地震災民。巡撫噶世圖以玩災免。辛未，命在京八旗分地各造屋二千間住兵。壬申，上巡幸畿甸，閱新隄及海口運道，建海神廟。戊子，還京。

六月丁酉，策封皇太子胤礽妃石氏。庚子，以久雨詔廷臣陳得失，禮部祈晴。庚申，漕運總督王樑奏參衞千總楊奉漕船裝帶貨物。諭曰：「商人裝帶貨物，於運何妨。王樑乃將貨物搜出棄置兩岸，所行甚暴，卽解任。」

秋七月己丑，以覺羅舒恕爲寧夏將軍，鄂羅順爲江寧將軍。趙良棟告赴江南就醫，命給與南巡舊船。

八月壬辰，上巡幸塞外。辛丑，博濟奏報噶爾丹屬下回子五百人闌入三岔河汛界，肅州總兵官潘育龍盡俘之，拘於肅州。丙午，次克勒和洛。命宗室公蘇努、都統阿席坦、護巴領兵備噶爾丹。己酉，次克勒烏理雅蘇台。調董安國爲河道總督，桑額爲漕運總督。

九月辛巳，上還京。癸未，詔順天、保定、河間、永平四府水潦傷稼，免明年地丁錢糧，仍運米四萬石前往平糶。

冬十月丁未，命內大臣索額圖、明珠視察噶爾丹。

十一月己未朔，日有食之。壬戌，命大軍分三路備噶爾丹，裹八十日糧，其駝馬米糧，令侍郎陳汝器、前左都御史于成龍分督之。丙寅，停今年秋決。庚午，命李天馥復爲大學士。庚辰，上大閱於南苑。戊子，命安北將軍伯費揚古爲撫遠大將軍。遣大臣如蒙古徵師，示師期。

十二月己亥，命將軍博濟、孫思克師出鎭彝。乙巳，平陽地震，命蠲本年糧額，並免山西、陝西、江南、浙江、江西、湖廣、廣東、福建等省逋賦，赦殊死以下，其政令有不便於民者，令督撫以聞。以齊世爲滿洲都統。

是歲，免直隸、山西、江西、福建、廣東等省十二州縣災賦有差。朝鮮、琉球入貢。

三十五年丙子春正月甲午，下詔親征噶爾丹。賚隨征大臣軍校宴。甲申，命公彭春參贊西路軍務。

二月丁亥朔，上謁陵。辛卯，上還京。壬辰，以碩鼐爲蒙古都統。癸丑，告祭郊廟社稷。甲寅，命皇太子胤礽留守。丙辰，上親統六師啓行。

三月戊辰，上出行宮觀射。辛未，次滾諾，大雨雪，上露立，俟軍士結營畢，乃入行幄。軍中畢炊，乃進膳。以行帳糧薪留待後至者。庚辰，予故巡撫干維珍祭葬，謚敏慤。

夏四月辛卯，上次格德爾庫。壬辰，上駐塔爾奇拉。諭：「茲已抵邊界，自明日始，均列環營。」前哨報噶爾丹在克魯倫，命蒙古兵先進據河。

五月丙辰朔，上駐蹕拖陵布拉克。辛酉，次枯庫車爾。壬戌，偵知噶爾丹所在，上率前鋒先發，諸軍張兩翼而進。至燕圖庫列圖駐營。其地素乏水，至是山泉涌出，上親臨視。癸亥，次克魯倫河。上顧大臣曰：「噶爾丹不知據河拒戰，是無能爲矣。」前哨中書阿必達探報噶爾丹不信六師猝至，登孟納爾山，望見黃幄網城，大兵雲屯，漫無涯際，大驚曰：「何來之易耶！」棄其廬帳宵遁。驗其馬矢，似遁二日矣。上率輕騎追之。沿途什物、駝馬、婦孺委棄甚衆。上顧謂科爾沁王沙津曰：「虜何倉皇至是？」沙津曰：「爲逃生耳。」喀爾喀王納木扎爾曰：「臣等當日逃難，卽是如此。」上上書皇太后，備陳軍況，並約期回京。追至拖納阿林而還，令內大臣馬思喀追之。戊辰，上班師。是日晨，五色雲見。癸酉，次中拖陵。撫遠大將軍伯費揚古大敗噶爾丹於昭莫多，斬級三千，陣斬其妻阿奴。噶爾丹以數騎遁。癸未，次察罕諸爾。召見蒙古諸王，奬以修道鑿井監牧之勞，各賜其人白金。

六月癸巳，上還京。是役也，中路上自將，走噶爾丹，西路費揚古大敗噶爾丹，唯東路薩布素以道遠後期無功。甲午，論喀爾喀郡王善巴盡以馬匹借軍功，晉封親王，貝子盆楚克偵敵有勞，封爲郡王。諸臣行慶賀禮。乙未，賜察哈爾護軍月餼加一金，喀爾喀人六金，限給三年。詔停本年秋審。壬子，以吳琠爲左都御史，調張旺爲福建水師提督，張雲翼爲江南提督。

秋七月戊午，以平定朔漠勒石太學。以李輝祖爲湖廣總督。癸亥，廣直省鄉試解額。戊辰，改吳英福建陸路提督，岳昇龍爲四川提督。

八月丁酉，索諾和以乏軍需免，以凱音布爲兵部尙書。

九月甲寅朔，回回國王阿卜都里什克奏：「臣仗天威，得以出降。遣臣回國葉爾欽，請敕策旺阿拉布坦勿加虐害。」乙卯，賜厄魯特降人官秩衣糧。壬申，上巡幸塞外。丙子，次沙城。詔：「年來宣化所屬牧養軍馬，供億甚繁，深勞民力，其悉蠲明年額賦。」丁丑，副都統祖良壁敗噶爾丹部人丹濟拉於翁金。

冬十月甲申朔，遣官齎賜西路軍士衣裘牛羊。丁亥，次昭哈。賜右衛、大同陣亡軍士白金。庚寅，大將軍費揚古獻俘至。賜銀贖出，令其完聚。戊申，上臨視右衛軍士，賜食。傳諭曰：「昭莫多之役，爾等乏糧步行而能禦敵，故特賜食。悉免所借庫銀。其傷病之人，另頒賜之。」衆叩首歡謝。庚戌，上駐蹕麗蘇。上皇太后書，謝賜裘服。

十一月戊寅，噶爾丹遣使乞降，其使格壘沽英至，蓋微探上旨也。上告之曰：「俟爾七十日，過此卽進兵矣。」庚辰，迴鑾。

十二月壬寅，上還京。以宗室費揚固爲右衞將軍，祁布爲滿洲都統，雷繼尊爲漢軍都統。庚戌，詔：「陝、甘沿邊州縣衞所，當師行孔道，供億繁多，閭閻勞苦，其明年地丁銀米悉行蠲免。」

是歲，免江南、江西等省三十二州縣災賦有差。朝鮮入貢。

三十六年丁丑春正月丙辰，上幸南苑行圍。戊辰，哈密回部擒噶爾丹之子塞卜騰巴爾珠爾來獻。己巳，遣官存問勇略將軍趙良棟，賜人葠鹿尾。甲戌，諭：「朕觀明史，一代並無女后預政，以臣陵君之事。我朝事例，因之者多。朕不似前人輒譏亡國也。現修明史，其以此諭增入敕書。」

二月丁亥，上親征噶爾丹，啓鑾。是日，次昌平。阿必達奏哈密擒獲厄魯特人土克齊哈什哈，係害使臣馬迪之首犯。命誅之，子女付馬迪之家爲奴。戊戌，上駐大同。丁未，次李家溝。戊申，詔免師行所過岢嵐、保德、河曲等州縣今年額賦。是日，次葦䣜村，山泉下湧，人馬霑足。庚戌，遣官祭黃河之神。

三月丙辰，上駐蹕屈野河。厄魯特人多爾濟、達拉什等先後來降。賜哈密回王金幣冠服。丁巳，趙良棟卒，上聞之，嗟悼良久，語近臣曰：「趙良棟，偉男子也。」辛酉，次楡林。戊辰，次安邊城。寧夏總兵王化行請上獵於花馬池。上曰：「何如休養馬力以獵噶爾丹乎？」辛未，次花馬池。丙子，上自橫城渡河。遣皇長子胤禔賜奠趙良棟及前提督陳福。丁丑，上駐蹕寧夏。祭卹昭莫多、翁金陣亡弁兵。己卯，祭賀蘭山。庚辰，上閱兵。命侍衞以御用食物均賜戰士。

閏三月辛巳朔，日有食之。庚寅，康親王傑書薨。寧夏百姓聞上將行，懇留數日。上曰：「邊地磽瘠，多留一日，卽多一日之擾。爾等誠意，已知之矣。」

夏四月辛亥，上次狼居胥山。甲寅，迴鑾。庚申，命直省選文行兼優之士爲拔貢生，送國子監。甲子，費揚古疏報閏三月十三日噶爾丹仰藥死，其女鍾齊海率三百戶來降。上率百官行拜天禮。敕諸路班師。是日，大雨。厄魯特降人請慶賀。止之。先是，上將探視寧夏黃河，由橫城乘舟行，至湖灘河朔，登陸步行，率侍衞行獵，打魚射水鴨爲糧，至包頭鎭會車騎。

五月乙未，上還京。丁酉，以傅拉塔爲刑部尙書，席爾達左都御史，翁叔元罷，以吳琠爲刑部尙書，張鵬翮左都御史。癸卯，禮部請上尊號。不許。

六月甲寅，禮部請於師行所過名山磨崖紀功。從之。予故勇略將軍一等子趙良棟祭葬，謚襄忠。

秋七月癸未，羣臣請上皇太后徽號，三上，不允。乙未，以朔漠平定，遣官祭告郊廟、陵寢、先師。賜李蟠等一百五十人進士及第出身有差。晉封大將軍伯費揚古一等公，參贊以下各授世職。辛丑，免旗兵借帑。乙巳，遣官賚外藩四十九旗兵。丁未，上巡幸塞外。

八月乙亥，上駐巴圖舍里，賜蒙古王、公、台吉銀幣。

九月癸未，厄魯特丹濟拉來歸。上獨御氈幄召見之。丹濟拉出語人曰：「我罪人也，上乃不疑，眞神人也。」甲午，上還京。庚子，以都統凱音布兼步軍統領。壬寅，上御經筵。乙巳，振平將軍、湖廣提督徐治都卒，贈太子少保，予祭葬，謚襄毅。賑黑龍江被水居民。以席爾達爲兵部尙書，哈雅爾爲左都御史。

冬十月己巳，始令宗室應鄉、會試。壬戌，詔曰：「比年師行出入，皆經山西地方，有行齎居送之勞。其免山西明年額賦。」敍從征鎭國公蘇努功，晉封貝子。庚午，上謁陵。甲戌，內監劉進朝以詐人論死。

十一月辛巳，上還京。丙戌，和碩恪靖公主下嫁喀爾喀郡王敦多布多爾濟。戊戌，朝鮮告糴，命運米三萬石往賑。甲辰，詔直省報災卽察實以聞。

十二月丁卯，改宗室董額爲滿洲都統。乙亥，祫祭太廟。

是歲，免直隸、江南、安徽、江西等省五十九州縣災賦有差。朝鮮、琉球、安南入貢。

三十七年戊寅春正月庚寅，策旺阿拉布坦奏陳第巴匿達賴喇嘛圓寂之事，斥班禪而自尊，懇請睿鑒。上答之曰：「朕曾敕責第巴具奏認罪，若怙終不悛，朕不輕恕也。」幷遣侍讀學士伊道等齎敕往。癸卯，上巡幸五臺山。甲辰，次涿州。命皇長子胤禔、大學士伊桑阿祭金太祖、世宗陵。

二月辛亥，詔免山西三十六年逋賦。癸丑，上駐蹕菩薩頂。乙丑，遣官賑山東。戊辰，上還京。

三月丙子朔，上御經筵。丁丑，封皇長子胤禔爲直郡王，皇三子胤祉爲誠郡王，皇四子胤禛、皇五子胤祺、皇七子胤祐、皇八子胤禩俱爲貝勒。戊子，禁造燒酒。辛卯，直隸巡撫于成龍奏偕西洋人安多等履勘渾河，幫修挑濬，繪圖呈進。得旨：「於六月內完工。」

夏四月癸亥，減廣東海關稅額。己巳，詔溫郡王延壽行止不端，降爲貝勒，貝子袁端削爵。壬申，以貝子蘇努管盛京將軍。癸酉，上閱漕河。

五月甲戌，武清民請築外隄。上曰：「築外隄恐損民田。」民曰：「河決之害，更甚於損田。」上曰：「水潦將降，暫立木樁護隄，開小河洩水，俟明春雨水前爲爾等成之。」癸未，上還京。壬寅，裁上林苑。以李林盛爲陝西提督，張旺爲廣西提督。是月，策旺阿拉布坦上言與哈薩克搆兵，及將丹津鄂木布拘禁各緣由。命示議政大臣。

六月辛亥，移吳英爲福建水師提督。丁巳，改四川梁萬營爲化林營，設參將以下官。己未，雲南巡撫石文晟奏三藩屬人奉旨免緝者，准其墾田應試。從之。

秋七月癸酉朔，張玉書丁母憂，以吳琠爲大學士，王士禛爲左都御史。辛卯，命吏部月選同、通、州、縣官引見。癸巳，霸州新河成，賜名永定河，建河神廟。己亥，以盧崇耀爲廣州將軍，殷化行爲廣東提督。庚子，以蘇爾發爲滿洲都統。辛丑，上奉皇太后東巡，取道塞外。

八月癸丑，上奉皇太后臨幸喀拉沁端靜公主第，賜金幣及其額駙噶爾臧。甲子，皇太后望祭父母於發庫山。己巳，賜端敏公主及其額駙達爾漢親王班第金幣。湖南山賊黃明犯靖州，陳丹書犯茶陵州，官兵討平之。

九月壬申，上次克爾蘇，臨科爾沁故親王滿珠習禮墓前酹酒，孝莊皇后之父也。癸巳，上駐扎星阿。賜黑龍江將軍薩布素等金幣冠服。庚子，停盛京、烏拉本年決囚。

冬十月癸卯，上行圍，射殪二虎，其一虎，隔澗射之，穿其脇。丁未，上行圍，槍殪二熊。是日，駐蹕輝發。己酉，裁雲南永寧府，置永北府。癸巳，上駐蹕興京。甲寅，上謁永陵。遣官賜奠武功郡王禮敦墓。改貴州水西土司，置大定、平遠、黔西三流官。丁巳，上謁福陵、昭陵，臨奠武勳王揚古利、直義公費英東、弘毅公額亦都墓。免奉天今年米豆。壬戌，上奉皇太后迴鑾。

十一月癸未，上奉皇太后還宮。丙戌，詔曰：「朕巡幸所經，敖漢、奈曼、阿祿科爾沁、扎魯特諸蒙部水草甚佳，而生計窘迫，蓋因牲畜被盜，不敢夜牧耳。朕卽遣郎中李學聖等往爲料理，盜竊衰止。其他處蒙古亦宜照此差遣。旗員有願往蒙古教導者，准其前往。命盜各案，同聽決之。」庚寅，以張鵬翮爲江南江西總督。

十二月辛丑朔，命徐廷璽協理河務，命尙書馬齊，侍郎喻成龍、常綬察視河工。庚戌，諭宗人府：「閒散宗室，材力幹濟，精於騎射，及貧無生計者，各察實以聞。」詔官民妻女緣事牽連，勿拘訊，著爲令。改四川東川土司爲東川府，設知府以下官。戊午，詔八旗察訪孝子節婦。己未，以巴錫爲雲南貴州總督，馬自德爲京口將軍。己巳，祫祭太廟。

是歲，免直隸、江南、福建、浙江、湖廣等省三十五州縣災賦有差。朝鮮入貢。

三十八年己卯春正月辛卯，詔：「朕將南巡察閱河工，一切供億，由京備辦。預飭官吏，勿累閭閻。」

二月壬寅，詹事尹泰以不職解任。癸卯，上奉皇太后南巡啓鑾。戊申，以天津總兵潘育龍訓練有方，賜御服貂裘。

三月庚午，上次淸口，奉皇太后渡河。辛未，上御小舟，臨閱高家堰、歸仁隄、爛泥淺等工。截漕糧十萬石，發高郵、寶應等十二州縣平糶。壬申，上閱黃河隄。丙子，車駕駐揚州。諭隨從兵士勿踐麥禾。壬午，詔免山東、河南逋賦，曲赦死罪以下。癸未，車駕次蘇州。辛卯，車駕駐杭州。丙申，上閱兵較射。戊戌，上奉皇太后迴鑾。

夏四月庚子朔，迴次蘇州。詔免鹽課、關稅加增銀兩，特廣江、浙二省學額。乙巳，以丹岱爲杭州將軍。己酉，車駕次江寧。上閱兵。庚申，次揚州。辛酉，以彭鵬爲廣西巡撫。丙寅，渡黃河，上乘小舟閱新埽。

五月辛未，次仲家閘，書「聖門之哲」額，懸先賢子路祠。乙酉，上奉皇太后還宮。丁亥，以馬爾漢爲左都御史，王鴻緒爲工部尚書。

六月戊戌朔，起郭琇爲湖廣總督，以鎭國公英奇爲蒙古都統。

秋七月甲申，河決淮、揚。

閏七月戊戌，敏妃張佳氏薨。誠郡王胤祉其所出也，不及百日薙髮，降貝勒。癸丑，先是，苗賊黃明屢報獲報死，仍報犯事。至是，遣官按鞫，幷其夥陳丹書、吳思先等三十餘人誅之。其奏報不實之督撫麻勒吉等降黜有差。上巡幸塞外。

九月丙午，上還京。丙辰，上御經筵。改揚岱爲滿洲都統，魯伯赫、拖倫、崇古禮俱爲蒙古都統。戊午，大學士阿蘭泰卒，上悼惜之，遣皇長子胤禔視疾，賜奠加祭，謚文淸。

冬十月癸酉，上巡視永定河工。庚辰，上還宮。大學士李天馥卒，予祭葬，謚文定。

十一月乙巳，上謁陵。壬辰，以馬齊、佛倫、熊賜履、張英爲大學士，陳廷敬爲吏部尚書，李振裕爲戶部尚書，杜臻爲禮部尚書，馬爾漢、范承勳爲兵部尚書，王士禛爲刑部尚書。壬寅，命滿、漢給事中各四員侍班。丙午，令寶源局收買廢錢。

十二月戊辰，上還京。癸巳，祫祭太廟。

是歲，免直隸、江南、江西、浙江、福建、陝西、湖廣等省七十三州縣災賦有差。朝鮮、琉球入貢。

三十九年庚辰春正月己未，朝鮮國王李焞以遣回難民進方物，上還之。癸亥，上閱永定河工。

二月甲戌，上乘舟閱郎城、柳岔諸水道，水淺，易艇而前，指示修河方略。壬午，還京。己丑，命內大臣費揚古、伊桑阿考試宗室子弟騎射。

三月甲午，上御經筵。吏部奏安徽巡撫李鈵被參一案，請交將軍、提督查按。上曰：「將軍、提督不與民事，部議不合。」嚴飭之。尙書庫勒納旋罷。癸卯，改張鵬翮爲河道總督。鵬翮請撤協理官及效力員，部臣寬文法，以責成功。從之。甲寅，以宗室特克新爲蒙古都統。丙辰，賜汪繹等三百一人進士及第出身有差。四川巡撫于養志、提督岳昇龍互訐，遣官按鞫，俱削職。

夏四月庚辰，上閱永定河。命八旗兵丁協助開河，以直郡王胤禔領之，信郡王岳希等五人偕往。壬午，上閱子牙河。壬辰，還京。

五月丁未，以阿山爲江南江西總督。甲寅，以阿靈阿爲蒙古都統。

六月癸亥，張鵬翮報修浚海口工成，河流暢遂，改攔黃壩爲大通口，建海神廟。杜臻罷，以王澤弘爲禮部尙書，李柟爲左都御史。丁亥，停宗室科舉。

秋七月甲午，理藩院議覆喇嘛商南多爾濟所奏策旺阿拉布坦遣兵往青海一事，毋庸議。上曰：「此事目前甚小，將來關繫甚大。該部擬以勿庸議，倘青海問商南多爾濟，何以答之？策旺阿拉布坦爲人狡猾，素行奸惡，鄰近諸部，俱與仇讎。其稱往征第巴，道遠險多，或虛張聲勢以恫嚇青海，未可知也。要使不敢搆釁爲是。」乙巳，定翰林官編、檢、庶吉士月給銀三兩例，學道缺出，較俸派出。壬子，故振武將軍孫思克卒，命皇長子胤禔奠酒，賜鞍馬二匹，銀一千兩，謚襄武。丁巳，上巡幸塞外。命李光地、張鵬翮、郭琇、彭鵬詳議科場事宜。

八月辛未，上次齊老圖。

九月癸巳，停今年秋決。詔張鵬翮專理河工，范成勳等九人撤回。給事中穆和倫請禁服用奢侈，閣臣票擬申飭。上曰：「言官耳目之職，若因言而罪之，誰復言者。惟其言奢侈在康熙十年後則非，乃在輔臣時耳，今少息矣。」

冬十月辛酉，皇太后六旬萬壽節，上製萬壽無疆賦，親書圍屛進獻。癸酉，上巡閱永定河。戊寅，上還京。己卯，命本年行取科道未補官者，作爲額外御史，隨班議事。

十一月庚寅，命青海鄂爾布圖哈灘巴圖爾移駐寧夏。詔侍郎溫達查視陝、甘驛站。王澤弘免，以韓菼爲禮部尚書。命大臣及清要官子弟應試者，編爲官號，限額取中。辛亥，上巡幸邊外。命卓異官如行取例引見。戊午，四川打箭爐土蠻作亂，遣侍郎滿丕偕提督唐希順討之。

十二月己未朔，上駐蹕煖泉，賜外藩王以下至官兵白金。戊辰，上還京。癸酉，移蕭永藻爲廣西巡撫，彭鵬爲廣東巡撫。壬午，故安親王岳樂坐前審擬貝勒諾尼一案失入，追降郡王，子僖郡王岳希、貝子吳爾占俱降鎭國公。丁亥，祫祭太廟。

是歲，免直隸、江南、安徽、陝西、浙江等省五十七州縣災賦有差。朝鮮入貢。

四十年辛巳春正月辛亥，以河伯效靈，封金龍四大王。甲寅，以心裕爲滿洲都統。

二月己未朔，上巡閱永定河。諭李光地曰：「河水泗必致淤塞，此甚難治，當徐議之。」乙丑，滿丕、唐希順討打箭爐土蠻平之，蠻民萬二千戶內附。庚辰，上還宮。

三月戊子，上御經筵。丁酉，張鵬翮請以治河方略纂集成書。上斥之曰：「朕於河務之書，罔不披閱，大約坐言則易，實行則難。河性無定，豈可執一法以繩之。編輯成書，非但後人難以倣行，卽揆之己心，亦難自信。張鵬翮試編輯之！」給事中馬士芳劾湖北布政使任風厚年老。調來引見，年尚未衰。上因諭曰：「坐而辦事，必得老成練達者，方能得當，州縣官則不可耳。」

夏四月己未，調李林盛爲甘肅提督，擢潘育龍爲固原提督，移藍理爲天津總兵官，以曹秉桓爲漢軍都統。丙子，刑部尚書王士禛請假回籍。上諭大學士曰：「山東人性多偏執，好勝尋仇，惟王士禛無之。其詩甚佳，居家惟讀書。若令回籍，殊爲可惜。給假五月，不必開缺。」丁丑，上閱永定河。諭李光地：「隆冬冰結，可照常開浚。淸水流於冰下，爲冰所逼，衝刷河底愈深。」閱大灣口，諭：「石隄尙未興工，可以南來杉木排樁，爾等勿忽。」閱子牙河。乙酉，上還京。

五月癸巳，黑龍江管水手官員缺，部臣擬補遣戍道員周昌。上曰：「周昌旣遣戍矣，又補官烏拉，是終身不得歸也。可令八旗官願效力者爲之。」戊申，御史張瑗請毀前明內監魏忠賢墓。從之。丙辰，上巡幸塞外。

六月庚辰，授宋儒邵雍後裔五經博士。

秋七月丁亥，領侍衞內大臣公費揚古隨扈患病，上爲停鑾一日，親往視疾。隨以不起聞，賜鞍馬三匹，散馬四匹，銀五千兩，遣大臣護送還京，予祭葬，謚襄壯。

八月乙丑，上幸索岳爾濟山。詔曰：「此山形勢崇隆，允稱名勝。嗣後此處禁斷行圍。」甲申，上次馬尼圖行圍，一矢穿兩黃羊，並斷拉哈里木，蒙古皆驚。

九月辛丑，簡親王雅布隨扈薨，命大臣送還京，皇長子胤禔、皇三子胤祉出迎，遣官治喪，賜銀四千兩，皇子合助銀三千兩。發引時，皇子侍衞往送，予祭葬立碑，謚曰修。乙巳，上還京。庚戌，上御經筵。大學士王熙以衰疾乞休，溫旨慰諭，加少傅致仕。噶爾丹之女鍾齊海到京，命與其兄一等侍衞色卜騰巴爾珠爾同居，配二等侍衞蒙古沙克都爾。

冬十月戊午，以宗室特克新爲滿洲都統，迓圖佈爾塞爲蒙古都統。己未，召大學士張玉書還朝。詔免甘肅來年額賦。庚申，以梁鼐爲福建陸路提督。辛酉，免江蘇明年額賦。起岳昇龍爲四川提督。辛未，改普奇爲滿洲都統，孫渣齊爲蒙古都統，以華顯爲四川陝西總督。癸酉，大學士張英乞休，溫旨慰諭令致仕。御史靳讓疏言爲州縣者，須令家給人足，方爲良吏。命改靳讓通州知州。詔總督郭琇、張鵬翮、桑額、華顯，巡撫李光地、彭鵬、徐潮各舉賢能。平悼郡王訥爾福薨，子訥爾素襲爵。

十一月甲午，詔：「朕詳閱秋審重案，字句多誤。廷臣竟未察出一二，刑部尤爲不慎，其議罰之。」

十二月壬申，廣東連山瑤匪作亂，命都統嵩祝討之。辛巳，祫祭太廟。

是歲，免直隸、江南、河南、陝西、廣東等省四十二州縣災賦有差。朝鮮、琉球入貢。

清史稿卷八

本紀八

聖祖本紀三

四十一年壬午春正月壬寅，詔修國子監。丙午，詔繫囚經緩決者減一等。以雅爾江阿襲封簡親王。庚戌，上巡幸五臺山。

二月庚申，次射虎川。士民請於菩薩頂建萬壽亭祝釐。不許。丁卯，上巡視子牙河。

三月壬午，上還京。以瓦爾岱爲滿洲都統，吳達禪、馬思哈、滿丕爲蒙古都統。丁亥，上御經筵。

夏四月甲戌，賜致仕大學士王熙御書匾對，傳旨曰：「卿先朝舊臣，其強餐食，愼醫藥，以慰朕念。」

五月癸巳，定發配人犯歸籍僉遣，流犯死配所，妻子許還鄉里。辛丑，顯親王丹臻薨，遣皇子及大臣治喪，賜銀萬兩，謚曰密，子衍璜襲。壬寅，先是，廉州府連山瑤人作亂，御史參奏，命都統嵩祝率禁旅會討，並命尚書范承勳勘狀。至是，嵩祝奏官兵一到，瑤人乞降，先後投出瑤人一萬九千餘名。獻出戕官黎貴等九人，卽於軍前正法。降瑤安插，交總督料理。范承勳奏瑤人滋事，副將杜芳傷死，總兵劉虎先行退回，應擬斬，提督殷化行應革職。得旨：「殷化行有戰功，改原品致仕。劉虎免死。」丙午，召廷臣至保和殿，頒賜御書。

六月壬子，貴州葛彝寨苗人爲亂，官軍討平之。戊午，上製訓飭士子文，頒發直省，勒石學宮。乙未，上奉皇太后幸熱河。乙丑，四川提督岳昇龍疏報大涼山倮目馬比必率衆內附，請授土千戶，給印信。

閏六月辛丑，木鴉番民萬九千餘戶內附，請置安撫使、副使、土百戶等職，均從之。

八月庚辰朔，增順天、浙江、湖廣鄉試中額。戊申，上奉皇太后還宮。

九月辛亥，以李正宗、盧崇耀、馮國相爲漢軍都統。壬子，定五經中式例。癸丑，停本年秋決。辛酉，以齊世、嵩祝爲滿洲都統，莽喀爲漢軍都統，車納福爲蒙古都統。甲子，詔：「南巡閱河，所過停供張，禁科斂。官吏無相餽遺，百姓各守本業。督撫布告，使明知朕意。」己巳，以席哈納爲大學士，敦拜爲吏部尙書，席爾達爲禮部尙書，溫達爲左都御史，管源忠爲廣州將軍。鎭筸諸生李豐等叩閽言紅苗殺人，有司不問。詔侍郎傅繼祖、甘國樞，巡撫趙申喬馳驛按問。癸酉，上南巡啓鑾。

冬十月壬午，次德州。皇太子胤礽有疾，上迴鑾。癸卯，上還宮。丙午，以郭世隆爲廣東廣西總督，金世榮爲浙江福建總督。

十一月丙辰，詔免陝西、安徽明年額賦。甲子，大學士伊桑阿乞休，命致仕。壬申，廣西巡撫蕭永藻疏劾布政使教化新虧空倉穀，應令賠補。上曰：「米穀必有收貯之地，乃可經久。若無倉廒，積於空野，難免朽爛，況南方卑溼之地乎？其別定例以聞。」命修禹陵。

十二月壬辰，廷臣以明年五旬萬壽，請上尊號。上不許。戶部議駁奉天報災。上曰：「晴雨原無一定，始者雨水調和，其後被災，亦常事耳。可准其奏。」乙未，改趙申喬爲偏沅巡撫，以趙弘燦爲廣東提督，王世臣爲浙江提督，孫徵灝爲漢軍都統。壬寅，厄魯特丹津阿拉布坦來朝，厚賚之，封爲郡王，賜地遊牧。

是歲，免江南、河南、浙江、湖廣、甘肅等省十州縣災賦有差。朝鮮、琉球入貢。

四十二年癸未春正月壬子，大學士諸臣賀祝五旬萬壽，恭進「萬壽無疆」屏。卻之，收其寫册。壬戌，上南巡閱河。丁卯，以俞益謨爲湖廣提督。庚午，次濟南，觀珍珠泉，賦三渡齊河詩。壬申，次泰安，登泰山。詔免蹕路所經及歉收各屬去年逋賦。

二月丁丑，運漕米四萬石賑濟寧、泰安。閱宿遷堤工。己卯，自桃源登舟，徧閱河隄。甲申，渡江登金山。丙戌，次蘇州。遣官奠大學士宋德宜墓。庚寅，上駐杭州閱射。辛丑，次江寧。

三月戊申，上閱高家堰、翟家壩隄工。己酉，上閱黃河南龍窩、烟墩等隄。庚申，上還京。癸亥，萬壽節，上朝皇太后宮，免廷臣朝賀。頒恩詔，錫高年，蠲額賦，察孝義，恤困窮，舉遺逸，罪非常赦所不原者，咸赦除之。頒賜親王、郡王以下文武百官有差。庚午，以洞鄂襲封信郡王。辛未，上御經筵。賜內廷修書舉人汪灝、何焯、蔣廷錫進士，一體殿試。

夏四月辛巳，賜王式丹等一百六十三人進士及第出身有差。四川威州龍溪十八寨生番歸化納糧。丁亥，大學士熊賜履乞休，命解官食俸，留備顧問。傅繼祖等察審湖廣紅苗搶掠一案。得旨：「總督郭琇、提督杜本植隱匿不報，均革職。巡撫金璽降官。」以喻成龍爲湖廣總督。癸巳，致仕大學士王熙卒，予祭葬，謚文靖。丙申，以陳廷敬爲大學士兼吏部尚書。戊戌，詔原任侍郎任克溥年逾九十，洵爲耆碩，加尚書銜。以李光地爲吏部尚書，仍巡撫直隸。以莽喀爲荆州將軍，諾羅布爲杭州將軍，宗室愛音圖爲漢軍都統，孫渣齊、翁俄里爲蒙古都統。己亥，諭八旗人等：「朕不惜數百萬帑金爲旗丁償逋贖地，籌畫生計。爾等能人人以孝弟爲心，勤儉爲事，則足仰慰朕心矣。倘不知愛惜，仍前游蕩飲博，必以嚴法處之。親書宣諭，其尙欽遵！」

五月壬子，裕親王福全有疾，上連日視之。癸亥，內大臣索額圖有罪，拘禁於宗人府。己巳，上巡幸塞外。

六月辛巳，恭親王常寧薨，命皇子每日齊集，賜銀一萬兩，遣官造墳立碑。壬寅，裕親王福全薨，上聞之，兼程迴京。

秋七月乙巳朔，上臨裕親王喪，哭之慟，自蒼震門入居景仁宮。王大臣請還乾清宮，上曰：「居便殿乃祗遵成憲也。」居五日，命皇長子等持服，命御史羅占造墳建碑，謚曰憲。子保泰嗣爵。戊申，以山東大雨，遣官分賑。庚戌，上巡幸塞外。己巳，發帑金三十萬兩，截漕五十萬石賑山東。山東有司不理荒政，停其升轉。

八月癸巳，停本年秋審。

九月壬子，予故侍郎高士奇、勵杜訥祭葬。己巳，命尙書席爾達督辦紅苗。

冬十月癸未，上西巡啓鑾。命給事中滿普、御史顧素在後行，查僕從生事，卽時鎖拏。庚寅，喇嘛請廣洮州衞廟，上曰：「取民地以廣廟宇，有碍民生。其永行禁止。」癸巳，過井陘，次柏井驛。驛向乏泉，至是井泉湧溢。丁酉，駐太原。戊戌，詔免山西逋賦。百姓集行宮前籲留車駕，上爲再停一日。

十一月乙巳，上次洪洞。遣官祭女媧陵。壬子，渡黃河，次潼關。遣官祭西嶽。賜迎駕百歲老人白金。甲寅，次渭南。閱固原標兵射，賜提督潘育龍以下加一級。丙辰，上駐西安。丁巳，閱駐防官兵射。遣官祭周文王、武王，祭文書御名。遣官奠提督張勇、梁化鳳墓。己未，上大閱於西安，賜將軍博濟御用弓矢。賜官兵宴。軍民集行宮前籲留，上為留一日。賜盩厔徵士李顒御書「操志清潔」匾額。免陝、甘逋賦。癸亥，上迴鑾。己巳，次陝州。命皇三子胤祉往閱三門底柱。

十二月乙亥，上次修武。閱懷慶營伍不整，逮總兵官王應統入京論死。庚辰，次磁州。御書「賢哲遺休」額懸先賢子貢墓。庚寅，上還京。辛卯，定外任官在本籍五百里內者迴避。封常寧子海善為貝勒。

是歲，免直隸、江南、山東、河南、陝西、浙江、湖廣等省九十一州縣災賦有差。朝鮮、琉球、安南入貢。

四十三年甲申春正月辛酉，詔曰：「朕諮訪民瘼，深悉力作艱難。耕三十畝者，輸租賦外，約餘二十石。衣食丁徭，取給於此。幸逢廉吏，猶可有餘。若誅求無藝，則民無以為生。是故察吏所以安民，要在大吏實心體恤也。」戊辰，詔漢軍一家俱外任者，酌改京員。

己巳，上謁陵。

二月甲戌，封淮神爲長源佑順大淮之神，御書「靈瀆安瀾」額懸之。癸巳，上還宮。以李基和爲江西巡撫，能泰爲四川巡撫。

三月辛丑，上御經筵。己酉，詔停熱審。辛酉，以吳洪爲甘肅提督。資送山東饑民回籍。丙寅，以溫達爲工部尚書。

夏四月癸酉，命侍衞拉錫察視河源。己卯，上幸髻髻山，遂閱永定河、子牙河。丙申，上還京。

五月辛酉，以于準爲貴州巡撫。

六月乙亥，上巡幸塞外。

秋九月癸卯，詔督撫調員違例者罪之。侍郎常授招撫廣東海盜阿保位等二百三十七名，就撫爲兵。戊午，刑部尚書王士禛以失出降官。癸亥，上還宮。丁卯，侍衞拉錫察視河源，還自星宿海，繪圖以進。

冬十月戊辰朔，濬楊村舊河。甲戌，詔免順天、河間二府及山東、浙江二省明年稅糧。庚辰，以李振裕爲禮部尚書，徐潮爲戶部尚書，屠粹忠爲兵部尚書，王掞爲刑部尚書，吳涵爲左都御史。癸未，頒內製銅斗銅升於戶部，命以鐵製頒行。戊子，以趙弘燮爲河南巡撫。

己丑，命濬汾、渭、賈魯諸河。辛卯，上閱永定河。

十一月丁酉朔，日有食之。上還宮。上以儀器測驗與七政曆不符，欽天監官請罪，免之。郎中費仰嘏以貪婪棄市。辛亥，定吏部行取知縣例，停督撫保薦。戊午，湖廣巡撫劉殿衡建御書樓，上斥其糜費，並嚴禁藉修建侵帑累民者。四川陝西總督博霽疏參涼州總兵官魏勳年老，上曰：「魏勳前有軍功，兵民愛戴，與師帝賓、麥良璽、潘育龍俱係舊臣，難得，何可參耶？」壬戌，誡修明史史臣覈公論，明是非，以成信史。

十二月乙酉，天津總兵官藍理請沿海屯田，從之。甲午，以御製詩集賜廷臣。是歲，免直隸、江南、山東、湖廣、廣東等省一百九州縣災賦有差。朝鮮入貢。

四十四年乙酉春正月戊午，古文淵鑑成，頒賜廷臣，及於官學。癸亥，上幸湯泉。

二月乙丑朔，上還宮。癸酉，上南巡閱河。詔曰：「朕留意河防，屢行閱視，獲告成功。茲黃水暢流，尚須察驗形勢，即循河南下。所至勿繕行宮，其有科斂累民者，以軍法治罪。」壬午，次靜海。遣官奠故侍郎勵杜訥墓，予謚文恪。

三月己亥，諭山東撫臣曰：「百姓歡迎道左者日數十萬人，計日迴鑾，正當麥秀，其各務稼穡，毋致妨農。」乙巳，上駐揚州。授河臣張鵬翮方略。辛亥，上駐蘇州。命選江南、浙江舉、貢、生、監善書者入京修書。賜公福善，大學士張玉書、陳廷敬，在籍大學士張英，都統愛音圖白金。賜大學士馬齊等皇輿表。己未，次松江閱射。上書「聖迹遺徽」額賜青浦孔氏。賜故侍郞高士奇謚文恪。

夏四月丙寅，上駐杭州閱射。庚午，詔赦山東、江蘇、浙江、福建死罪減一等。戊寅，御書「至德無名」額懸吳太伯祠，並書季札、董仲舒、焦先、周敦頤、范仲淹、蘇軾、歐陽修、胡安國、米芾、宗澤、陸秀夫各匾額懸其祠。乙酉，上駐江寧。

閏四月癸卯，上閱高家堰隄工。辛酉，上還京。

五月戊寅，上親鞫郞中陳汝弼一案，原汝弼罪。刑部尙書安布祿、左都御史舒輅以失獄免職。庚辰，以貝和諾爲雲南貴州總督。丙戌，上巡幸塞外。

六月甲午，命行取知縣非再任者不得考選科道。庚戌，停廣東開礦。丙辰，上駐蹕熱河。

秋七月壬申，河決淸水溝、韓莊，命河臣察居民田舍以聞。

八月甲午，免八旗借支兵餉銀七十萬兩。戊午，喩成龍免，以石文晟爲湖廣總督。庚申，上發博洛河屯，閱牧羣。

九月己巳，進張家口。丙子還京。甲申，以希福納爲左都御史，達佳爲江寧將軍。

冬十月辛卯朔，重修華陰西嶽廟成，上製碑文。丙午，以富寧安爲漢軍都統。

十一月辛酉，命蒙古公丹濟拉備兵推河，察視策旺阿拉布坦。己巳，以李光地爲大學士，宋犖爲吏部尚書，調趙弘燮爲直隸巡撫。癸酉，詔免湖廣明年額賦及以前逋賦。甲戌，國子監落成，御書「彝倫堂」額。庚辰，以汪灝爲河南巡撫。乙酉，上謁陵。巡幸近塞。戊子，設雲南廣南、麗江二府學官，許土人應試。

十二月壬寅，上臨裕親王福全葬。以阿靈阿兼理藩院尚書。己酉，上還宮。丙辰，以祖良璧爲福州將軍。

是歲，免直隸、江南、湖廣、廣東等省四十六州縣災賦有差。朝鮮、琉球入貢。

四十五年丙戌春正月乙酉，命孫渣齊、徐潮督濬淮揚引河。順天考官戶部侍郎汪霦、贊善姚士藟以取士不公褫職。

二月癸巳，上巡幸畿甸。丁未，次靜海，閱子牙河。壬子，還駐南苑。以諸滿爲江寧將軍。以王然爲浙江巡撫。江南江西總督阿山劾江寧知府陳鵬年安奉聖訓不敬，部議應斬。先是，乙酉年南巡，陳鵬年遵旨不治行宮，阿山故假他事劾之。上命入京修書。戊午，上還宮。

三月庚申，上御經筵。辛巳，賜施雲錦等二百八十九人進士及第出身有差。詔直省建育嬰堂。

夏四月戊子朔，日有食之。加貴州提督李芳述鎭遠將軍。乙未，吳涵罷，以梅鋗爲左都御史。

五月己未，以金世榮爲兵部尙書。甲戌，詔免直隸、山東逋賦。丁丑，以梁鼐爲福建浙江總督。戊寅，上巡幸塞外。

六月丁亥朔，詔修功臣傳。癸巳，命梅鋗、二鬲按容美土司田舜年獄。壬寅，命凡部寺咨取錢糧非由奏請者，戶部月會其數以聞。以藍理爲福建陸路提督。辛亥，四川巡撫能泰疏報安樂鐵索橋告成，移化林營千總駐守。

秋七月庚申，上駐蹕熱河。甲子，以德昭嗣封信郡王。

八月壬辰，高家堰車邏壩潤河河隄告成。

九月己亥，上還京。

冬十月乙酉朔，敦拜罷，以溫達爲吏部尙書，希福納爲工部尙書。庚寅，武殿試。諭曰：「今天下承平日久，曾經戰陣大臣已少，知海上用兵者益少。他日臺灣不無可慮。朕甲子南巡，由江寧登舟，至黃天蕩，江風大作，朕獨立船頭射江豚，了不爲意。迨後渡江，漸覺心動。去歲渡江，則心悸矣。皆年爲之也。問之宿將亦然。今使高年奮勇効命，何可得耶？」壬寅，命大學士席哈納、侍郎張廷樞、蕭永藻覆按土司田舜年獄。丁未，以迓圖爲滿洲都統。己酉，詔免山西、陝西、江蘇、安徽、江西、浙江、福建、湖北、湖南、廣東十省逋賦。

十一月癸酉，命尚書金世榮、侍郎巴錫、范承烈督濬清河。免八旗官兵貸官未歸銀三百九十五萬六千六百兩有奇。甲戌，以阿山爲刑部尚書。庚辰，上謁陵。辛巳，以邵穆布爲江南江西總督。癸未，以山東私鑄多，聽以小錢完正賦，責有司運京鼓鑄。甲申，上巡幸塞外。西藏達賴喇嘛卒，其下第巴匿之，又立僞達賴喇嘛。拉藏汗殺第巴而獻其僞喇嘛。西寧喇嘛商南多爾濟以聞。

十二月壬寅，上還宮。詔罪囚緩決至三四年者減一等。辛亥，郭世隆罷，以趙弘燦爲廣東廣西總督。

是歲，免直隸、江南、福建、江西、湖廣等省三十二州縣災賦有差。朝鮮入貢。

四十六年丁亥春正月丁卯，詔：「南巡閱河，往返舟楫，不御室廬。所過勿得供億。」丁巳，梅鋗免，以蕭永藻爲左都御史。

二月戊戌，次臺莊，百姓來獻食物。召耆老前，詳詢農事生計，良久乃發。癸卯，上閱溜淮套，由清口登陸，如曹家廟，見地勢毗連山嶺，不可疏鑿，而河道所經，直民廬舍墳墓，悉當毀壞。詰責張鵬翮等，遂罷其役，道旁居民驩呼萬歲。命別勘視天然壩以下河道。

三月己未，上駐江寧。乙巳，上駐蘇州。

夏四月甲申，上駐杭州。詔曰：「朕頃因視河，駐蹕淮上。江、浙二省官民籲請臨幸，朕勉徇羣情，涉江而南。方今二麥垂熟，百姓沿河擁觀，不無踐踏。其令停迎送，示朕重農愛民至意。」戊申，以鄂克遜爲江寧將軍，殷泰爲甘肅提督。

五月壬子朔，上次山陽，示河臣方略。癸酉，上還京。丙子，解阿山尙書，削張鵬翮宮保。戊寅，贈故河道總督靳輔太子太保，予世職。加福建提督吳英威略將軍。贈死難運司高天爵官，予諡忠烈。以達爾占爲荆州將軍。

六月丁亥，上巡幸塞外。以巢可託爲左都御史，起郭世隆爲湖廣總督。

七月壬子，上駐蹕熱河。丁卯，車駕發喀拉河屯，巡幸諸蒙古部落。外藩來朝，各賜衣幣。

八月甲辰，次洮爾畢拉，賜迎駕索倫總管塞音察克、杜拉圖及打牲人銀幣。貴州三江苗人作亂，討平之。

九月癸亥，上駐和爾博圖噶岔。甲子，閱察哈爾、巴爾虎兵丁射。

尙書。

冬十月辛巳，以江蘇、浙江旱，發帑市米平糶，截漕放賑，免逋賦。外藩獻駝馬，卻之。戊戌，上還京。己亥，戶部議增雲南鑛稅，命如舊額。庚子，金世榮免，以蕭永藻爲兵部尙書。

十一月己酉朔，詔曰：「頃以江、浙旱災，隨命減稅、蠲逋、截漕。其江、浙兩省明年應出丁錢，悉予蠲免。被災之處，並免正賦。使一年之內，小民絕迹公庭，優游作息，副朕惠愛黎元至意。」己未，詔臺灣客民乏食，願歸者聽附公務船內渡。以汪悟禮爲漢軍都統。己亥，詔江、浙諸郡縣興修水利備旱澇。

十二月丙戌，以溫達爲大學士，馬爾漢爲吏部尙書，耿額爲兵部尙書，巢可託爲刑部尙書，富寧安、王九齡爲左都御史。丙午，賜親王以次內大臣、侍衞白金有差。

是歲，免直隸、江南、江西、福建、湖廣等省三十二州縣衞災賦有差。朝鮮、琉球入貢。

四十七年戊子春正月庚午，浙江大嵐山賊張念一、朱三等行劫慈谿、上虞、嵊縣，官兵捕平之。辛未，重修南嶽廟成，御製碑文。以覺羅孟俄洛爲奉天將軍。乙亥，詔截留湖廣、江西漕糧四十萬石，留於江南六府平糶。

二月庚寅，上御經筵。壬辰，遣侍郎穆丹按大嵐山獄，學士二鬲按紅苗獄。甲午，上巡畿甸。丙午，詔暹羅使臣挈帶土貨，許隨處貿易，免徵其稅。

三月丙辰，上還駐暢春園。戊午，以希思哈、李繩宗爲漢軍都統。

閏三月戊寅朔，重修北鎮廟成，御製碑文。乙未，以施世驃爲廣東提督，席柱爲西安將軍。

夏四月己酉，宋犖罷，以徐潮爲吏部尚書，以齊世武爲四川陝西總督。戊午，山東巡撫趙世顯報捕獲朱三父子，解往浙江。上曰：「朱三父子游行教書，寄食人家。若因此捕拿，株連太多，可傳諭知之。」辛酉，湖廣提督俞益謨密請勦除紅苗。上以紅苗無大罪，不許。以阿喇衲爲蒙古都統，李林盛爲漢軍都統。內大臣明珠卒，命皇三子胤祉奠茶酒，賜馬四匹。

五月甲申，以王鴻緒爲戶部尚書，富寧安爲禮部尚書，穆和倫爲左都御史。丙戌，上巡幸塞外。乙未，詔免大嵐山賊黨太倉人王昭駿伯叔兄弟連坐罪。

六月丁未，上駐蹕熱河。丁巳，九卿議覆大嵐山獄上，得旨：「誅其首惡者，朱三父子不可宥，緣坐可改流徙。巡撫王然、提督王世臣俱留任，受傷官兵俱議敍。」丁卯，淸文鑑成，上製序文。

秋七月丁丑，諭刑部，免死流人在配犯罪者按誅之。癸未，平定朔漠方略成，上親製序文。壬辰，上行圍。二高奏按紅苗殺人之廖老宰等斬梟，擅自遣兵前往苗寨之守備王應瑞遣戍，從之。

八月甲辰朔，日有食之。壬戌，上迴鑾，駐永安拜昂阿。

九月乙亥，上駐布爾哈蘇台。丁丑，召集廷臣行宮，宣示皇太子胤礽罪狀，命拘執之，送京幽禁。己丑，上還京。丁酉，廢皇太子胤礽，頒示天下。

冬十月甲辰，削貝勒胤禩爵。乙卯，以王掞爲工部尚書，張鵬翮爲刑部尚書。辛酉，上幸南苑行圍。以辛泰爲蒙古都統。

十一月癸酉朔，削直郡王胤禔爵，幽之。己卯，致仕大學士張英卒，予祭葬，謚文端。辛巳，副都御史勞之辨奏保廢太子，奪職杖之。丙戌，召集廷臣議建儲貳。阿靈阿、鄂倫岱、揆敍、王鴻緒及諸大臣以皇八子胤禩請。上不可。戊子，釋廢太子胤礽。己丑，王大臣請復立胤礽爲皇太子。丙申，以宗室發度爲黑龍江將軍。庚子，復胤禩貝勒。

十二月甲辰，褒卹死難生員嵇永仁、王龍光、沈天成、范承譜，附祀范承謨祠，承謨子巡撫范時崇請之也。丁巳，以陳詵爲湖廣巡撫，蔣陳錫爲山東巡撫，黃秉中爲浙江巡撫，劉蔭樞爲貴州巡撫。

是歲，免山東、福建、湖廣等省六十州縣災賦有差。朝鮮入貢。

四十八年己丑春正月癸巳，召集廷臣問舉立胤禩，孰爲倡議者。羣臣皇恐莫敢對，乃進大學士張玉書而問之，對曰：「先聞之馬齊。」上切責之。次日，列馬齊罪狀，宥死拘禁。已而上徐察其誣，釋之。丙申，上幸南苑。己亥，命侍郎赫壽駐藏，協辦藏事。初拉藏汗與青海爭立達賴喇嘛，不決，特命大臣往監臨之。王鴻緒、李振裕免。

二月己酉，上巡幸畿甸。以宗室楊福爲黑龍江將軍，覺羅孟俄洛爲寧古塔將軍，王文義爲貴州提督。戊午，以嵩祝署奉天將軍。戊辰，上還宮。庚午，以張鵬翮爲戶部尚書，張廷樞爲刑部尚書。

三月辛巳，復立胤礽爲皇太子，昭告宗廟，頒詔天下。甲午，賜趙熊詔等二百九十二人進士及第出身有差。

夏四月甲辰，以富寧安爲吏部尚書，穆和倫爲禮部尚書，穆丹爲左都御史。移禁胤禔於公所，遣官率兵監守。丁卯，上巡幸塞外。

五月甲戌，上駐蹕熱河。

六月戊午，康親王椿泰薨，謚曰悼，子崇安襲封。

秋七月庚寅，以殷泰爲四川陝西總督，噶禮爲江南江西總督，江琦爲甘肅提督，師懿德爲江南提督。戊戌，上行圍。

八月己亥朔，日有食之。加陝西提督潘育龍鎭綏將軍。

九月庚寅，上還京。以年羹堯爲四川巡撫。

冬十月壬寅，詔福建、廣東督撫保舉深諳水性熟知水師者。戊午，册封皇三子胤祉誠親王，皇四子胤禛雍親王，皇五子胤祺恆親王，皇七子胤祐淳郡王，皇十子胤䄉敦郡王，皇九子胤禟、皇十二子胤裪、皇十四子胤禵俱爲貝勒。壬戌，詔免江蘇被災之淮、揚、徐，山東之兗州，河南之歸德明年地丁額賦。

十一月丙子，詔各省解部之款過多，可酌量截留，以備急需。安郡王馬爾渾薨，謚曰懿，子華玘襲。己卯，加漕運總督桑額太子太保。庚寅，上與大學士李光地論水脈水源，泰、岱諸山自長白山來。泲水伏流，黃河未到積石亦是伏流，蒙古人有書言之甚詳。江源亦自崑崙來，至於岷山乃不伏流耳。遣張鵬翮、噶敏圖按江南宜思恭虧帑獄。

十二月己亥，上謁陵。己未，上還宮。命馬齊管鄂羅斯貿易事。刑部尙書巢可託免。是歲，免直隸、江蘇、安徽、山東、河南、湖廣等省五十三州縣災賦有差。朝鮮、琉球入貢。

四十九年庚寅春正月庚寅，命修滿蒙合璧清文鑑。

二月丁酉，上巡幸五臺山。吏部尚書徐潮乞休，允之。

三月己巳，上還京。乙亥，命編纂字典。詔以故大學士李霨嫡孫主事李敏啓擢補太常寺少卿。戊寅，敕封西藏胡必爾汗波克塔爲六世達賴喇嘛。辛巳，詔免浙江杭、湖二府未完漕米三萬九千餘石。

夏四月乙巳，調蕭永藻爲吏部尚書，王掞爲兵部尚書。

五月己酉朔，上巡幸塞外。癸酉，次花峪溝。閱吉林、黑龍江官兵。丁丑，上駐蹕熱河。

六月己亥，命諸皇子恭迎皇太后至熱河避暑。戊午，刑部尚書張廷樞免。

秋七月壬午，按事湖南尚書蕭永藻等疏報巡撫提督互訐案，查審俱實。得旨：「兪益謨休致，趙申喬革職留任。」

閏七月甲寅，上行圍。

八月乙亥，詔福建漳、泉二府旱，運江、浙漕糧三十萬石賑之，並免本年未完額賦。丙戌，上還駐熱河。庚寅，以范時崇爲福建浙江總督，額倫特爲湖南提督。

九月辛丑，上奉皇太后還宫。辛亥，希福納免。時戶部虧蝕購辦草豆銀兩事覺，積十餘年，歷任尚書、侍郎凡百二十人，虧蝕至四十餘萬。上寬免逮問，責限償完，希福納現任尚書，特斥之。以穆和倫爲戶部尚書，貝和諾爲禮部尚書。

冬十月甲子，詔曰：「朕臨御天下垂五十年，誠念民爲邦本，政在養民。迭次蠲租數萬萬，以節儉之所餘，爲渙解之弘澤。惟體察民生，未盡康阜，良由生齒日繁，地不加益。宜沛鴻施，藉培民力。自康熙五十年始，普免天下錢糧，三年而徧。直隸、奉天、浙江、福建、廣東、廣西、四川、雲南、貴州九省地丁錢糧，察明全免。歷年逋賦，一體豁除。其五十一年、五十二年應蠲省分，屆時候旨。地方大吏以及守令當體朕保乂之懷，實心愛養，庶幾昇平樂利有可徵矣。文到，其刊刻頒布，咸使聞知。」丁卯，諭外藩已朝行在，勿庸朝正。丙子，以郭瑮爲雲南貴州總督，以郭世隆爲刑部尚書，鄂海爲湖廣總督。癸未，諭大學士：「江南虧空錢糧多至數十萬兩，此或朕數次南巡，地方挪用。張鵬翮謂俸工可以抵補。牧令無俸，仍以累民，莫若免之爲善。其會議以聞。」

十一月辛卯朔，詔凡遇蠲賦之年，免業主七分，佃戶三分，著爲令。大學士陳廷敬以老乞休，溫旨慰諭，命致仕。乙巳，上謁陵。以蕭永藻爲大學士，王掞爲禮部尚書，徐元正爲工部尚書。丁未，以孫徵灝爲兵部尚書。乙卯，以桑額爲吏部尚書。

十二月癸酉，以赫壽爲漕運總督。戊寅，上還京。辛巳，詔曰：「朕因朝列舊臣漸次衰謝，順治年間進士去職在籍者，已無多人。王士禛、江皐、周敏政、葉矯然、徐淑嘉皆以公過屛廢，俱復還原官。」以趙申喬爲左都御史。

是歲，免直隸、江南等省七州縣災賦有差。朝鮮、安南入貢。

五十年辛卯春正月癸丑，上巡畿甸，視通州河堤。

二月辛酉，以班迪爲滿洲都統，善丹爲蒙古都統。丁卯，閱筐兒港，命建挑水壩。次河西務，上登岸步行二里許，親置儀器，定方向，釘樁木，以紀丈量之處。諭曰：「用此法可以測量天地、日月交食。算法原於易。用七九之奇數，不能盡者，用十二、二十四之偶數，乃能盡之，即取象十二時、二十四氣也。」庚午，上還京。辛巳，上御經筵。

三月庚寅，王大臣以萬壽節請上尊號。自平滇以來，至是凡四請矣。上謙挹有素，終不之許。

夏四月庚申，徐元正養親回籍，以陳詵爲工部尚書。庚辰，上奉皇太后避暑熱河。乙未，命禮部祈雨。庚子，大雨。丙午，留京大學士張玉書卒，上悼惜，賦詩一篇，遣官治喪，賜銀一千兩，加祭葬，諡文貞。己酉，詔免江蘇無著銀十萬兩有奇。丙辰，召致仕大學士陳廷敬入閣辦事。增鄉、會試五經中額。

六月戊辰，設廣西西隆州儒學訓導。

秋七月丙辰，上行圍。

八月庚午，高宗純皇帝生。以王原祁爲掌院學士。設先賢子游後裔五經博士。

九月戊申，上奉皇太后還宮。藍理有罪免，以楊琳爲福建陸路提督，馬際伯爲四川提督。停本年秋決。

冬十月丙辰，詔免臺灣五十一年應徵稻穀。貝和諾免，以嵩祝爲禮部尚書。戊午，詔前旨普免天下錢糧，五十一年輪及山西、河南、陝西、甘肅、湖北、湖南六省，地丁錢糧及逋欠俱行蠲免。庚午，以碩鼐爲滿洲都統，瑚世巴、馬爾賽爲蒙古都統。戊寅，免朝鮮白金豹皮歲貢。庚辰，詔舉孝義。辛巳，命張鵬翮置獄揚州，按江南科場案。壬午，鄂繕、耿額、齊世武、悟禮等有罪，褫職拘禁。趙申喬疏劾新科編修戴名世恃才放蕩，語多悖逆，下部嚴審。

十一月丙戌，以殷特布爲漢軍都統，隆科多爲步軍統領，張谷貞爲雲南提督。丁未，上謁陵，賜守陵官役馬匹白金。

十二月癸酉，上還宮。癸未，祫祭太廟。

是歲，免直隸、安徽等省八州縣災賦有差。朝鮮、琉球入貢。丁戶二千四百六十二萬一千三百二十四，田地六百九十三萬三百四十四頃三十四畝，徵銀二千九百九十萬四千六百五十二兩八錢。鹽課銀三百七十二萬九千二百二十八兩。鑄錢三萬七千四百九十三萬三千四百有奇。

五十一年壬辰春正月丙午，擢編修張逸少爲翰林院侍讀學士，故大學士張玉書之子也。壬子，命內外大臣具摺陳事。摺奏自此始。癸丑，上巡幸畿甸。詔右衞將軍宗室費揚古辦事誠實，供職年久，且係王子，可封爲輔國公。

二月丁巳，詔宋儒朱子配享孔廟，在十哲之次。江蘇巡撫張伯行與總督噶禮互訐，俱解任，交張鵬翮、赫壽查審。福建浙江總督范時崇疏陳沿海漁船，只許單桅，不許越省行走，交地方文武鈐束。上曰：「此事不可行。漁戶併入水師營，則兵弁侵欺之矣。盜賊豈能盡除，竊發何地無之？只視有益於民者行之，不當以文法爲捕具也。」戊寅，命卓異武官照文職引見。庚辰，上還京。壬午，詔曰：「承平日久，生齒日繁。嗣後滋生戶口，勿庸更出丁錢，即以本年丁數爲定額，著爲令。」

三月辛卯，諭大學士：「繙譯本章，甚有關繫。昨見本內『假官』二字，竟譯作『僞官』，舛錯殊甚。其嚴飭之。」丁酉，上御經筵。

夏四月丁巳，賜王世琛等百七十七人進士及第出身有差。甲子，以康泰爲四川提督。

定會試分省取中例。壬申，諭：「故大學士熊賜履夙學舊臣，身歿以後，時軫於懷。聞其子已長成，可令來京錄用。」壬戌，予故一等待衞海青副都統銜，予祭葬，謚果毅。致仕大學士陳廷敬卒，命皇三子奠茶酒，御賦輓詩，命南書房翰林勵廷儀、張廷玉齎焚，予治喪銀一千，謚文貞。詔明年六旬萬壽，二月特行鄉試，八月會試。以嵩祝爲大學士，黑碩咨爲禮部尚書，滿篤爲工部尚書，以王掞爲大學士，陳詵爲禮部尚書，起張廷樞爲工部尚書。丙子，上奉皇太后避暑熱河，啓鑾。壬午，上駐蹕熱河。

五月壬寅，命有司稽察流民徙邊種地者。以穆丹爲左都御史，鄂代爲蒙古都統。

六月癸丑朔，日有食之。丁巳，命穆和倫、張廷樞覆按江南督撫互訐案。湖廣鎭筸紅苗吳老化率毛都塘等五十二寨內附。辛酉，以張朝午爲廣西提督。

秋八月癸丑，上行圍。戊寅，詔朝鮮遇有中國漁船違禁至界汛，許拘執以聞。鎭筸苗民續內附八十三寨。

九月庚戌，上奉皇太后還宮。皇太子胤礽復以罪廢，錮於咸安宮。

冬十月壬戌，穆和倫等覆按江南獄上，上命奪噶禮職，張伯行復任。以揆敍爲左都御史，赫壽爲江南江西總督。

十一月乙酉，前福建提督藍理獄上，應死。上念征臺灣功，特原之。己亥，羣臣以萬壽六旬請上尊號，不許。丁未，以復廢皇太子胤礽告廟，宣示天下。己酉，上謁陵，賜守陵大臣白金。

十二月甲戌，上還京。

是歲，免直隸、江南、山東、浙江等省二十三州縣災賦有差。朝鮮入貢。

五十二年癸巳春正月戊申，詔封後藏班禪胡土克圖喇嘛爲班禪額爾得尼。

二月庚戌，趙申喬疏言太子國本，應行册立。上以建儲大事，未可輕定，宣諭廷臣，以原疏還之。乙卯，上巡幸畿甸。編修戴名世以著述狂悖棄市。進士方苞以作序干連，免死入旗，旋赦出之。乙亥，上還駐暢春園。

三月戊寅朔，諭王大臣：「朕昨還京，見各處爲朕保釐乞福者，不計其數，實覺愧汗。萬國安，卽朕之安，天下福，卽朕之福，祝延者當以茲爲先。朕老矣，臨深履薄之念，與日俱增，敢滿假乎？」又諭：「各省祝壽老人極多，倘有一二有恙者，可令太醫看治。朕於十七日進宮經棚，老人已得從容瞻覲。十八日正陽門行禮，不必再至龍棚。各省漢官傳諭知悉。」甲午，上還宮，各省臣民夾道俯伏歡迎，上駐輦慰勞之。乙未，萬壽節，上朝慈寧宮，御太和殿受賀，頒詔覃恩，錫高年，舉隱逸，旌孝義，蠲逋負，鰥寡孤獨無告者，官爲養之，罪非殊死，咸赦除焉。壬寅，召直省官員士庶年六十五以上者，賜宴於暢春園，皇子視食，宗室子執爵授飲。扶掖八十以上老人至前，親視飲酒。諭之曰：「古來以養老尊賢爲先，使人人知孝知弟，則風俗厚矣。爾耆老當以此意告之鄉里。昨日大雨，田野霑足。爾等速回，無誤農時。」是日，九十以上者三十三人，八十以上者五百三十八人，各賜白金。加祝釐老臣宋犖太子少師，田種玉太子少傅。甲辰，宴八旗官員、兵丁、閒散於暢春園，視食授飲、視飲賜金同前。是日，九十以上者七人，八十以上者一百九十二人。

夏四月甲寅，以鄂海爲陝西四川總督，額倫特爲湖廣總督，高其位爲湖廣提督。四川提督岳昇龍請入籍四川，許之。丁卯，遣官告祭山川、古陵、闕里。五月丙戌，上奉皇太后避暑熱河。調張廷樞爲刑部尚書，王頊齡爲工部尚書。頒賚蒙古老人白金。辛丑，詔停本年秋決。

閏五月乙卯，賚熱河老人白金。御史陳汝咸招撫海寇陳尚義入見，詢海上情勢及洋船形質，命於金州安置，置水師營。

六月丁丑，修律算書。

秋七月壬子，詔宗人削屬籍者，子孫分別繫紅帶、紫帶，載名玉牒。丙寅，上行圍。

八月丁丑，蒙古鄂爾多斯王松阿拉布請於察罕託灰遊牧，不許，命遊牧以黃河爲界，從總兵范時捷請也。

九月甲子，上奉皇太后還宮。辛未，以江南漕米十萬石分運廣東、福建平糶。冬十月丙子，以張鵬翮爲吏部尚書。乙酉，賜王敬銘等一百四十三人進士及第出身有差。

十一月己酉，詔免廣東、福建、甘肅二十一州縣衞明年稅糧。癸亥，上謁陵。

十二月己卯，以赫奕爲工部尚書。辛卯，令文武科目願兼應者，許改試一科。壬辰，上還京。甲午，以五鬲爲蒙古都統。辛丑，祫祭太廟。

是歲，免浙江十州縣災賦有差。朝鮮、琉球入貢。

五十三年甲午春正月己未，命修壇廟殿廷樂器。癸亥，戶部請禁小錢。上曰：「凡事必期便民，若不便於民，而惟言行法，雖厲禁何益。」戊辰，上巡幸畿甸。丁卯，以何天培爲京口將軍。

二月甲戌，詔停今年秋審，矜疑人犯，審理具奏，配流以下，減等發落。乙酉，上還京。癸丑，命侍郎常泰、少卿陳汝咸赴甘肅賑撫災民。丁巳，前尚書王鴻緒進明史列傳二百八十卷，命付史館。

夏四月戊子，改師懿德爲甘肅提督。辛卯，上奉皇太后避暑熱河。六月乙亥，詔：「拉藏汗年近六十，二子在外，宜防外患，善自爲謀。」癸未，以炎暑免從臣晚朝。

秋七月辛卯，詔以江南暵旱，浙江米貴，河南歉收，截漕三十萬石，分運三省平糶。

八月乙亥，上行圍。

九月丙寅，上奉皇太后還宮。

冬十月己巳朔，命張鵬翮、阿錫鼐往按江南牟欽元獄。己丑，命大學士、南書房翰林考定樂章。

十一月，敕戶部截漕三十餘萬石，於江南、浙江備賑。戊申，免甘肅靖邊二十八州縣衞明年額賦。誠親王胤祉等以御製律呂正義進呈，得旨：「律呂、曆法、算法三書共爲一部，名曰律曆淵源。」甲寅，冬至，祀天於圜丘，奏新樂。丙辰，上巡幸塞外。貝勒胤禩屬下人雅齊布有罪伏誅。遣何國棟測量廣東、雲南等省北極出地及日景。

十二月癸酉，上駐特布克，賜隨圍蒙古兵銀幣。己丑，上還京。辛卯，洮、岷邊外生番喇子等一十九族內附。

是歲，免江南、河南、甘肅、浙江、湖廣等省百二十二州縣災賦有差。朝鮮入貢。

五十四年乙未春正月甲子，停五經中式例。封阿巴玹台吉德木楚克爲輔國公。詔貝勤胤禩、延壽溺職，停食俸。

二月戊辰朔，張伯行緣事解任，交張鵬翮審理。己巳，以施世綸爲漕運總督。辛未，上巡幸畿甸，諭巡撫趙弘燮曰：「去年臘雪豐盈，今年春雨應節，民田想早播種。但慮起發太盛，或有一二疸之虞。可示農民芸耨宜疏，以防風霾。」又諭：「朕時巡畿甸，見民生差勝於前。但誦讀者少，風俗攸關。宜令窮僻鄉壤廣設義學，勸令讀書。爾有司其留意。」甲午，以杜呈泗爲江南提督，穆廷栻爲福建陸路提督。

三月己亥，以蒙古吳拉忒等部十四旗雪災，命尚書穆和倫運米往賑，教之捕魚爲食。庚子，以趙弘燮爲直隸總督，任巡撫事。以睦森爲寧古塔將軍。

夏四月庚午，賜徐陶璋等一百九十人進士及第出身有差。己卯，師懿德奏策旺阿拉布坦兵掠哈密，遊擊潘至善擊敗之。命尚書富寧安、將軍席柱率師援勦，祁里德赴推河，諭喀爾喀等備兵。庚辰，徵外藩兵集歸化城，調打牲索倫兵赴推河。己丑，諭議政大臣：「朕曾出塞親征，周知要害。今討策旺阿拉布坦進兵之路有三：一由噶斯直抵伊里河源，趨其巢穴；一越哈密、吐魯番，深略敵境；一取道喀爾喀，至博克達額倫哈必爾漢，度嶺扼險。三路並進，大功必成。」壬午，漕運總督郎廷極卒，上稱其撫恤運丁，歷運無阻，予祭葬，謚溫勤。辛卯，上奉皇太后避暑熱河。乙未，命富寧安分兵戍噶斯口，總兵路振聲駐防哈密。

五月丙午，黑龍江將軍宗室楊福卒，賜銀一千兩，命侍衞尚崇義、傅森馳驛賜奠，諡襄毅，命其子三官保暫署父任。戊午，內閣侍讀圖理琛使於鄂羅斯，使備兵。

六月壬申，命都統圖斯海等赴湖灘河朔運糧。甲戌，富寧安、席柱疏報進兵方略。得旨，明年進兵。丁亥，兵部尚書孫徵灝卒，賜鞍馬二、散馬二、銀五百兩，諡清端。

秋七月甲午朔，命和托輝特公博貝招撫烏梁海。辛酉，命公傅爾丹往烏蘭古等處屯田。

八月辛未，大學士李光地乞假歸，上賦詩送之。癸酉，上行圍。壬辰，撤噶斯口戍兵還肅州。

九月己酉，博貝招撫烏梁海部來歸。

冬十月丙寅，上諭大學士：「朕右手病不能寫字，用左手執筆批答奏摺，期於不洩漏也。」辛巳，上奉皇太后還宮。詔順天、保定、河間、永平、宣化今歲雨溢，穀秏不登，所有五府應完五十五年稅糧，悉蠲除之。

十一月甲午，以范時崇爲左都御史，覺羅滿保爲浙江福建總督，宗室巴塞爲蒙古都統。庚子，停京師決囚。辛丑，以宋臣范仲淹從祀孔廟。己未，冬至，祀天於圜丘，始用御定雅樂。

十二月己巳，以塔拜爲杭州將軍。命護軍統領晏布帥師駐西寧。甲申，張伯行以疑贓誣參論罪應死，上原之，起爲倉場侍郎。

是歲，免江南、湖南二省二十四州縣衞災賦有差。朝鮮、琉球入貢。

五十五年丙申春正月壬子，上幸湯泉。

二月乙丑，命副都統蘇爾德經理圖呼魯克等處屯田。癸酉，上還駐暢春園。丙子，詔免安南歲貢犀角、象牙。己卯，上巡幸畿甸。庚寅，定丁隨地出例。

三月丁酉，卹贈廣西右江勦瑤傷亡參將王啓雲官廕。庚子，上還宮。乙巳，召席柱還，以晏布代之，路振聲參軍事。癸丑，蒙古圖爾胡特貝子阿拉布珠爾請從軍。命率蒙古兵戍噶斯口。貴州巡撫劉蔭樞疏請罷兵，命乘傳詣軍周閱議奏。

閏三月癸亥，以額倫特署西安將軍，滿丕署湖廣總督。丁丑，以左世永爲廣西提督。壬午，發京倉米二十萬石賑順天、永平。五城粥廠展期至秋。命禮部祈雨。

夏四月癸卯，上奉皇太后避暑熱河。

五月庚申，上駐熱河，齋居祈雨。起馬齊爲大學士，穆和倫爲戶部尚書。壬戌，發倉米平糶。預發八旗兵糧。甲子，雨。上曰：「宋儒云：『求雨得雨，旱豈無因。』此言可味也。」己巳，京師遠近雨足，上復常膳。乙酉，赫奕免，以孫渣齊爲工部尚書。

六月丙辰，上幸湯泉。

秋七月辛未，命移噶斯口防軍分戍察罕烏蘇、噶順。癸未，上行圍。

八月乙卯，前奉天府尹董弘毅坐將承德等九州縣米豆改徵銀兩，致倉儲闕乏，黜官。

九月庚午，以蔣陳錫爲雲南貴州總督。甲申，上奉皇太后還宮。

冬十月丁亥朔，詔刑部積歲緩決長繫人犯，分別減釋之。停本年秋決。戊子，以托留爲黑龍江將軍，趙弘燦爲兵部尚書。癸巳，詔：「近以策旺阿拉布坦侵入哈密，徵兵備邊，一切飛芻輓粟經過邊境，不無借資民力。所有山西、陝西、甘肅四十八州縣衞應徵明年銀米穀草及積年逋欠，悉與蠲除。」丁酉，詔肅州與布隆吉爾毗連迤北西吉木、達里圖、金塔寺等處，招民墾種。以楊琳爲廣東廣西總督。以宗室巴賽爲滿洲都統，晏布爲蒙古都統。丙午，策旺阿拉布坦執青海台吉羅卜藏丹濟布，犯噶斯口，官兵擊走之。命額倫特駐師西寧，分兵戍噶斯口，布隆吉爾散秩大臣阿喇衲赴巴爾庫爾參贊軍事。

十一月乙丑，以傅爾丹、額爾錦爲領侍衞內大臣。戊辰，上謁陵。甲申，上巡行塞外。盜發明陵，命置之法。

十二月己酉，上還京。詔免順天、永平三十五州縣明年地丁稅糧，其積年逋賦併除之。

是歲，免直隸、江南、山東、浙江、江西、湖廣等省六十三州縣災賦有差。朝鮮、安南入貢。

五十六年丁酉春正月丁卯，修周易折中成，頒行學宮。壬午，以徐元夢爲左都御史，朱軾爲浙江巡撫。

二月丙戌朔，上巡幸畿甸。乙未，徵奉天、吉林兵益祁里德軍。癸卯，上還駐暢春園。丁未，定盜案法無可寬、情有可原例。順承郡王諾羅布薨，謚曰忠，子錫保襲封。左都御史揆敍卒，予祭葬，謚文端。

三月丁巳，上御經筵。戊寅，以富寧安爲靖逆將軍，傅爾丹爲振武將軍，祁里德爲協理將軍，視師防邊。壬午，上巡視河西務隄。

夏四月乙酉，上還駐暢春園。乙未，發通州倉米分貯直隸州縣備賑。丙申，碣石鎭總兵陳昂奏天主教堂各省林立，宜行禁止，從之。以孫柱、范時崇爲兵部尚書。辛丑，上奉皇太后避暑熱河。

五月庚申，九卿議王貝勒差人出外，查無勘合，卽行參究。

六月壬子，傅爾丹襲擊厄魯特博羅布爾哈蘇，斬俘而還。兵部尚書趙弘燦卒，予祭葬，謚清端。

秋七月丙辰，策旺阿拉布坦遣其將策零敦多布侵掠拉藏。癸亥，富寧安襲擊厄魯特於通俄巴錫，進及烏魯木齊，毁其田禾，還軍遇賊畢留圖，擊敗之。陣亡灰特台吉扎穆畢，追封輔國公。

八月壬午朔，上行圍。

九月辛未，以路振揚署四川提督。河南奸民亢珽滋事，官兵捕之，珽走死。命尚書張廷樞、學士勒什布往鞫，得前巡撫李錫貪虐激變狀以聞。李錫褫職論死，賊黨伏誅。

冬十月乙酉，命侍郎梁世勳、海壽往督巴爾庫爾屯田。庚子，上奉皇太后還宮。乙巳，命內大臣公策旺諾爾布、將軍額倫特、侍衞阿齊圖等率師戍青海。以宗室公吞珠爲禮部尚書，蔡升元爲左都御史。

十一月壬子，命停決囚。乙丑，皇太后不豫，上省疾慈寧宮。辛未，詔曰：「帝王之治，必以敬天法祖爲本。合天下之心以爲心，公四海之利以爲利，制治於未亂，保邦於未危，夙夜兢兢，所以圖久遠也。朕八齡踐祚，在位五十餘年，今年近七旬矣。當二十年時，不敢逆計至三十。三十年時，不敢逆計至四十。今已五十七年矣，非涼德所能致也。賴宗社之靈，齒登耆壽，子孫衆多。天下和樂，四海乂安。雖未敢謂家給人足，俗易風移，而欲使民安物皁之心，始終如一。殫竭思慮，耗敝精力，殆非勞苦二字所能盡也。古帝王享年不永，書生每致譏評。不知天下事煩，不勝其勞慮也。人臣可仕則仕，可止則止，年老致仕而歸，猶得抱子弄孫，優游自適。帝王仔肩無可旁委，舜歿蒼梧，禹殂會稽，不遑寧處，終鮮止息。洪範五福，終於考終命，以壽考之難得也。易遯六爻，不及君主，人君無退藏之地也。豈當與臣民較安逸哉！朕自幼讀書，尋求治理。年力勝時，挽強決拾。削平三藩，綏輯漠北，悉由一心運籌，未嘗妄殺一人。府庫帑金，非出師賑饑，未敢妄費。巡狩行宮，不施采繢。少時即知聲色之當戒，佞倖之宜遠，幸得粗致謐安。今春頗苦頭暈，形漸羸瘦。行圍塞外，水土較佳，體氣稍健，每日騎射，亦不疲乏。復以皇太后違和，頭暈復作，步履艱難。倘一時不諱，不得悉朕衷曲。死者人之常理，要當於明爽之時，舉平生心事一爲吐露，方爲快耳。昔人每云帝王當舉大綱，不必兼綜細務。朕不謂然，一事不謹，即貽四海之憂；一念不謹，即貽百年之患。朕從來蒞事無論鉅細，莫不愼之又愼。惟年既衰暮，祗懼五十七年憂勤惕勵之心，隳於末路耳。立儲大事，豈不在念。但天下大權，當統於一，神器至重，爲天下得人至難，是以朕垂老而惓惓不息也。大小臣工能體朕心，則朕考終之事畢矣。茲特召諸子諸卿士詳切言之。他日遺詔，備於此矣。」甲戌，免八旗借支銀二百萬兩。丙子，詔免直隸、安徽、江蘇、浙江、湖廣、陝西、甘肅等省積年逋賦，江蘇、安徽並免漕項銀米十分之五。

十二月甲申，皇太后病勢漸增，上疾七十餘日矣，脚面浮腫，扶掖日朝寧壽宮。丙戌，皇太后崩，頒遺誥，上服衰割辮，移居別宮。己酉，上還宮。

是歲，朝鮮入貢。

五十七年戊戌春正月乙卯，上有疾，幸湯泉。戊寅，賜防邊軍士衣二萬襲。

二月庚寅，拉藏乞師，命侍衞色楞會青海兵往援。癸卯，以路振聲爲甘肅提督。檢討朱天保上疏請復立胤礽爲皇太子，上於行宮親訊之曰：「爾何知而違旨上奏？」朱天保曰：「臣聞之臣父，臣父令臣言之。」上曰：「此不忠不孝之人也。」命誅之。丁未，上還宮。碣石鎭陳昂疏請洋船入港，先行查取大礮，方許進口貿易。部議不行。

三月癸丑，減大興、宛平門廠房稅。辛酉，上大行皇后謚曰孝惠仁憲端懿純德順天翊聖章皇后。丙寅，以顏壽爲右衞將軍，黃秉鉞爲福州將軍。戊辰，裁起居注官。甄別不職學政叢澍等七員，俱褫職。丁丑，命浙江南北新關稅交同知管理。戊寅，浙江巡撫朱軾請修海寧石塘。從之。

夏四月乙酉，葬孝惠章皇后於孝東陵。丁亥，賜汪應銓等一百七十一人進士及第出身有差。辛卯，上幸熱河。穆和倫免，以孫渣齊爲戶部尚書。

五月癸丑，以徐元夢爲工部尚書。丁巳，額倫特奏拉藏汗被陷身亡，二子被殺，達賴、班禪均被拘。己未，浙江福建總督滿保疏臺灣一郡有極衝口岸九處，次衝口岸十五處，派人修築，酌移員弁，設淡水營守備。從之。

六月壬辰，遣使册封琉球故王曾孫尚敬爲中山王。己丑，大學士李光地卒，命皇五子恆親王胤祺往奠茶酒，賜銀一千兩，徐元夢還京護其喪事，謚文貞。丁未，賜哈密軍士衣四百襲。

秋七月己未，打箭爐外墨裏喇嘛內附。甲戌，修省方盛典。

八月壬子，索倫水災，遣官賑之。孟光祖伏誅。戊子，上行圍。甲午，禮部尚書呑珠卒，予祭葬，謚恪敏。總兵官仇機有罪伏誅。

閏八月戊辰，詔曰：「夷虜跳梁，大兵遠駐西邊，一切征繕，秦民甚屬勞苦。所有陝西、甘肅明年地丁糧稅俱行蠲免，歷年逋賦亦盡除之。」

九月己卯，命都統阿爾納、總兵李耀率師赴噶斯口、柴旦木駐防。丙戌，以王頊齡爲大學士，陳元龍爲工部尚書。甲辰，上還京。將軍額倫特、侍衞色楞會師喀喇烏蘇，屢敗賊，賊愈進，師無後繼，矢竭力戰，歿於陣。

冬十月甲寅，停本年決囚。丙辰，命皇十四子貝子胤禵爲撫遠大將軍，視師青海。命殉難總督甘文焜、知府黄庭柏建祠列祀。甲子，詔四川巡撫年羹堯，軍興以來，辦事明敏，即升爲總督。命翰林、科道輪班入直。戊辰，上駐湯泉。命皇七子胤祐、皇十子胤䄉、皇十二子胤祹分理正黄、正白、正藍滿、蒙、漢三旗事務。

十一月丙子，上還駐暢春園。福建巡撫陳瑸卒，贈禮部尚書，謚清端。以宜兆熊爲漢軍都統。

十二月丙辰，上謁陵。己未，孝惠章皇后升祔太廟，位於孝康章皇后之左，頒詔天下。雲南撒甸苗人歸順。己巳，上還宮。

是歲，免江南、福建、甘肅、湖廣等省二十六州縣衞災賦有差。朝鮮、琉球、安南入貢。

五十八年己亥春正月甲戌朔，日有食之。詔曰：「日食三始，垂象維昭。宜修人事，以儆天戒。臣工其舉政事闕失以聞。」乙未，上幸湯泉。庚子，上還駐暢春園。辛丑，詔立功之臣退閒，世職准子弟承襲。若無應襲之人，給俸終其身。壬寅，命截漕米四十三萬石，留江蘇、安徽備荒。

二月己巳，上巡幸畿甸。己卯，學士蔣廷錫表進皇輿全覽圖，頒賜廷臣。庚申，上還駐暢春園。辛未，命都統法喇撫輯裏塘、巴塘，護軍統領噶爾弼同理軍事。

三月乙未，侍郎色爾圖以運餉遲延罷，命巡撫噶什圖接管。

夏四月乙巳，命撫遠大將軍胤禵駐師西寧。癸丑，上巡幸熱河。

五月戊寅，以麥大熟，命民間及時收貯。庚辰，以揚都爲蒙古都統。浙江正考官索泰賄賣關節，在籍學士陳恂說合，陳鳳墀夤緣中式，均論死，並罪其保薦索泰爲考官者。南陽標兵執辱知府沈淵，總兵高成革職，游擊王洪道論死，兵處斬。

六月甲辰，以貝勒滿篤祜爲滿洲都統。丁未，年羹堯、噶爾弼、法喇先後奏副將岳鍾琪招輯裏塘、巴塘就撫。命法喇進駐巴塘，年羹堯撥兵接應。丙寅，以馬見伯爲固原提督。

秋七月癸未，以宗查木爲西安將軍。

八月庚戌，上行圍。庚申，振威將軍傅爾丹奏鄂爾齋圖二處築城設站。命尙書范時崇往董其役。

九月乙未，諭西寧現有新胡畢勒罕，實係達賴後身，令大將軍遣官帶兵前往西藏安禪。

戊戌，安郡王華玘薨，謚曰節。

冬十月丁未，上還京。壬子，命蒙養齋舉人王蘭生修正音韻圖。甲寅，固原提督潘育龍卒，贈太子少保，予祭葬，謚襄勇。

十一月丙子，禮部尙書陳詵致仕。庚寅，增江西解額。

十二月壬寅，以蔡升元爲禮部尚書，田從典爲左都御史。戊申，西安將軍額倫特之喪至京，命皇五子恆親王胤祺、皇十二子貝子胤祹迎奠。庚申，命截湖廣漕糧十萬石留於本省備荒。辛酉，詔曰：「比年興兵西討，遠歷邊陲，居送行賫，民力勞瘁。所有沿邊六十六州縣衞所明年額徵銀米，俱行蠲免。」

是歲，免江蘇、安徽等省十三州縣災賦有差。朝鮮、琉球入貢。

五十九年庚子春正月丁酉，命撫遠大將軍胤禵移師穆魯斯烏蘇。以宗室延信爲平逆將軍，領兵進藏，以公策旺諾爾布參贊軍務。命西安將軍宗查木駐西寧，平郡王訥爾素駐古木。

二月甲辰，上巡幸畿甸。癸丑，命噶爾弼爲定西將軍，率四川、雲南兵進藏，册封新胡畢勒罕爲六世達賴喇嘛。辛酉，上還駐暢春園。

三月己丑，命雲南提督張谷貞駐防麗江、中甸。丙申，命靖逆將軍富寧安進師烏魯木齊，散秩大臣阿喇衲進師吐魯番，祁里德領七千兵從布婁爾，傅爾丹領八千兵從布拉罕，同時進擊準噶爾。

夏四月戊申，上巡幸熱河。

五月辛巳，以旱求言。壬午，雨。

六月己亥，陝西饑，運河南積穀往賑。丙辰，保安、懷來地震，遣官賑之。

秋七月丙寅朔，日有食之。癸酉，富寧安擊賊於阿克塔斯、伊爾布爾和韶，敗之，擒其台吉垂木拍爾。阿喇衲師至齊克塔木，遇賊，擊破之，盡虜其衆。進擊皮禪城，降之。師至吐魯番，番酋阿克蘇爾坦率衆迎降。丙戌，傅爾丹擊賊於格爾厄爾格，斬獲六百，陣擒寨桑貝肯，焚其積聚而還，貝肯送京。祁里德敗賊於鏗額爾河，降其寨桑色布騰等二千餘人。

八月戊戌，上行圍。庚子，琉球請令其陪臣子弟入國子監讀書，許之。癸丑，平逆將軍延信連敗賊衆於卜克河。丁巳，又敗賊衆於綽馬喇，賊將策零敦多布遁。定西將軍噶爾弼率副將岳鍾琪自拉里進兵。戊午，克西藏，執附賊喇嘛百餘，斬其渠五人，撫諭唐古特、土伯特，西藏平。以高其倬爲廣西巡撫。

九月壬申，平逆將軍延信以兵送達賴喇嘛入西藏坐牀。富寧安兵入烏魯木齊，哈西哈回人迎降，軍迴至烏蘭烏蘇。戊寅，雲貴總督蔣陳錫、巡撫甘國壁以饋饟後期褫職，仍令運米入藏。

冬十月癸卯，上還京。詔再以河南積穀運往陝西放賑。明年，河南漕糧照數補還倉穀，其餘漕糧留貯河南。甲辰，朝鮮國王李焞薨。詔曰：「李焞襲封五十年，奉藩恭謹，撫民慈愛。茲聞溘逝，惻悼實深，卽令王子李昀襲封。所進貢物悉數帶回，仍查卹典具奏。」詔陝西、甘肅兩省康熙六十年地丁銀一百八十八萬兩零，通行蠲免。沿邊歉收，米價昂貴，兵力拮据，並豫發本年兵饟。賚進藏官兵。甲寅，戶部尚書趙申喬卒，予祭葬，諡恭毅。丁巳，詔撫遠大將軍胤禵會議明年師期。戊午，以陝西、甘肅歉收，命銀糧兼賑，以麥收爲止。

十一月辛未，遣官致祭朝鮮國王李焞，特諡僖順，册封世子李昀爲朝鮮國王。戊寅，以田從典爲戶部尚書，朱軾爲左都御史，以楊名時爲雲南巡撫。辛巳，詔：「大兵入藏，其地俱入版圖，山川名號番、漢異同，應卽考訂明覈，傳信後世。」上因與大學士講論河源、江源，及於禹貢三危。庚寅，以隆科多爲理藩院尚書，仍兼步軍統領。

十二月甲辰，廷臣再請行六十年慶賀禮。不允。壬子，授先賢子夏後裔五經博士。甲寅，以誠親王胤祉子弘晟、恆親王胤祺子弘昇爲世子。辛酉，祫祭太廟。

是歲，免直隸、江蘇、陝西、浙江、四川等省五十六州縣衞災賦有差。朝鮮、琉球入貢。

六十年辛丑春正月乙亥，上以御極六十年，遣皇四子胤禛、皇十二子胤祹、世子弘晟告祭永陵、福陵、昭陵。

二月乙未，上謁孝莊山陵、孝陵、孝東陵，行告祭禮。遣官告祭郊廟社稷。乙卯，上還京。山東鹽徒王美公等作亂，捕斬之。己未，命公策旺諾爾布駐防西藏。論取藏功，封第巴阿爾布巴、康濟鼐爲貝子，第巴隆布奈爲輔國公。

三月乙丑，羣臣請上萬壽節尊號，上不許，曰：「加上尊號，乃相沿陋習，不過將字面上下轉換，以欺不學之君耳。本朝家法，惟以愛民爲事，不以景星、慶雲、芝草、甘露爲瑞，亦無封禪改元之舉。現今西陲用兵，兵久暴露，民苦轉輸。朕方修省經營之不暇，何賀之有？」庚午，賜舉人王蘭生、留保進士，一體殿試。甲戌，先是，大學士王掞密疏復儲。至是御史陶彝、任坪、范長發、鄒圖雲、陳嘉猷、王允晉、李允符、范允錡、高玢、高怡、趙成穮、孫紹曾疏請建儲，上不悅，並掞切責之，命其子詹事王奕清及陶彝等十二人爲額外章京，軍前効力。

夏四月甲午，以李麟爲固原提督。乙未，賜鄧鍾岳等一百六十三人進士及第出身有差。丙申，詔釐定歷代帝王廟崇祀祀典。丁酉，命張鵬翮、陳鵬年赴山東閱河。以賴都爲禮部尙書，托賴爲刑部尙書。丙午，上幸熱河。戊午，命定西將軍噶爾弼駐藏。

五月壬戌，命撫遠大將軍胤禵移師甘州。丙寅，臺灣奸民朱一貴作亂，戕總兵官歐陽凱。癸酉，以署參將管永寧協副將岳鍾琪爲四川提督。乙亥，改思明土州歸廣西太平府。戊寅，詔停本年進兵。以常授爲理藩院額外侍郎，辦事西寧。乙酉，以年羹堯爲四川陝西總督，賜弓矢。發帑金五十萬賑山西、陝西，命朱軾、盧詢董其事。

六月壬辰，改高其位爲江南提督，魏經國爲湖廣提督。丙申，詔曰：「平逆將軍延信，朕之姪也。統兵歷從古未到之烟瘴絕域，殲滅巨虜，平定藏地，允稱不辱宗支，可封爲輔國公。」乙卯，吐魯番回人拖克拖麻穆克等來歸，命散秩大臣阿喇衲率兵護之。福建水師提督施世驃平臺灣，擒朱一貴解京。詔獎淡水營守備陳策固守功，超擢臺灣總兵。

閏六月庚申朔，日有食之。丙寅，令刑部弛輕繫。戊辰，以噶爾弼爲蒙古都統。

秋七月己酉，上行圍。

八月甲戌，命副都統莊圖率兵二千進駐吐魯番，益阿喇衲軍。丙戌，河決武陟入沁水。

九月辛卯，命副都統穆克登將兵二千赴吐魯番。甲午，噶爾弼以病罷，命公策旺諾爾布署定西將軍，駐藏，以阿寶、武格參軍事。丙申，策旺阿拉布坦犯吐魯番，阿喇衲擊走之。丙午，賑河南、山東、直隸水災。乙卯，上還京。丙辰，命副都御史牛鈕、侍講齊蘇勒、員外郎馬泰築黃河決口，引沁水入運河。丁巳，以阿喇衲爲協理將軍。上製平定西藏碑文。

冬十月壬戌，置巡察臺灣御史。詔：「本年秋審俱已詳覽，其直省具題緩決之案，九卿已加核定，朕不忍覆閱，恐審求之或致改重也。」丙寅，召撫遠大將軍胤禵來京。辛未，詔：「大學士熊賜履服官清正，學問博通，朕久而弗忘，常令周恤其家。今其二子來京，觀其氣質，尚可讀書，宜加造就，可傳諭九卿知之。」以鍾世臣爲浙江提督，姚堂爲福建水師提督，馮毅署廣東提督。

十一月辛卯，以陳鵬年署河道總督。戊戌，以馬武、伊爾哈岱爲蒙古都統。己酉，上幸南苑。詔將軍額倫特、侍衞色楞、副都統查禮渾、提督康泰等，殺敵殉國，俱賜卹。

十二月壬申，四川提督岳鍾琪征郭羅克番人，平之。丁丑，上還駐暢春園。遣鄂海、永泰往視吐魯番屯田。

是歲，免江南、河南、陝西、甘肅、福建、浙江、湖廣等省一百二十三州縣災賦有差。朝鮮、琉球、安南入貢。丁戶二千九百一十四萬八千三百五十九，又永不加賦後滋生人丁四十六萬七千八百五十，徵銀二千八百七十九萬零。鹽課銀三百七十七萬二千三百六十三兩零。鑄錢四萬三千七百三十二萬五千八百有奇。

六十一年壬寅春正月戊子，召八旗文武大臣年六十五以上者六百八十人，已退者咸與賜宴，宗室授爵勸飲。越三日，宴漢官年六十五以上三百四十人亦如之。上賦詩，諸臣屬和，題曰千叟宴詩。戊申，上巡幸畿甸。

二月庚午，以高其倬署雲南貴州總督。丙子，上還駐暢春園。

三月丙戌，以阿魯爲荊州將軍。

夏四月甲子，遣使封朝鮮國王李昀弟昑爲世弟。丁卯，上巡幸熱河。己巳，撫遠大將軍胤禵復蒞軍。癸未，福州駐防兵譁，將軍黃秉鉞不能約束，褫職，斬爲首者。

五月戊戌，施世綸卒，以張大有署漕運總督。

六月，以奉天連歲豐稔，弛海禁。暹羅米賤，聽入內地，免其稅。辛未，命直隸截漕二十萬石備賑。丙子，趙弘燮卒，以其兄子郎中趙之垣加僉都御史銜，署直隸巡撫。

秋七月丁酉，征西將軍祁里德上言烏蘭古木屯田事宜，請益兵防守。命都統圖拉率兵赴之。壬寅，命色爾圖赴西藏統四川防兵。戊申，以蔡珽爲四川巡撫。予故直隸總督趙弘燮祭葬，謚肅敏。

八月丙寅，停今年決囚。故提督藍理妻子先以有罪入旗，至是，上念平臺灣功，貰還原籍，交欵免追。己卯，上駐蹕汗特木爾達巴漢昂阿。賜來朝外藩銀幣鞍馬，隨圍軍士銀幣。

九月甲申，上駐熱河。乙酉，諭大學士曰：「有人謂朕塞外行圍，勞苦軍士。不知承平日久，豈可遂忘武備？軍旅數興，師武臣力，克底有功，此皆勤於訓練之所致也。」甲午，年羹堯、噶什圖請量加火耗，以補有司虧帑。上曰：「火耗只可議減，豈可加增？此次虧空，多由用兵。官兵過境，或有餽助。其始挪用公款，久之遂成虧空，昔年曾有寬免之旨。現在

上還京。軍需正急，卽將戶部庫帑撥送西安備用。」戊戌，上迴鑾。丁未，次密雲，閱河隄。庚戌，

冬十月辛酉，命雍親王胤禛、弘昇、延信、孫渣齊、隆科多、查弼納、吳爾占察視倉廒。壬戌，以覺羅德爾金爲蒙古都統，安鮐爲杭州將軍。辛未，以查弼納爲江南江西總督。癸酉，上幸南苑行圍。以李樹德爲福州將軍，黃國材爲福建巡撫。

十一月戊子，上不豫，還駐暢春園。以貝子胤祹、輔國公吳爾占爲滿洲都統。庚寅，命皇四子胤禛恭代祀天。甲午，上大漸，日加戌，上崩，年六十九。卽夕移入大內發喪。雍正元年二月，恭上尊諡。九月丁丑，葬景陵。

論曰：聖祖仁孝性成，智勇天錫。早承大業，勤政愛民。經文緯武，寰宇一統，雖曰守成，實同開創焉。聖學高深，崇儒重道。幾暇格物，豁貫天人，尤爲古今所未覯。而久道化成，風移俗易，天下和樂，克致太平。其雍熙景象，使後世想望流連，至於今不能已。傳曰：「爲人君，止於仁。」又曰：「道盛德至善，民之不能忘。」於戲，何其盛歟！